陈 晋◎著

哈佛大学经济课

Notes from Harvard Economics Courses

民主与建设出版社　博集天卷
CS-BOOKY

前　言

　　《哈佛经济学笔记》系列的再版首先要感谢本书的策划编辑于向勇。他不但在2010年、2011年和2014年编辑了三本《哈佛经济学笔记》，而且在近几年一直敦促我再版。感谢他给我这个温故知新的机会。

　　讲经济学不能不从曼昆教授主讲的《经济学原理》开始。他曾撰文道："从学校毕业多年之后，没有什么比教授《经济学原理》这样入门性的课程更能使一个经济学家思考，他所从事的领域中什么东西是真正重要和令人兴奋的。正是在入门课程里，我们对自己专业领域积累的知识进行提炼和升华，把我们领域的精华传播到公民大众中去，让所有的人更好地理解我们所生活的世界。"他多年来的"提炼和升华"对刚上大学的新生来说是了解经济学最好的捷径，对接受了系统训练的经济学学者来说也有醍醐灌顶般的裨益。重温这些基本理论框架和主要概念，能让平时淹没在细枝末节中的我们仍然记得经济学最根本的宗旨和使命，并以此为准绳，智慧地安排我们日常工作和生活中的各项事务。

　　在本书的第一章里，读者能看到经济理论与现实政治之间的差距，理解为什么美国知识分子普遍支持开放的国际体系和全球化，而新总统特朗普的政策却充满贸易保护主义色彩。在2006年1月的美国经济学会年会上，曼昆描述他曾经在政府工作的亲身经历。"国会山的政客们一般都认为出口可以创造就业，而进口是把美国人的就业机会平白无故地转让给外国。如果你向国会山的一名政客解释，进口可以扩大我们的消费数量和消费选择，而出口是我们必须为进口付出的代价，你所能期待的最好的结果是一个礼貌但鄙夷的微笑，让你知道他认为你是多么幼稚；而更可能发生的是，他会觉得被冒犯而非常愤怒；如果你是总统任命的高官，他会公开要求你辞职。"曼昆还让学生在学习经济学的同时，对这个领域保持警醒和距离。他在最后一堂大课上请来了一位"神秘嘉宾"，这位嘉宾用幽默风趣的语言告诉你：在普通人眼里，经济学家是多么滑稽可笑、不可思议。

第二章《行为经济学》是我最喜欢的一章。我与这门课相见恨晚。我甚至觉得，如果我大学时代就接触到这些内容，我的人生轨迹可能会有所不同。与经济学的其他分支不同，这门课在很大程度上是研究和分析人的潜意识的，并以此为依据设计社会体制和商业对策。它颠覆了传统经济学中一个最基本、最主要的假设：人是理性的。正因为人在做决定时经常是不理性的，经常管不住自己，所以说教——甚至包括上课教导、阅读说明——的作用经常微乎其微。那么，怎样才能成为聪明智慧的人呢？大学生应该怎样选择暑期工作？应该怎样选择与异性的约会？这些问题的答案有一个共同基点：年轻人在做选择时要大胆，不要保守。而这个基点又有简洁的数学证明，详见本章第七节《为什么连续接受小赌博是最明智的选择？》。

研究和分析人的潜意识，在传媒、游说和广告等行业都有广泛应用和巨大商业价值。政治家竞选、商业推销等活动在我们身边屡见不鲜，这里面的小技巧不胜枚举。作为普通消费者或被游说的对象，我们怎样才能识破这些技巧，而不是在不知不觉中就已经上套了呢？作为想影响别人决策的人，怎样才能利用被游说者的潜意识来达到目的？如果人都是非理性的，管不住自己，经常做出错误的决定，那么这个社会是否需要政府来充当理性的"第三方"，像"家长"一样来约束人们的行为呢？这些问题在这一章都有妙趣横生、意义深远的解答。遗憾的是，因为篇幅关系，本章内容未能纳入前三本《哈佛经济学笔记》里。这些内容是第一次在书里出现，真诚希望年轻学生能从中获益。

第三章《费尔德斯坦讲〈美国经济政策〉》的写作时间是2009年春季，当时正是金融危机最深重、经济前景最渺茫的时候。时隔八年，我们重新审视当时经济学家的担忧、判断和政策建议：哪些判断禁得起时间的考验，哪些担心是杞人忧天。为此，我保持了原版风貌，并把最新数据放在括号里，以便读者进行对比判断。

《美国经济政策》这门课由费尔德斯坦教授主讲，另外几个教授配合讲专题，涉及美国货币政策、财政政策、税收政策、贸易政策、能源与环境政策等多个领域。阅读本章，读者可以最迅速、最全面地了解这些领域的主要话题、核心概念和研究思路。我在写这些内容时，感觉自己就像一个侦探，在探究事情的原委，层层深入，步步紧跟，直到豁然开朗，对事情的整体形成清晰的把握。希望这一章内容没有教科书般的枯燥和烦琐，而像故事书那样引人入胜。

在这门课以后，我又跟踪报道了2009年哥本哈根、2011年德班和2015年巴黎的联合国气候大会谈判，分析了这些国际谈判在多大程度上取得了实质性进展，又在多大程度上只是做表面文章，以掩盖分歧与停滞。这些文章与有关美国应对经济危机时特殊政策的效果的跟踪报道，都辑录在本书附录中。其中，2012年2月费尔德斯坦主持的关于2009年美国财政刺激政策作用的60分钟公开辩论堪称经典。辩论双方都是经济学大家：哈佛大学的萨默斯与斯坦福大学的泰勒。他们唇枪舌剑，在短暂的时间里把各自的思路和截然相反的观点阐述得清清楚楚。附录中还记录了多位经济学家的观点，他们都"持之有故，言之成理"，"思以其道易天下"。时隔八年重新审视，有利于我们对比前后发生的事实，检验他们的对错。

第四章《有关奥巴马医改的政治与经济》跟踪了奥巴马医疗改革跌宕起伏的命运，突出了全民医疗的美好愿望与严峻的现实、冰冷的法律之间的尖锐矛盾。本章以2010年秋季卡特勒教授主讲的一门经济学课程为主线，阐述了设计医疗体系时面对的主要目标——经济、公平、效率与激励创新的机制——之间的矛盾，以及医生、医疗保险提供商、制药厂和病人等各类主体之间错综复杂的关系；也介绍了不同国家在不同价值体系下选择的不同目标优先次序和折中办法。本章还分析了美国医疗体系的利弊、奥巴马医改的社会成就与法律挑战，以及新总统特朗普要逆转这些政策的趋势。

在卡特勒的课程中，有两堂课的形式别开生面。一堂课是他让学生模拟联合国峰会，从不同国家和组织的角度讨论联合国千年发展目标的可行性和各自的贡献。另一堂课是他让学生模拟美国国会就医疗改革方案投票，从而让学生理解为什么医改举步维艰。只有学生把自己放在有权利、被尊重的公民的位置上，或者作为肩负着社会、国家和世界的使命的领导者时，课堂上的讲解和学生的模拟才富有意义。天下兴亡，匹夫有责。我们有责任关心我们生活的这个社会，分析各种利弊关系和各种可能的前景，从而通过投票更好地行使公民权利，或者作为领导者为政府和社会做出更好的决策。本章还详细记录了2012年奥巴马医改在最高法院经历的挑战，显示了法治社会对政府主导的任何改革的严格制约，也体现了各医疗主体之间复杂的利益关系和持续的博弈。

这次再版让我有机会纵观《哈佛笔记》专栏的所有内容，重新审视经济学的教学内容，以及费尔德斯坦等几位著名经济学家在2008年金融危机爆发早期阶段的判断。就经济学课程而言，我的专栏报道了十门课。因为篇幅有限，本书只包括以上四门课。剩下的六门课中包括全球化和国际经济学两个议题，与当下特朗普主掌白宫、保护主义抬头的形势息息相关。这些重要议题，请容我以后再叙。本书的任何缺点、错误，欢迎读者朋友指正。

陈 晋

2017年2月于美国剑桥

目录
CONTENTS

HARVARD
ECONOMICS

第一章

曼昆与《经济学原理》

第一节

经济学第一课

9月17日是哈佛大学2007学年的第一天。中午12时左右，格里高利·曼昆（Gregory Mankiw）教授坐在桑德斯（Sanders）讲堂的讲台台阶上，与进门的学生握手问好。地处哈佛校园中心的桑德斯讲堂是哈佛大学最大的教室，足以容纳1000人。这里在周末和节假日经常有各种文艺表演，也是中国前国家主席江泽民1997年访问哈佛大学时发表演讲的地方。

曼昆因其两本广受欢迎的教科书——中级《宏观经济学》和初级《经济学原理》而誉满海内外。这两本书被翻译成15种文字，销售上百万册，多次再版。他的研究范围广泛，包括价格调整、消费者行为、金融市场、货币和财政政策以及经济增长。他在经济政策领域也很活跃，从2003年到2005年，曾任小布什政府经济顾问委员会（Council of Economic Advisers，CEA）主席。

在曼昆教授的几门课中，《经济学原理》因其基础性而最广为人知，影响也最大。该课程在哈佛经济系的代码是Ec10，是主修经济学的学生的必修课。课程的意旨不仅仅是把学生引入经济学大门，也是把经济学作为帮助人们理解我们社会生活的一个分析框架而向非主修经济学的学生介绍，所以该课程也被称作"Ec10社会分析"。每年选修的学生大约在900~1000人之间，大多是一年级新生。

中午12时5分，曼昆准时开始讲课。他首先欢迎所有听课的学生，鼓励他们在四年本科学习中开放思想，大胆尝试包括经济学在内的不同学科。接着，曼昆开始介绍课程安排。他坦言，他是这门大课的主导老师（lead teacher），但不是经常上课的"基本老师"（primary teacher）。他的教学大纲显示，在为期13周的秋季学期里，他亲自授课只有6次，每次55分钟。还有四次大课分别由经济系另外四名教师主讲，介绍经济领域的不同分支。

日常教学和评分则由34名助教把学生分成30多个小组完成。绝大多数助教都是经济系的研究生。必须承认，这门课的助教数量已经超过美国其他小型文科学院［例如我在俄勒冈州波特兰读的路易克拉克大学（Lewis&Clark College）］经济学入门的整个班级的学生数量。当经济系没有足够的研究生做助教时，他们就去哈佛法学院或肯尼迪政府学院招经济学背景较强的学生帮助教学。这么大的学生数量难免让人想起大型工厂里流水线上的批量生产，怎么能实现个性化教育呢？我的答案是，这要靠学生本人的素质。学生必须有足够的自信、足够的心理安全感，才能在海量的学生和海量的阅读中成活，以至出色。

仅是管理和协调这34名助教就是一项耗时费力的工作。曼昆自己完成这些管理工作吗？当然不是。课堂上，曼昆将一位名为西尔维娅·阿德格娜（Silvia Ardgna）的年轻女性介绍给在座的学生，说她是这门课程"最重要的人"，所有学生都应该认识她。阿德格娜是经济系的助理教授，承担这门课的一部分分组教学，同时负责管理所有的助教。环顾挤得满满当当的大讲堂，曼昆幽默地说，光是这门课的学生数量就足可以成立一所学校了。在美国的小型大学（liberal art colleges，或称博雅大学），教授就是经常上课的"基本老师"，直接与学生交流对答，而曼昆的千人大讲堂显然无法做到。世界上不乏优秀的学生，但并非所有的优秀学生都适合哈佛。哈佛的学生需要有很强的自学能力和主观能动性，同时还要有一定的天资，否则他们很容易淹没在哈佛这个极度庞大而且人情相对淡漠的环境里。哈佛课程里所要求的大量阅读和习题，错综复杂的组别和课时安排，以及数量繁多的课外活动，对每个刚刚步入大学的18岁学生而言很可能都是一种挑战，令人眼花缭乱、不知所措。相比之下，美国小型文理学院的课程设置及内容大同小异，但学习氛围要亲密得多。高中生在选择大学时必须实事求是、知己知彼，选择适合自己的大学环境。

在处理完所有的行政性事务后，曼昆进入正题。"什么是经济学？"曼昆问。经济学是一门研究如何最有效地分配稀缺资源的学科。经济学首先是一门科学，但它研究的对象不是实物，而是人类的行为，因此经济学又是一门社会科学。为了更好地理解人们日常生活中的行为，经济学运用数学和其他科学方法。曼昆接着区分实证表述（positive statement）和规范表述（normative statement）。前者是有着支持性论据的描述性陈述，后者则是带有价值判断的诊断性陈述。曼昆表示，该课程的目的是理解我们生活的这个世界，而不是倡导某个特定的政策立场。

为了解释实证表述，曼昆用史蒂芬·列维特（Steven Levitt）的畅销书《另类经济学》（*Freakonomics*，国内译本名为《魔鬼经济学》）做例子。从一套数据中，列维特发现20世纪70年代的堕胎合法化与20世纪90年代的犯罪率下降呈现正相关。列维特接着依靠一个简单的逻辑形成假说：第一，父母不想要的孩子更有可能成为罪犯；第二，堕胎合法化减少了父母不想要的孩子的数量；第三，因此，堕胎合法化在20年后降低了犯罪率。

曼昆表示，因为反对堕胎，保守派人士厌恶列维特的理论；自由派人士也认为研究结果体现了对社会底层人群的偏见，也厌恶列维特的推论。唯一欣赏列维特理论的人是经济学家，以至于他们将约翰·贝茨·克拉克奖（John Bates Clark Medal）颁发给列维特。该奖项授予做出突出贡献的40岁以下的青年经济学家。

为鼓励学生选修《经济学原理》课，曼昆给出三个理由。第一，获得大量金钱的动力。对哈佛本科生而言，经济学是最接近商业的课程。第二，经济学可以帮助人们理解与分配稀缺资源有关的经济政策。如果你希望有朝一日成为美国总统，这门课会帮助你理解政策问题。现任美联储主席本·伯南克（Ben

Bernanke）正是在这个大教室开始他的经济学研究生涯的。第三，想理解这个世界的纯粹的好奇心。

最后，曼昆向学生介绍最基础也是最根本的经济学模型——循环图，以此引出下一章节。在这个模型里，家庭处于图的一头，企业处于另外一头。通过市场，家庭花费金钱来购买商品和服务；企业通过提供商品和服务来赚取收入。同样，通过市场，家庭通过提供劳动力、土地和资本来赚取收入；而企业通过支付工资、房租和利润来获得这些生产要素。曼昆无法掩饰他对模型的热爱。他说，他就像儿童喜欢玩具那样喜欢模型。就像由塑料和胶水做成的汽车模型一样，经济学模型也是对现实的简单化表述。

第二节

亚当·斯密与乔治·华盛顿

因为日常教学都是由34名助教分组负责，曼昆只利用在桑德斯讲堂上大课的时间强调他认为对学生很重要，但在小组讨论中因为不是考试重点而得不到足够重视的大问题。在9月19日的第二次大课上，曼昆着重讲述经济思想史。他把亚当·斯密对经济学的贡献与乔治·华盛顿对美国历史的贡献相提并论，"虽然我们可以说没有华盛顿就没有美国，但并不能说没有斯密就没有现代经济学"。

在正式讲课之前，当学生在陆续进教室的时候，曼昆就把一句引语打在投影仪上，让先到的学生思考引语——"没有人比美国人更认识和欣赏蕴藏在人们生活中的，无处不在的看不见的手（Invisible Hand）了。"——后的问题："这句话是谁说的？"

亚当·斯密在其著作《道德情操论》和《国富论》中的主要贡献是他洞察到了人做一切事情的动机，及其与社会秩序和社会总体福利的关系。斯密认为人们的行为是出于利己的动机，而不是那些貌似慈善的政客鼓吹的利他动机；在特定条件下，这种利己主义会导致稀缺资源的有效分配、经济最大限度的繁荣以及社会和谐，就好像有一只"看不见的手"在指挥一切。这意味着追求个人利益是件好事，因为人们会意外地创造出巨大的社会财富，尽管他们做事的动机不是为了社会，而是为了他们自己。

曼昆澄清了经济学家对资本主义和资本家的不同观点。"经济学家偏向资本主义作为一个经济体制，但并不偏向资本家这个利益集团"。此外，"经济学家并不是无政府主义者，他们认为政府应该扮演的角色是保护产权、实行法治、提供公共物品、解决负的外部性（negative externality）、消减贫困、采取'逆商业周期'的经济政策等"。

就政府的角色而言，曼昆引用了斯密的名言——"为了把最低发展程度的蒙昧社会带入最高程度的富裕和文明，除了社会和平、低税率政策以及基本良好的司法秩序之外，就不需要其他什么条件了：因为自发的市场力量就可以做好其他需要的功。"（Little else is requisite to carry a state to the highest degree of opulence from the lowest barbarism but peace, easy taxes, and a tolerable administration of justice: all the rest being brought about by the natural course of things.）他在华盛顿做政府经济顾问委员会主席期间（2003—2005）也经常引用这句话。这句话与中国古代思想有相通之处。孟子说："易其田畴，薄其税敛，民可使富也。"他还说："不以（拟）规矩，不能成方圆。"真是智者所见略同，古今中外如是也。

下课前几分钟，他回到投影仪上的引语上，问谁说了这句话。坐在讲堂前排的一个学生果然回答正确，是美国的国父乔治·华盛顿。曼昆再问，这里的"Invisible Hand"中，I是大写，H是大写，华盛顿指的"看不见的手"和斯密所说的"看不见的手"是一码事吗？又有一个学生正确地回答，不是，华盛顿指的是"上帝的看不见的手"。曼昆说，华盛顿是在1776年《美国独立宣言》之后，1789年成为美国第一任总统之前这段时间说的这句话。"我们知道美国另一位国父本杰明·富兰克林曾经见过斯密，而华盛顿从来没见过斯密。那么，华盛顿是否曾经受到斯密1776年著成的《国富论》的影响呢？"曼昆猜想是的。他给出两点理由：第一，18世纪中期的政治气候充满了个人自由主义（personal liberty）色彩，到处宣扬政府和民间社会要"井水不犯河水"。第二点理由是一个个人小插曲。有一个教授吩咐一个学生助手去图书馆找一本早期出版的《国富论》，他找到了一个18世纪的版本，在封皮里的第一页上，发现了华盛顿的亲笔签名。

选民是最终被责备的对象吗?

　　10月26日，曼昆第三次上大课，主讲"矫正性税收"（corrective tax），同时融入全球气候变暖问题。他常常为经济学家和普通民众在诸如自由贸易、价格调控等问题上的意见相差悬殊而感到吃惊。他说，这不是因为经济学家们"串通"起来，故意保持意见一致，而是因为经济学家对这些问题比其他人更加深思熟虑。就在上这堂课的前一天，俄罗斯宣布对食品实施物价管理。曼昆评价说："让我们拭目以待，看看结果到底会怎样。"

　　经济学家们普遍认为美国汽油价格长期偏低，而美国众议院发言人南希·佩洛西（Nancy Pelosi）却公然表示美国能源价格已经过高，而且这种声音在美国各派政治家中极具代表性。民意调查显示，73%的美国人认为应该提高能源使用效率，但仅有5%的人支持提高汽油税。曼昆说，提高能源使用效率也有副作用。如果能源使用效率提高了，人们会更加愿意开私家车，减少对公共交通的需求，继续大量耗费能源；而且，提高能源使用效率需要汽车制造商投入更多的研发成本，这将不可避免地转移到消费者身上。

　　绝大多数科学家都认为，碳排放是导致全球气候变暖的主要原因。如果这个主张是正确的，那么更多的汽车驾驶至少在五个方面具有负的外部性：更多的二氧化碳排放、更严重的区域性污染、更拥挤的公路交通、更多的交通事故、更高的汽车保险价格。曼昆说，《经济文献杂志》（*Journal of Economic Literature*）最近发表的一篇论文分别估算了这五个方面的外部性成本，并据此认为，每加仑汽油税应该从目前的40美分提高到2.10美元。

经济学家解决外部性问题的传统做法就是"对负面外部性征税"。这种税收以最初发展外部性概念的英国经济学家阿瑟·庇古（Arthur Pigou，1877—1959）的名字命名为"庇古税"（Pigouvian tax）。庇古税是一种矫正性税收：对什么征税，就会减少什么；反过来说就是，你想减少什么，就对什么征税。经济学家们对是否征税观点一致，但分歧在于究竟要征多少税。耶鲁大学的威廉·诺德豪斯（William Nordhous）认为这种税应该是每吨碳排放20美元，转换到汽油税就是每加仑5美分。一位英国经济学家尼古拉斯·斯特恩（Nicholas Stern）认为这种税应该是每吨碳排放311美元。为什么相差这么大呢？曼昆解释，这是因为两位经济学家所用的贴现率（discount rate）不同。减排的好处要在几十年甚至几百年以后才能看到，而减排的成本是眼前的。把今后的好处换算成现在的好处需要用到贴现率。用1%还是5%作为贴现率有可能导致最终政策建议的差距在100倍以上。

曼昆提到布赖恩·卡普兰（Bryan Caplan）的一本书《理性选民的神话：为何民主制度选择不良政策》（*The Myth of the Rational Voter: Why Democracies Choose Bad Policies?*）。这本书说，如果投票人对投票的问题完全无知，那么所有人投票的结果应该基本是对的［与真实值的差异应该是均值为零的随机分布（random distribution with mean zero）］。但事实是，大众投票的结果一般来说都是错的。为什么呢？作者解释，因为大众完全没有系统地想过要投票的这些问题（支持这种解释最有力的证据莫过于2016年唐纳德·特朗普出人意料地击败希拉里·克林顿，成为美国第45任总统）。

曼昆说："在过去的几周里，你们学到，在满足一些特定条件的情况下，市场分配稀有资源是最有效的。你们也学到，税收会扭曲市场，造成福利损失（dead weight loss），但汽油税是一种矫正性税收，它是用来矫正现实生活中本身就有的，由负的外部性所造成的市场扭曲。"

除了提高燃油使用效率和征收碳税，曼昆还讨论了另一种政策选择。有些人建议制定二氧化碳排放配额，然后将配额在市场上公开拍卖。民主党总统候选人奥巴马就支持这样做。不过，如果配额在市场上进行拍卖，而不是行政分配的话，那么其功能与对二氧化碳排量征税是一样的。（这个问题的理论基础及不同视角详见第三章。）

曼昆在这个问题上加入了国际视角。《京都议定书》（Kyoto Protocol）因没有包括中国和印度等主要新兴国家，于1997年7月在美国参议院被彻底否决（95∶0）。在国际协议中运用配额制缓解气候变暖有一个问题，就是如何选择减排的基数。如果用历史上的排量作为基数，中国一定会反对，因为那些老牌工业化国家明显占了便宜。如果按照人均减排量计算，那么美国这样的国家就会被迫从中国和印度购买配额。相反，如果走碳税这条途径来设计国际构架，那么这些难题就完全可以避免。

一些政治学家从国家安全的角度为汽油税政策进行辩护，认为较高的汽油税可以减少汽油消费，帮助美国实现能源独立。不过，曼昆说，经济学家对这种逻辑大多持怀疑态度，因为能源独立就是一种经济上的自给自足，而这是经济学家一直都极力反对的。（2007年的时候，谁也没能预见在七八年之后，因为页岩气革命，美国的能源需求有了根本性改观。虽然美国仍然进口石油，但出口天然气等能源产品，从而在整体上看，基本实现了能源独立。）

如果汽油税增高，谁在承担更高的税率呢？这是经济学中的税责承担（tax incidence）问题。因为美国是一个主要能源消费国，其行为可显著地影响市场，也就是说美国面临的能源供应曲线不是一条水平直线，所以较高的汽油税最终将由消费者和生产商共同分担。如果供应曲线是一条水平直线，那么增加的汽油税就会完全由消费者承担。在财富分配效应方面，有人担心提高汽油税会恶化穷人的经济状况。曼昆说，穷人本来就主要依赖公共交通，所以对他们的影响会很小；而且也可以把汽油税收入的一部分返还给穷人，或减少他们的个人所得税。

在大课快结束时，曼昆插入了一点个人经历。2004年，他担任政府经济顾问委员会主席的时候，曾建议小布什总统提高汽油税，小布什的回答是："这是多么古怪的想法！"事实上，在2004年的总统选举中，共和党利用民主党候选人约翰·克里（John Kerry）支持提高汽油税的主张，以"有些人的想法很古怪"（some people have wacky ideas）为题制造广告，攻击克里。

最后，曼昆在投影仪上放出一幅漫画。漫画里有三个西装革履的绅士共进早餐。漫画下有一行引语，是他们的谈话内容："民主真是太好了，它真正的优势不就是让选民成为最终被责备的对象吗？"曼昆对学生说："你们作为选民必须要权衡利弊，在经济学家的主张和其他人的主张之间做出选择，决定这到底是不是一个古怪的想法。"民主就是要让人民对自己的选择和行为负责，无论好坏，自食其果。

第四节

美国总统经济顾问的中美贸易观：亲临华盛顿

2003年到2005年间，曼昆担任小布什政府的经济顾问委员会主席，成为总统的高级经济顾问。这一经历让他深切体会到重商主义（mercantilism）思想在美国政客中有多么普遍和强烈，而这种思想又会对制定美国经济政策有多么大的负面影响。

在美国经济学会（American Economic Association）2006年1月的年会上，曼昆描述他的亲身体会。"国会山的政客们一般都认为出口可以创造就业，而进口是把美国人的就业机会平白无故地转让给外国。如果你向国会山的一名政客解释，进口可以扩大我们的消费数量和消费选择，而出口是我们必须为进口付出的代价，你所能期待的最好的结果是一个礼貌但鄙夷的微笑，让你知道他认为你是多么幼稚；而更可能发生的是，他会觉得被冒犯而非常愤怒；如果你是总统任命的高官，他会公开要求你辞职。"这确实是对经济学家在严峻的政治现实面前无能为力的描述，但也更坚定了曼昆要影响教育下一代经济学家和普通选民的信念。

曼昆说，200多年前亚当·斯密就反对的，经济学业内一贯否定的重商主义在华盛顿不但存在，而且还活得挺好。在这种思想的影响下，2005年中期，参议员查尔斯·舒默（Charles Schumer）要求在中国允许人民币升值之前，对所有来自中国的进口产品加征27.5%的关税。事实上，这样的政治压力经常大得令人难以忍受，以至于一支包括约翰·斯诺（John Snow）和本·伯南克在内的明星级别的政府经济团队在当年12月列出对中国纺织品实行配额限制的清单，并作为总统的"经济增长议程"中的成就之一加以炫耀。（这也是特朗普在2016年总统竞选时，主张对中国实施强硬贸易政策，以实现"公平交易"为名、保护美国就业为实而深得民心，以至于他从17名共和党总统候选人中脱颖而出，最终击败希拉里·克林顿，成为美国第45任总统的原因。）

和大多数经济学家一样，曼昆相信贸易对美国经济是有益的。他并不太担心美国的巨额贸易逆差，但担心这一状况最终会助长国会中贸易保护主义者的声音。作为总统经济顾问委员会主席，曼昆于2003年10月30日在众议院筹款委员会（Committee on Ways and Means）的政客面前，就"中国贸易和美国制造业就业"这一政治上十分敏感的话题发表证词。在一篇长达十页的陈述中，曼昆从学术角度对数据详细筛选，"取其精华，去其糟粕"，婉转地否定了"中国偷走美国就业"的指责。

首先，曼昆断言，与中国进行贸易和与其他任何国家进行贸易一样，对美国经济都是有益的。近年来，中美已成为对方的重要贸易伙伴，但中国表现得比美国更加开放。中国的进口占其GDP的25%，而美国和日本的这一比例仅仅是10%。

其次，他提出，美国对中国迅速扩大的巨额贸易逆差应该放入正当的背景下来看。他以一个学者的思维方式，具体分析一批错综复杂的数据，然后得出以下结论：

（1）自20世纪90年代末以来，美国与除中国以外的世界其他国家的贸易逆差急剧增长，甚至比美中贸易逆差增长更为迅速，使中美贸易逆差在美国贸易逆差总量中的比例减小到了20%。

（2）近期美国贸易逆差增长的原因主要是美国的出口——尤其是制造业出口——的减少，而不是进口的增加。其实，美国应该感谢中国经济的飞速增长，因为这使美国对华出口在2000年后快速增长，与此同时，美国对其他国家的出口却在下降。

（3）从中国进口的产品直接与其他亚洲国家的产品竞争，所以美国从中国的进口在很大程度上替代了从其他国家的进口，基本没有增加美国进口的总量。

曼昆不可能回避政治家们最关心的问题：美国制造业就业的难题。他将美国制造业中就业下降的原因首先归结于近期商业周期的低迷，其次是制造业生产效率的增长，最后才是与中国相关的国际贸易。曼昆指出，这次经济低迷主要是由商业投资和出口的减少导致的，而以前的经济低迷多是因为家庭消费的下降和住房市场的疲软。他进一步将商业投资的减少归因于高科技泡沫的破灭和最近一系列企业管理丑闻。这些因素导致了在资本商品（capital goods）方面投资的减少，直接影响了制造业出口的数量。而制造业出口的减少基本解释了2000年以来美国出口整体下降的原因。

曼昆客观地总结道，来自中国的进口是影响制造业就业的众多因素之一，但美国制造业工作机会的流失主要不是因为进口替代，而是因为美国国内投资减少和出口减弱。他检查了2000年7月以来美国制造业工作流失最显著的五大类出口导向型工业。他发现，从中国的进口对这些类型的工业的影响是很小的。曼昆承认，美国进口确实对美国生产同类产品的企业造成压力，所以他主张加强总统为失业工人设置的一系列辅助政策。这些政策包括职业咨询、培训、培训期间的收入补助、求职援助以及再就业补助，等等。

曼昆一方面呼吁中国充分执行其WTO义务，继续对美国的商品和服务开放市场，尤其要加强知识产权的保护力度；另一方面重申开放贸易的立场："贸易增长可以支持经济更快地增长。贸易是件双赢的事，让美国及其所有贸易伙伴共同受益。更多的贸易往来意味着双方的消费者有更多的选择和更低廉的价格；而对双方的生产企业来说，则是更大的市场。"

2016年的情形与十几年前大不相同。德国已取代中国，成为贸易顺差大国，经常项目下的顺差（以贸易为主）接近德国GDP的9%，因而成为众矢之的。中国的经常项目顺差已经降到GDP的3%以下。美国的经常项目逆差大约是GDP的4%，低于10年前的峰值6%。但这并不意味着中美之间的贸易摩擦会减少。奥巴马政府正在加强对中国出口产品的反倾销调查和诉讼。特朗普已提名了一名有保护主义倾向的律师罗伯特·莱特希泽（Robert Lighthizer）作为美国贸易代表，他在20世纪80年代曾经是里根政府的副贸易代表，经历了美国与日本的贸易战。如果特朗普履行他在总统竞选中的诺言，那么中国对美国的出口会面临更多的不确定因素。前景不容乐观，而经济学家普遍鼓励贸易的主张可能只是杯水车薪。

破解美国"双赤字"

　　2006年年底，美国经常项目赤字（current account deficit）达到8115亿美元，约占美国GDP的6%，其中贸易赤字达到7585亿美元。这一巨额赤字能否持续，是否应该设计制定政策收缩其规模，已成为广受关注的问题。经济学家们对此各执己见，曼昆怎么看这个问题呢？

　　曼昆当然知道，是美国资本账户的巨额盈余在支持着美国经常项目的巨额赤字，也就是说，外国投资者的对美投资超出美国对外投资8115亿美元，这使得经常项目赤字成为可能。因此，要缩减美国经常项目的赤字，就必须降低外国对美国的净投资。曼昆意识到，外国对美国的净投资（外国对美投资超出美国对外投资的部分）对美国经济是有重要贡献的，组成GDP的四个项目之一就是投资（其他三项分别是消费、政府开支和净出口）。他想看到美国经常项目的赤字减少，又不希望看到在美国的总投资（国内投资加国外投资）减少，怎么办呢？他的答案是增加美国储蓄。

　　他认为贸易逆差并不是问题，但反映了一个根本问题，就是美国储蓄过低。他说："就当前的情况而言，我并不急于看到贸易逆差立即消除，因为这意味着美国国内的投资将降低到与国内储蓄相应的低水平。但是我想，如果贸易逆差能随着储蓄的上升而逐渐降低（即在不牺牲GDP的情况下），那么就是一件好事。"

美国应该增加储蓄这个观点在经济学界相当普遍。多数经济学家都认为更多的储蓄意味着更多的投资和更大的增长，也有少数经济学家不以为然（详见附录一第四节《不信偏见的经济学家》）。曼昆提出的许多政策建议都围绕着增加储蓄这一目的，例如大幅增加推迟缴税（tax deferred）的储蓄种类和储蓄上限，包括个人退休账户（IRAs）和401（K）计划（一种养老金计划）。这些账户允许人们在缴纳个人所得税之前，把收入的一部分放进去，减少眼前缴税的基数，等退休以后从账户里提钱时再缴税。这是鼓励储蓄、打击消费的一个手段。曼昆还主张降低资本利得税（capital gains tax）和分红税（dividend tax），允许企业把投资作为花销（expense capital investment）。这些都会减少个人和公司的上税基数，有可能减少政府税收金额。但曼昆认为这些都是鼓励再储蓄、再投资的办法；如果GDP总量提高了，美国政府的总税收不但不会减少，反而会增加。

同是出于增加储蓄这一目的，曼昆支持缩小政府的财政赤字。在他看来，减小财政赤字意味着更多的国家储蓄、更少依赖海外资本流入来支持经济增长，以及更小的贸易逆差。曼昆解释："正是从这个意义上说（美国储蓄太低），贸易逆差和预算赤字并非孪生兄弟，而是堂兄弟。"

曼昆指出，财政预算持续赤字的最大威胁就是由人口结构变化导致的社保基金（Social Security Fund）资金短缺。1950年，平均每个退休员工的背后有16名年轻的工作人员在支付社保费用，而目前支付者的数量已下降到平均3.3名。当现在的年轻人退休的时候，每个老人只有两个年轻人在支持他的社保费用。根据社保理事会的统计，到2018年，社保基金的年支出将超过其专项税收（earmarked tax，专款专用的税收）收入，更加扩大财政赤字。到2042年，社保基金就会把以前入大于出的积累消耗一空，届时这一体系就会破产。目前，社保基金对退休人员的保障承诺折合成现金（present value），已经超出其财力10万亿美元。

补救的方法可以是大规模增加税收，或大幅度削减社保福利，或增加人们的工作年限，推延符合享受养老保障的时间，或将退休金投资在有更大收益的基金组合中，让资金增长更快，或是上述方法的某种组合。曼昆在2004年当经济顾问委员会主席时曾提出建立一个"自愿个人账户"（voluntary personal accounts）的储蓄体系。这类账户是私人性质的，人们可以把他们收入的一部分放进去，投资于风险分散且低成本的股票型基金，从而获得更多的未来收益。这个倡议背后的基本理念是让人们对自己的将来负责，不要依赖政府养老送终，至少减少这种对政府的依赖。

在2006年1月的美国经济学会的年会上，曼昆作为一名教授，提出把逐渐延迟退休年龄作为解决方案的一个重要方面。在发言中，他描述了经济学家和公众在延长退休年龄方案上的显著差别。"如果你在美国经济学会发起关于如何解决社保问题的调查，我相信很多人会支持逐步提高退休年龄的方法；而如果在普通公众间进行同样的民意调查，提高退休年龄恐怕是最不受欢迎的改革方案之一，这就是政治家很少提及这个方案的原因。"

为什么经济学家和公众的意见相差如此之大？曼昆有两个解释。一是经济学家对自己工作的满意程度普遍高于大众，所以延长工作年限对经济学家来说更容易接受；二是经济学家对政策选择的考虑比其他人更透彻，认为延迟退休年龄在一大堆不令人满意的选择中，相对来说是最容易的。"如果是这样——我认为事实就是这样——那么我们就应该教育大众，引导他们去接受它。"

第六节

撰写教科书

同许多哈佛大学经济系教授一样，曼昆无论是在学术期刊还是在新闻媒体上（如《华尔街日报》和《纽约时报》），都著述颇丰，但最负盛名的应该是他撰写的两部教材：中级的《宏观经济学》（*Macroeconomics*，1992年第一版，2007年第六版，Worth Publishers出版社）和初级的《经济学原理》（*Principles of Economics*，1998年第一版，2007年第四版，Thomson South-Western出版社）。这两部教材已分别被翻译成15种和20种语言，在世界各地盛行。其中《经济学原理》因为是入门级教材，所以影响更为广泛，在全世界售出数百万册。

当听到"您的教科书在中国十分流行"的赞誉时，曼昆幽默地说："那一定是中国经济表现得这么好的原因了。"曼昆坦言，他实际上只到过一次中国，随一队经济学家访问，行程很短。他说，他很少到国外出差，因为家里还有三个孩子要养活。

回到曼昆的教科书上，是什么原因促使他写一本关于经济学的介绍性教材呢？曼昆1985年成为哈佛大学助理教授，开始负责《经济学原理》的教学。他在这门课上花的心思越来越大，直到1992年，他同意为这门课撰写教科书。在一篇回顾性的文章中，曼昆写道："从学校毕业多年之后，没有什么比教授《经济学原理》这样入门性的课程更能使一个经济学家思考，他所从事的领域中什么东西是真正重要和令人兴奋的。正是在入门课程里，我们对自己专业领域积累的知识进行提炼和升华，把我们领域的精华传播到公民大众中去，让所有的人更好地理解我们所生活的世界。"

在接下来的五年中，曼昆潜心筛选要写入教材的内容，应该包括什么，不应该包括什么；对要包括的内容如何阐述才是最佳选择。这一艰辛历程直到1997年才完成。他加入了撰写经济学教科书的作者的行列，其中包括保罗·萨缪尔森（Paul Samuelson）、斯坦利·费希尔（Stanley Fisher）和约瑟夫·斯蒂格利茨（Joseph Stiglitz）。他说："对那些想把自己的经济学观传给后代，并影响整个领域的经济学家来说，撰写教科书是最高效，也是最重要的渠道。"

曼昆的教科书与其他的入门级教材有何不同呢？首先，他把供需模型提前到书的开始，突出供给、需求这些市场经济的核心概念，并展开讨论它们的关系。福利经济学（welfare economics，包括消费者剩余、生产者剩余等）是供给、需求这些概念的自然延伸，所以也被包括进来。

其次，曼昆试图在古典经济学和凯恩斯主义理论之间寻求新的平衡。他觉得20世纪80年代后期出版的大多数教材过于倾向于凯恩斯主义，因此有必要增加古典主义经济学的分量，更加注重那些影响长期经济发展的因素。这意味着在实体经济方面，内容更多地涵盖经济增长理论，金融市场对储蓄和投资的平衡作用，自然失业率的决定因素等；而在名义经济方面（nominal side of the economy），更加注重古典金融理论（classical monetary theory），例如货币数量论（quantity theory of money）和费雪效应（Fisher Effect）。

曼昆认为，着眼于长期经济走势的古典经济学应该是理解短期经济波动理论的基础，所以他把古典经济学放在前，凯恩斯理论放在后。体现凯恩斯理论和古典经济学之间的差别的一个例子是储蓄对经济的影响。按照凯恩斯理论，高储蓄率会降低总需求（aggregate demand）、总收入（national income），进而降低以后的储蓄。与此相反，古典经济学中的增长理论认为，高储蓄意味着高投资，形成更大的资本存量，导致更高的国民收入。

为了使他的教材适合学生阅读，曼昆着重强调那些基本原理，省掉很多细节，以免学生读得眼花缭乱，觉得云山雾罩。尽管如此，他的教材仍长达775页。只有比起其他动辄上千页的经济学教材，曼昆的教材才是简短的。他说："评判我的教科书（成功与否）的不应该是我本人，而是市场，正如我教给学生的一样。"以此为标准，全世界数百万册的销量就是市场对他的评价。

通向幸福生活的秘诀

每年哈佛大学经济系都会接到600多份博士研究生的申请，而被接收者不到30名。在小于5%的录取率下，中国学生就更少了。有时一年里只有一两个中国学生入学，甚至没有。哈佛的经济学博士研究生课程极其强调研究，学生在上完两年必修课后，还需要三至四年的时间完成博士论文。事实上，大多数经济系的研究生课程都是为了学生做研究而设计的。

要想在研究中获得成功，就需要一系列与在普通课堂上做一个"好学生"截然不同的技能，不能只会被动地学习和通过标准化考试。在研究中，学生必须由被动学习别人的研究成果转为主动发问，提出问题并想方设法自己解答，而教授们仅仅充当辅助者的角色。

有个北大毕业的正在准备经济学毕业论文的中国学生说："我苦思冥想好几个月，总算有一个想法了，一见教授，三问两问就被枪毙了，还得重新来。在哈佛做毕业论文可不是闹着玩的，教授一点都不含糊。博士研究生应该对知识提供原创性的贡献。原创性的！哪有那么容易！现在越来越多的学生需要四年才能完成博士论文（外加两年必修课，共六年）。"在紧张的学习安排和教授对原创性的苛刻要求下，学生们往往会寻求捷径来完成毕业论文，尽可能迅速地找到一份好工作。他们经常问的问题是："最热门的研究领域是什么？什么样的课题能帮我们获得顶级大学的工作？"

曼昆告诉学生，对从事研究的人来说，这些都是不该问的问题。"你们应该扪心自问，你们真正喜欢研究什么？你们从这个世界观察到了什么？有什么疑惑？什么样的课题会令你们兴奋？"他将研究工作与其他职业区别开来，"做研究不像挖沟。一个人即使丝毫不喜欢他的工作，也可以挖出一条很棒的沟。而相比之下，研究工作需要对所研究的课题有热情，热情与创造力是相互依存的。没人能够为今后求职的需要而编造出这种热情。热情必须是发自内心的"。

当问到成功的秘诀时，曼昆说："当我还是个十几岁的孩子时，我读了一本书，它展现给我通向幸福生活的秘诀：找到你所喜欢做的事，然后找到愿意雇你来做这件事的人。"每当他面临选择时，他就运用这个秘诀。因此，他拒绝了大多数来自编辑和会议组织者的邀请，除非他们的选题与他的兴趣和研究课题相符。"否则，我将难以愉快地写作，更不可能写出好文章。我搞研究的方法就是首先确定我想要思考什么，然后再看是否有人愿意为我出版研究成果……对我来说，开始一项研究时最重要的问题是这个课题是否能让我感到兴奋。"

"大多数从事学术工作的人都是出于对其研究题目的着迷。正是这个原因，教授这一职业的工作满意度在所有职业里名列前茅。教授们寻找到了他们真正喜欢做的事，并且找到了为此付给他们薪酬的人——这就是大学。"

另外，曼昆鼓励学生培养广泛的兴趣，因为"有思想（coming up with ideas）是研究过程中最难、最不可控的部分，而如果你的兴趣广泛，就会多少容易一些。广泛的兴趣能带给你更多成功的机会"。他将研究者和矿工做比较，"如果一名矿工能着眼于更广阔的开采场地，而不是在同一地点重复劳动，他就更可能发掘出金子。而且，对一个题目的思考还可能引起对其他题目的想法"。这恰为曼昆跨越经济学众多领域的研究成果做出了注释。他强调："这些研究并非什么重大计划的一部分。任何时候，我都只去研究当时使我最感兴趣的东西。"

曼昆也很清楚研究领域宽泛的代价。"研究范围宽,最大的问题就是缺乏深度。我有时也担心涉及领域过多会使每项研究都流于肤浅。"他是如何补偿这种代价的呢?"谨慎地选择合著者可以在一定程度上解决这个问题,尽管不能完全解决。"他承认,"虽然把毕生的精力都投入一项特定的研究中可能会有更大的成绩,但我不会那样做,因为那并不是我的风格。"

先微观，再宏观

　　2007年12月12日、14日、17日，曼昆连续上了他本学期第四到第六节课，结束了《经济学原理》课程的微观经济学部分。春季开学后，再继续宏观经济学部分。有些学校的教授是先讲宏观再讲微观，理由是宏观经济学更贴近我们接触到的新闻报道，会比较吸引学生。但曼昆不这么做，正如他在最后一节课中所说，他想"把甜点留到最后"。还有一个原因他没说，就是哈佛教授已经假设学生自身对学习有足够的兴趣和动力，不需要教授吸引他们的注意力，教授直接进入正题即可。

　　最后三节课的主题分别是：市场成功与失灵、收入分配与公共政策、国际贸易与全球化。曼昆是从培养下一代公民的角度阐述这些问题的。

　　在第一个话题中，他解释了偏左和偏右的两派经济学家在公共政策方面的区别，尽管他们运用的理论框架并无二致。偏左的经济学家认为，市场权力（market power）比比皆是，市场竞争远非完美，外部性（externalities）无处不在，税收的扭曲性（tax distortion）并不像右派认为的那样大，而政府比右派认为的更有效。偏右的经济学家则持相反观点。

　　曼昆对比美国和法国的个人所得税的边际税率和平均工作时间的关系。美国的最高边际税率是40%，15~64岁的成年人平均每周工作26小时。法国的最高边际税率是59%，平均每周工作时间是17.5小时。经济学家对劳工供给对税率弹性（tax rate elasticity of labor supply，即劳工供给对税率的敏感度）的看法不一。两个国家的体制不同，例如工会的强弱不同；两个国家的文化不同，例如人们对工作和休闲偏好的程度不同，等等。这些都是影响劳工供给的因素。曼昆又以航空业为例来说明市场权力。例如，某市场根基牢固的大航空公司大幅降价，挤垮刚进入市场运行的新航空公司，这就是市场权力的体现。但问题在于，这种现象到底有多普遍？人们的观点并不一致。而民主政治就是消除这种差异的渠道，通过民主进程来达成妥协。

在收入分配与公共政策一课上，曼昆首先给出历年来美国收入分配的数据。可以看出，美国的收入不平等从1970年就开始扩大。2003年，最富的五分之一人口的收入占据了全部收入的47.6%，而最穷的五分之一只占4.1%。1970年，这些数据是40.9%和5.5%。

对此，曼昆给出了四个解释。第一，随着科技进步，对技工的需求比对一般工人的需求增长要快。科技总是带来技术扩张（skill augmenting），增大技工与普通工人的工资差异（increases the wage premium of skilled labor）。第二，女权运动促使更多女性参加工作，而高收入男性更可能与高收入女性结婚，其家庭收入也就更高，使收入两极分化更加严重。第三，除固定工资外，更多的薪酬是根据工作表现发放的奖金。第四，全球化放大了"超级明星效应"，也就是说，那些影星、体育明星等能拥有比以前更多的观众。因此，美国富人积累财富的速度高于穷人。

美国最富的20%与最穷的20%的人口的收入之比高于其他发达国家。美国的这一比例是8.5，而日本是3.4，德国是4.3，加拿大是5.8。但比起发展中国家来，美国就不算高了——俄罗斯是10.5，中国是10.6，墨西哥是19.1，巴西则为32！曼昆将五个收入级别的税赋分别占联邦税收的比例和占全国总收入的比例列成表，让学生自己来判断美国税收机制的累进性是否足够。

最后，曼昆谈了关于社会平等的不同观点。根据约翰·斯图尔特·穆勒

（John Stuart Mill）的效用理论（utility theory），即边际效用递减，一美元对于穷人比对于富人更有用。如果政府的目标是使整个社会效用最大化，就该向富人征税，然后转移给穷人，杀富济贫。但是，这样就可能打击那些有能力的人的工作积极性。所以，必须找到一个很好的平衡点。

保守的功利主义者（conservative utilitarianists）认为，这种再分配政策对工作积极性的打击很大，所以他们倾向于税率的累进程度小一些。自由的功利主义者（liberal utilitarianists）则持相反观点，主张提高税率累进性，以增加社会的整体福利。哈佛大学的约翰·罗尔斯（John Rawls，1921—2002）教授在20世纪70年代推行"社会保险"的概念，吸引了许多知识分子。他主张以社会保险的形式进行再分配，让不幸人群的生活不至于太糟。

与功利主义学派迥然不同的是自由至上主义（libertarianism）。自由至上主义者并不将收入的不平等视为多数人与少数人群体之间的利益冲突。他们关心的不是经济活动的结果，而是过程。他们相信，只要过程公平，结果就可以接受，不管这个结果有多不平等。在他们眼中，政府就是与民争食的掠夺者，而非使社会利益最大化的力量。他们把自己置于政府的对立面上：政府是握有权力的，而人民是弱小的。他们不愿为中央政府策划者而牺牲自己的任何自由。

在国际贸易与全球化一课上，曼昆说贸易对经济的影响就像技术进步对经济的影响。大卫·李嘉图（David Ricardo）的比较优势理论说明，贸易在总体上是有利的，但当美国的消费者消费更多中国生产的纺织品时，美国的纺织工人就失业了。"我们是不是应该通过贸易调整机制来补偿那些因国际贸易而受损失的人呢？"曼昆问道。补偿损失者存在两个问题。其一，补偿的标准是什么？有的经济学家认为，美国纺织工人应该补偿美国消费者，因为他们多年来受益于美国纺织品配额的保护，直到大量的中国纺织品被允许进入。其二，贸易导致的失业和其他原因导致失业有什么实质性的不同？为什么一种失业有补偿，另一种没有补偿？

曼昆又问："外国的低工资对美国工人来说是威胁吗？"在竞争性市场

上，真实工资就是工人的边际劳动产品，工资的差异就反映了生产力的差异。当越来越多的生产活动——例如电话呼叫中心（call center）——移向印度时，印度的真实工资就会上升。最终，当印度的工资高到一定水平时，美国的公司就没有必要向印度转移了。

曼昆接着问："在发展中国家建血汗工厂对美国公司来说是一种耻辱，还是某种光荣？"虽然在美国标准看来，这些工厂的工作时间之长、工资之低和工作环境之恶劣令人无法忍受，但美国公司提供的工作机会能使这些工人过上比没有美国公司进入时更好的生活。"那么，为什么美国公司不为他们支付高工资？"曼昆说，"因为和任何私营企业一样，这些跨国公司也是以营利为目的的。它们努力使成本最小化，股东利益最大化。"

"既然贸易如此有利，为什么美国不完全敞开贸易，放弃复杂的多边贸易谈判，不管别国怎么做呢？"曼昆的回答是，因为美国国会对贸易的态度是重商主义。他们视出口为好事，因为创造了就业；视进口为坏事，因为工作机会转移到外国。但事实恰恰相反。进口是好事，因为它使我们享受到超越本国生产可能（outside the production possibility frontier）的产品，丰富了我们的选择；而出口只是我们偿付进口的手段，我们必须卖给国外产品，才有能力负担我们的进口。问题是，受惠于廉价进口产品的美国消费者非常分散，没有组织起来形成一支政治力量，而那些被进口替代的美国生产商则有组织、有秩序地对华盛顿施加影响。

曼昆的下一个问题是："美国的巨额贸易赤字又做何解释呢？"他解释说，当美国人从中国购买的货物大大超过卖给中国的货物时，美国就对中国产生了入超，中国对美国就是出超。中国把对美国贸易盈余的美元用于投资美国国债。但要全面理解美国的贸易赤字，我们必须理解资本市场和金融机构。"这是我们下学期要涉及的内容。"

最后，曼昆为学生的寒假阅读推荐了四本书，都是经济学家写的大众性读物——罗伯特·海尔布罗纳（Robert Heilbroner）的《世俗哲学家》（*Worldly Philosophers*）、保罗·克鲁格曼（Paul Krugman）的《兜售繁荣》（*Peddling*

Prosperity）、米尔顿·弗里德曼（Milton Friedman）的《资本主义与自由》
（*Capitalism and Freedom*）和阿兰·格林斯潘（Alan Greenspan）的《动荡的时
代》（*The Age of Turbulence*）。

第九节

总结《经济学原理》

2008年4月底，曼昆开设的《经济学原理》课程即将结束。他首先祝贺学生们完成了一学年的课程（秋季是微观部分，春季是宏观部分），然后他邀请30多位研究生助教站到讲台上，感谢他们一年的辛勤劳动。如此致谢事出有因。这门课是面向本科一、二年级学生的基础经济学课程，选修者近千人。曼昆本人只在学期开始在哈佛容量最大的桑德斯讲堂上两三堂介绍性的大课，在学期结尾再上两三堂总结性的大课。学期当中，他邀请五六位经济系的其他教授分别介绍各自的领域。所有具体教学、作业、考试、成绩等一系列工作都是由助教把学生分为小组分别负责。

曼昆利用最后三堂大课分别总结财政政策、货币政策和回答学生问题。他说，他会留出最后一堂课的最后半小时给一位他邀请的特殊客人，但他不想现在就透露这个人是谁。

☆ 退税是好事吗？

4月28日，曼昆总结财政政策。他打印出四小时前刚刚在美联社网站上刊登的一条新闻：退税支票在4月28日提前寄出。大约1.3亿美国家庭会在几天内收到支票，个人最多收到600美元，夫妻最多收到1200美元，每有一个未成年孩子再加300美元。小布什总统明确表示，这次减税是为了刺激消费。曼昆说，这是典型的短期财政刺激的政策。

"如果你是国会预算办公室（Congressional Budget Office，CBO）的经济分析员，你会怎么看？"曼昆说，这并不是一个假想的问题，因为这很可能是优秀的经济系学生的暑期实习工作或毕业后的第一份工作。"你的老板，某个州的参议员或众议员也许会提议增加税收，让你分析一下增税后各种可能的后果。你对这个问题应该怎么下手呢？"他建议从以下几个方面思考这个问题。

首先，税收扭曲了市场的均衡价格，消费者和生产者的社会福利会减少。税率越高，社会福利减少得越多，边际损失越大。其次，谁在承担增加的税收，新的税收政策会如何影响税负结构（distribution of tax burden）。政治保守派倾向对富人少征税，减少对工作积极性和私营企业活力的打击。政治自由派倾向杀富济贫，注重相对平等的经济结果。

曼昆说，大家都承认总税收与税率之间的关系呈现先增后减的趋势，但并不能确定这条曲线的确切形状，更不能确定我们现在是处于曲线的增长部分还是减少部分。如果是前者，增加税率会增加总税收；如果是后者，增加税率会减少总税收。

税率和经济增长（GDP）的关系也很难确定。国会预算办公室分别用静态模型（static scoring）和动态模型（dynamic scoring）来测算。静态模型假设GDP在一段时间内没有变化。动态模型则把GDP和其他经济变量之间的互动关系考虑进去，虽然结果更理想，但模型本身和计算过程都非常复杂，所以很少被应用。静态模型虽然预测效果不尽如人意，但简单许多，所以计算结果经常被引用。

哈佛大学经济系的另一位教授罗伯特·巴罗（Robert Barro）曾经提出，用财政赤字的办法来减税以刺激消费，其实对消费者没有任何好处，只是把子孙后代的消费转嫁到当代人的消费上了。因为政府赤字迟早需要偿还——这一代人多消费，多享受生活，下一代人就要少消费，少享受；一代人不还，他们的下一代人就得还，债务只会越积越重；所以如果我们珍惜子孙后代的幸福，知道他们迟早要还这些赤字，我们就会把所有退回来的税给下一代存起来，一分钱不花。如果每个人都不花退回来的税，宏观总消费和总储蓄就没有任何变化，政府就完全没有达到刺激消费的目的。

克林顿政府因为非常重视减少赤字，得罪了极端保守派，也得罪了极端自由派。保守派反对克林顿两次增税的政策，而自由派反对他减少政府开支。他的劳工部部长卸任后撰文说，克林顿为了减少政府开支，以至于不能维持必要的社会福利项目。

曼昆介绍，因为美国的国家债务达到了前所未有的水平，普林斯顿大学的经济学家保罗·克鲁格曼撰文称，美国家庭储蓄率接近零，政府不负责任地扩大赤字，金融体系脆弱，潜伏的金融危机日趋严重，总有一天，国际资本会逃离美国。而现任美联储主席伯南克则表示，他并不担心美国巨大的贸易赤字，因为美国是一个资本市场效率很高的国家，又有相应的透明的保护私有财产的法律，这些特点都吸引其他国家过剩的储蓄投资于美国。曼昆说："我对全球经济失衡（global imbalances）的看法是，贸易赤字本身并不是大问题，只是问题的表面现象。最根本的问题是美国极低的储蓄率。"

另一个问题是汇率。曼昆说，《华尔街日报》主张强势美元，克林顿时期的财政部部长罗伯特·鲁宾（Robert Rubin）和现任财政部部长亨利·保尔森（Henry Paulson）都主张强势美元。美国人在感情上不喜欢美元疲软，但不能否认美元疲软在经济上给美国人带来的好处。哈佛经济系教授马丁·费尔德斯坦（Martin Feldstein）曾在《华尔街日报》上发表评论员文章说，他主张在国际上有"竞争力的美元"。"其实，汇率只是一个国家的物价和另外一个国家的物价的相对比例，没有好与坏的区别。现在美国经济放缓，有可能进入衰退，弱势美元可以增加出口，使总体经济向好的方向发展。房价一跌再跌也不都是坏事，对需要买房子的人来说就是好事。现在财政政策和货币政策都在扩张，目的是在短期内刺激总需求。"

曼昆总结说，财政政策最大的挑战就是日益增长的社会保险（Social Security）和医疗保险（Medicare和Medicaid）花销。第一批婴儿潮时期出生的人今年就会退休，以后退休的人数会越来越多，社会保险赤字会越来越大。经济学家一般倾向于延迟退休年龄以解决社保问题，但这在政治上行不通。目前的三位总统候选人，没有一个人持此政见。所以，曼昆认为，今后的解决办法只能是提高税率，或减少福利，或两者兼有。年年递增的医疗成本更加棘手，目前还没有任何有效的办法控制成本。他说："这些将是你们这一代人面临的最艰巨的财政挑战。"

☆ 美联储应如何运作？

4月30日，曼昆总结货币政策。曼昆首先比较了有关中央银行作用和职能的两种截然相反的主张。一种是以20世纪50年代美联储主席威廉·马丁（William Martin）为代表的主张。马丁是历史上任期最长的美联储主席，比格林斯潘的任期还长几个月。他认为中央银行的作用就是"在聚会上的气氛刚刚开始活跃的时候，把盛有酒水或饮料的盆拿走"。也就是说，中央银行应根据情况适当调节经济的过热或过冷，使经济平稳发展。

另一种主张是以米尔顿·弗里德曼为代表，认为中央银行人为调整利率的行为本身就有问题，是20世纪30年代经济大萧条的罪魁祸首，因为它给原本按照经济规律运转的经济注入了人为的不确定因素，使做购买决定或投资决定的经济个体更加难以预料未来。他认为，美联储只要每年将资金供给提高一个固定的百分比，以适应美国长期经济平均年增长率和人们对现金的需求即可。

对于弗里德曼的观点，美联储前主席格林斯潘持异议，他更相信他自己的"酌情处理"。在他18年半主持美联储的生涯中，美国的经济发展异常平稳，GDP增长率和年通胀率都很正常。对此，曼昆给出三种可能的原因：第一，美国人运气好，侥幸赶上了好时光；第二，美国在这些年中已经从一个以工业和制造业为主的经济体，转变成以服务业为主的国家，而服务业相对工业和制造业，在提供就业方面更加稳定；第三，货币政策在这些年中运用得当，促进了经济健康稳定的发展。也就是说，格林斯潘功不可没。

弗里德曼主张机械货币政策的理由也很充分。首先，我们不能相信政策制定者的能力，更不能相信他们的用心，因为他们也是人，人都有有意或无意犯错误的时候。这就是我们要制定法律的原因；大法官不是凭感觉断案，而是严格地执行法律。与其相信政策制定者的能力和用心，还不如相信经济规律中的自动调节（automatic stabilizers）。其次，中央银行都想让人们相信物价稳定，通胀率低，货币值钱，但同时又有刺激经济增长的动机。只有当人们有低通胀的预期时，刺激经济增长的扩张货币政策才最有效，但增加货币供给的扩张性货币政策自然会增加人们对通胀的预期。所以，这两者本身就是矛盾的，鱼和熊掌不可兼得。

曼昆举例说明这种矛盾〔即最优政策的时间不一致性（time inconsistency of optimal policy）〕：一个家长告诫孩子吃饭之前不能吃甜点，否则就会如何惩罚他。但孩子调皮，禁不住诱惑，还是在吃饭之前吃了甜点。家长发现以后，不忍心惩罚孩子，就说下一次会如何惩罚他。于是，到了下一次，旧戏重演。再比如，政府领导人总会对恐怖分子声明，即使恐怖分子有人质在手，他们也不会妥协。但当恐怖分子真的有人质在手时，他们会立即同恐怖分子谈判，讨价还价。

一个更有趣的例子是：政府在报税单上声明，如果不如实报税，就会有怎样的惩罚，但总是有人偷税漏税，那些偷税漏税最严重的富人都已经逃之夭夭，移居海外。政府为了吸引这些富人回国投资，就对他们说，只要你们回国，就对以前的偷税漏税既往不咎，这样做的结果是使更多偷税漏税的富人移居国外。经济学家罗伯特·巴罗想出一个巧妙的办法解决这个问题。他建议政府应该撒一个谎，"告诉那些移居国外的富人，现在政府大赦了，只要回国，就对以前的偷税漏税既往不咎"。等他们回国以后，立即让他们补税，然后把他们关进监狱，让他们接受惩罚。这样做不仅可以增加政府税收，而且即使今后政府声明对偷税漏税的人会宽大处理，人们也不会相信，都会老老实实地报税缴税。

机械的货币政策方式包括：弗里德曼提出的每年增加货币供给一个固定的百分比，瞄准通货膨胀（inflation targeting），以及泰勒规则（Taylor rule）。其中泰勒规则是由斯坦福大学的约翰·B. 泰勒（John B. Taylor）教授设置的一个非常简单的计算美联储基准利率（Federal Funds Rate）的公式：只需要代入实际通胀率和理想通胀率之差，和实际GDP增长率与完全就业情况下GDP增长率之差，一个小小的计算器就可以算出美联储应该瞄准的基准利率。

最后，曼昆谈到机构的设置（design of institutions）问题。他引用哈佛大学经济学家劳伦斯·萨默斯（Lawrence Summers）参与的一项研究的结果，说明中央银行越独立于一个国家的政治体系，这个国家就越有可能保持较低的通货膨胀和稳定的经济增长。萨默斯在这项研究中说，中央银行的技术精英与人们直接选出的政治家不同，他们不直接对选民负责。他提醒人们思考什么政策应该由民主的政治体制来决定，什么政策应该由技术精英来决定。

曼昆答疑和"神秘来客"

5月2日，曼昆上最后一堂大课。他用一半时间回答学生问题，一半时间留给一位特邀客人，但他不想现在就透露这个人是谁。

有学生问："我们在课堂上学了自由贸易的好处，但没有涉及劳动力市场。我们应该如何对待技术移民？"曼昆说，美国国会反对非技术移民的理由主要有两个：第一，这些人受教育的水平普遍较低，一般来说，对美国的税收和福利体系贡献不大，却要享受美国政府提供的福利待遇；第二，这些移民会增加低端劳动力的供给，使低工资变得更低，恶化收入两极分化的问题。但这两个理由对技术移民完全不适用，而且效果相反。技术移民一般对美国福利体系的贡献大于索取；会增大高工资劳动力的供给，压低高工资人群的收入，可以缓解两极分化的问题。

曼昆以《经济学原理》的课堂为例，"你们在客座讲座系列中听到了哈佛经济系教授中有意大利口音的，有法国口音的，有西班牙口音的，有以色列口音的，还有英国口音的。或许没有这些外国教授的竞争，我在哈佛的工资会高一些，但我仍然认为，应该完全取消美国技术移民的配额制度，这样会增加竞争，经济会更有活力"。他也承认："美国的民主政治使我的想法看起来非常不现实。"

有学生问："你认为伊拉克战争会不会像第二次世界大战那样带动美国经济，使美国经济从萧条中复苏和崛起？"

曼昆回答："首先，伊拉克战争与二战不能相比，规模、成本、意义完全不一样。一个国家参战与否，外交政策如何，是不能从经济角度衡量的，而是要从更大的战略角度来考虑。"

有学生问曼昆对现在的总统候选人提出的暑期减免汽油税的看法。曼昆回答，他几乎可以肯定，这些候选人的经济顾问是不会这样建议的，因为没有任何经济理由这样做；这样做完全是从拉选票的政治角度出发。很明显，候选人在此时更加重视他们的政治顾问的意见。他以一个故事为例：很多年前，有一位政治家在竞选中接受记者采访，阐述自己的政见。记者听完以后，很受鼓舞，说："你会拥有这个国家任何一个有头脑的人的选票。"他回答说："那不够，我需要大多数人的选票。"大家都被逗笑了。

有学生问曼昆推荐什么样的暑期读物。曼昆说："如果你想读每天的新闻，我建议读《华尔街日报》。虽然有人认为它的评论员文章过于代表保守派的观点，但它的新闻部分都是由非常专业的记者写的，质量很高。如果你想读每周的刊物，我建议读《经济学人》，也很专业。如果你想读书，我建议读弗里德曼的《资本主义与自由》和克鲁格曼的《兜售繁荣》。前者代表右派经济学家的观点，而后者代表左派经济学家的观点。"

然后，曼昆终于向大家介绍他请来的"神秘客人"：约拉姆·鲍曼（Yoram Bauman）。曼昆称他为"一位最幽默的经济学家"。这时，一个身穿便装的年轻人生气勃勃地走上讲台。他面带微笑，开始向上千名观众轻松自如地表演喜剧。他的表演充满了对自己、对传统经济学和经济学家的讽刺，揭示了经济学的局限性和经济学家个人与众不同的怪癖。这对刚刚学完一年《经济学原理》的大学本科生来说是一个极好的补充。

"我爸爸以前对我说：'你不可能成为一个喜剧演员，因为没有需求。'我对他说：'我是一个供给派的经济学家。'"

"经济学家喜欢考虑边际效应，所以他们去商店买橘子的时候，一个一个地买。"

"微观经济学家经常对个别事情判断失误，宏观经济学家对所有事情都判断失误。"

"经济学家在中国餐馆吃完饭以后，不看幸运饼干（fortune cookie，一些西方的中国餐馆所送上的饼干，内置字条，写着各式祝福或预测内容）里夹的字条上写的是什么，只会在字条的空白处计算菜单的价钱。"

"经济学家不变卖自己的孩子，因为他们在想孩子今后会更值钱。"

"研究金融的经济学家明白和钱有关的一切事情，但他们自己穿得像一个叫花子。"

［注：鲍曼是经济学博士，华盛顿大学（University of Washington）环境经济学讲师，德国后裔，时常在美国各大城市举行个人喜剧表演。他的个人网页是www.standupeconomist.com。］

| 哈佛大学经济课 |
NOTES FROM HARVARD ECONOMICS COURSES

HARVARD
ECONOMICS

第二章

行为经济学

第一节

行为经济学入门

2011年年初，就在中国人即将欢度春节的时候，哈佛大学的春季课开始了。在残雪堆积如山的小路上，学生们匆忙地奔赴各自的教室。这个学期，哈佛经济系教授戴维·莱布森（David Laibson）为本科生讲授《心理与经济学》这门课。莱布森是行为经济学代表人物之一，是多个学术杂志编辑部成员和多个顾问委员会委员。他1988年从哈佛大学本科毕业，获经济系最高荣誉奖（Summa Cum Laude）；1994年在马萨诸塞理工学院（MIT）获经济学博士学位；从此在哈佛大学经济系任教，2002年晋升为正教授。他的课程深受学生喜爱，多次供不应求。

行为经济学是过去20年间新兴的领域。《心理与经济学》这门课关心的问题是：心理因素和经济因素是如何影响人们的行为的。行为经济学家不关心人们说什么，只关心人们做什么。人们即使主观上完全诚实，言行不一的时候也屡见不鲜。例如，人们都知道锻炼身体重要，从主观上说也愿意去健身房，但就是今天推明天，明天推后天，落实不到行动上。

行为经济学家对影响人们行为基础的信仰、偏好感兴趣，同时也注意心理学家的研究成果，希望从那里得到启发。他们认为，古典经济学对人们行为的假设太极端了。在古典经济学中，人被想象得太理智、自控能力太强、太自私了。现实生活中，这样的人几乎不存在。别人生活的好坏都会不同程度地影响自己；人都有禁不住诱惑、管不住自己，放任自流的时候，也有不清醒、犯错误的时候。这意味着行为经济学模型含有更大的不确定性；在更接近现实的同时，也更复杂。

行为经济学家注重试验，利用20世纪40年代发展起来的博弈论和统计学来分析试验结果。例如在一个游戏中，你的最佳策略经常取决于你的对手的行为。如果你觉得对手和你一样聪明，那么你有一个最佳策略。如果你猜测对手不如你聪明，甚至还不明白这个游戏的规则，那么你有另外一个最佳策略。你对对手聪明与否和聪明程度的估计就是一个概率问题。如果在这个游戏中，你有很多对手，那么这些对手聪明与否的分布仍然是一个概率问题。你要把不聪明、不理智的人的行为考虑进去，然后计算出你的最佳策略。这就如同物理学家不是在真空里做实验，而是把摩擦和大气压力等可能导致误差的因素都考虑进去，最终推导出的结论会更贴近实际。

这时，有学生举手提问：社会学与行为经济学有什么不同？莱布森引用诺贝尔奖得主加里·贝克尔（Gary Becker，1930年生于美国，1992年获诺贝尔经济学奖）的话作答：经济学家的研究单位是（孤立的）个人，比较他在做选择时的取舍得失，然后做最佳选择的过程；社会学家把个人看作社会框架里各种关系的中心，进而解释他为什么没有选择。莱布森说，这句话虽然不全面，有些牵强，但基本解释了两个领域的区别。

行为经济学与主流经济学并不矛盾。它们的前提假设都是：决策个人是聪明的；市场机制给予人们不同的行为动力（incentives），这些动力能够在很大程度上影响人们的行为；市场能比政府更高效地分配资源。行为经济学与主流经济学的分析手段也一样：使用数据与建立模型，所以计量学是不可缺少的分析工具。学生在选学莱布森这门课之前，应该有基本的计量学知识。助教会在分组教学中帮助学生复习巩固这部分内容。

在建立模型方面，莱布森说明，模型不是越逼真越好，越复杂越好，而是越能回答你想解决的问题越好。例如，地球仪不是越大越精细越好，对于有些问题，一个大致形状的地球仪就足以了。应该建立怎样的模型的关键在于你的问题是什么。好的模型为人们思考问题提供洞见，没有不必要的复杂，禁得住数据的检验，有一定的预测力。

你是一个聪明的消费者吗?

销售者和消费者是一个交易的两个方面。卖方想与你有长期的商务关系,就会在前期给你一些好处,愿者上钩。消费者如果不精挑细选,很容易被表面现象迷惑,事后才成为诸葛亮;有的消费者甚至事后还执迷不悟。例如,买房子的人因为房价低就买了房子,事后才意识到这个房子的保管费(暖气费、空调费等)很高。有的电话公司为了让你以后用它的服务,免费提供手机。有的旅馆表面价格很低,你住进去以后才发现,所有服务都要收费。有的银行给目标客户群赠送礼品券——例如,用这个券可以在某家高级餐馆免费吃饭——等你真正在这家银行开户后,才发现所有的服务都费用很高,才明白"没有免费的午餐"的道理。航空公司、租车公司、信用卡公司等都经常运用这种营销手段。

其中,一个典型的例子是惠普公司在网上卖打印机的定价策略。最便宜的彩色打印机(DeskJet 3747)才29.99美元,每月可打印500页。你也许在想,价格这么便宜,恐怕连生产成本都不够,公司怎么赚钱呢?

俗话说,买的不如卖的精。卖方有办法从你腰包里赚到钱。当你买了这台打印机后,你需要一条线连接打印机和电脑。这条线长2米,价格是19.99美元，几乎是生产成本的10倍，外加运输费用4.99美元。如果按照打印机的使用寿命是4年计算，每页纸打印成本0.10美元，每月打印500页，那么打印成本总共是2400美元（0.10×500×12×4）。

多数消费者想不到这么深、这么远，更不会四处搜索信息计算出打印每页纸的成本，只会看表面价格——这台打印机太便宜了。田野调查数据显示，只有3%的消费者在购买打印机的时候询问墨水的价格。

卖方的想法是，只要你买了这台打印机，就必须买与此配套的打印墨水，每瓶价格在20美元以上，这样你就上套了。厂家就是要在墨水上赚取最大的利润，而且持续不断，源源滚滚。既然利润这样丰厚，为什么其他厂家不生产同样的墨水？因为惠普事先已经为这种墨水与机器的衔接申请了专利，在专利的保护下，他们不担心任何竞争。

精明的消费者会怎样办呢？他又想买最便宜的打印机，又不想付2000多美元的打印成本。他的办法是节约用墨，节约打印。他把打印质量设置在草稿质量，这样不但可以省一半墨水，还可以节约打印时间。最佳消费策略是可不打印，就不打印；可打印草稿质量，就打印草稿质量。

惠普这种定价策略的结果是：人们会过多地购买打印机，不情愿购买墨水，使墨水消费不足。更重要的是，消费者对这种定价的反馈会使财富重新分配。一般来说，越是有钱的消费者越精明，越精明就越知道如何省钱；越知道如何省钱消费，就越有钱。反之亦然。这样分析的结果是富人越富，穷人越穷。运用这种定价策略的厂家之所以得以成活，甚至利润丰厚，就是因为不精明的消费者在补贴精明的消费者，同时补贴提供价值但也谋取利润的厂商。

怎样成为精明的消费者呢？试验表明，做聪明决策的人不是智商最高的人，也不是最有时间消化信息后才做决定的人，而是最有经验的人。也就是说，聪明从实践中来。经历越多，经验就越多，人就越聪明，正所谓"吃一堑，长一智"。

当一位有经验的销售员遇到一个没经验的消费者时，成交的可能性就很大。这算不算欺诈消费者，利用别人的弱点占别人的便宜呢？莱布森说，这里的程度很难界定。一般来说，每项日常消费品的价格占人们总收入的比例并不大，人们也不会用太多脑筋分析每一项花销是否最经济划算。然而，正是这种不计较的心理让厂家有机会谋取最大的利润。

这么分析的结果是不是鼓励人们斤斤计较、比来比去呢？从某种角度说，"货比三家"就是经济学；它是权衡利弊、比较得失的学问，它有非常庸俗的一面。可谁又能超脱日常生活中的柴米油盐、衣食住行，完全否定在收入一定的条件下的精打细算呢？

第三节

你最大限度地利用工作单位的福利待遇了吗？

为了鼓励人们为退休后的生活储蓄，美国政府设置了401（K）计划。这是人们退休后，除社会保险基金（其具体运作详见第三章第八节《美国社会保障制度的挑战与出路》）以外，最重要的收入渠道。

401（K）的运作方式是这样的：员工每个月可以把自己税前毛收入的一部分投入这个计划，这部分收入按照法律放在当年计算个人所得税的基数之外，暂时不缴税，直到他退休后从这个计划中取钱时才缴税，这就是所谓"推迟缴税"的优势。此外，雇主为了吸引员工，提高他们的福利，愿意提供1∶1的搭配资金，放入员工在这个退休计划的账户里。一般来说，其上限为员工毛收入的6%。员工在第一天进入公司工作的时候就会收到人事部门的一张表格，让他选择：你是否愿意参加这个计划，往这个退休账户里放钱；如果愿意，你愿意放你收入的百分之多少；这个钱应该如何投资（多少在股票，多少在债券；多少在美国国内投资，多少在国外投资，等等）。这张表格要在30天之内交给人事部门。

根据这个游戏规则，员工最理智的选择是：在401（K）里放入自己毛收入的6%，最大限度地调动公司的搭配资金，尽可能地推迟纳税，为自己退休积累最大的财富。但事实上，很多员工在这个计划里只投入很少的钱，甚至选择不参加这个计划——公司给他福利，他都不要。为什么呢？一种解释是，他们的毛收入太低，年收入在两三万美元左右，没有富余钱放进储蓄账户里。另一种解释是，他们根本不理解401（K）到底是干什么的，只想把眼下的收入尽可能都拿回家——看得见摸得着，心里踏实。

越年轻，越没有经验，收入越低的人，就越可能这样选择。越有经验，收入越高的人，就越可能最大限度地从这个体系中使自己的利益最大化。而这个退休体系，从政府的角度说，恰恰是为那些低收入人群设置的——正是低收入人群才更应该为今后退休的经济保障而未雨绸缪。体系设计者担心，401（K）不但帮助不了穷人，反而会成为富人冠冕堂皇地推迟纳税的渠道。而且，政府不能规定"低收入人群必须参加401（K）计划"，因为政府不能通过硬性规定强迫任何人做任何事，否则就影响了人身自由，违背了宪法（相关例子见第四章第十节《州政府控告联邦政府》）。怎么办呢？

行为经济学家莱布森和同行们设计了一个巧妙的办法，可以两全其美。只要公司人事部门把发给新员工的表格修改一下就行了。这张表格通知员工，公司已经在401（K）计划中为你设立了账户，每个月会自动把你毛收入的2%和公司相应的搭配资金放入这个账户；这些钱会投入最稳妥的基金，为你退休后提供生活保障；如果你认为这个投资计划不妥，请拨打某个电话号码修改或退出这个计划。

简单修改这张表格的结果是，绝大多数员工都接受了既定的退休投资方案。就这样，行为经济学家通过改变人们的选择框架（choice architecture）而改变了人们的选择结果。至少从概率上来说，这张表格上细小的变化是非常成功的。只有很少的人可以排除选择框架的影响，清晰地知道自己要的东西是什么，以及如何使自己的利益最大化。这些少数人精明强干，有用不完的能量和脑筋。他们处处留心，事事动脑；在游戏规则允许的情况下，努力争取；在游戏规则稍有变化的情况下，迅速反应。

在401（K）这个体系中，公司（雇主）的利益是什么呢？公司一方面觉得，为员工提供搭配资金会减少眼下的利润；另一方面也担心，如果员工没有足够的钱退休养老，那么他们会继续工作，老而不退，影响公司人员正常的更新换代，阻碍公司吸纳新鲜血液。所以，公司在这个游戏里的想法是复杂的。

试验表明，重新设计给新员工的表格能够将员工参加401（K）计划的比例提高两倍（是原来的三倍）。为了不让公司眼下的利润因提供搭配资金而减少太多，设计者在给新员工的既定方案中减少了原来6%搭配资金的三分之二，让新员工在401（K）计划中只放自己毛收入的2%，以保证公司利润与不修改表格时基本一样。即便如此，被选来做试验的这家公司还是在两三年之后把给新员工的表格改回原状，有意降低员工参加401（K）计划的比例。理由是，这家公司只出售底端产品和服务，大多数员工属于低薪员工，他们变换工作的频率太高，很多人工作不到一年就不干了。公司不愿意为这样的人投入与参加401（K）计划有关的行政成本。

对既定选择框架的设计可以从根本上影响人们的选择结果。这说明，大多数人是被动的，不接受新鲜事物；对新信息不思考、不分析，甚至完全不做出反应。越是穷人，对游戏规则越不敏感。只有聪明的人才会对新信息、新游戏规则迅速做出反应，采取相应措施，使自己的利益最大化。

怎样才能成为聪明智慧的人？

从道理上说，年龄越大的人越有经验，越关注自己退休后的生活来源，参加401（K）计划的动力越大，在宏观层面上的反应就是参与率越高。对员工来说，推迟纳税、公司搭配资金都是不占白不占的大便宜。但事实是，这个计划的中老年人参与率远没有人们想象的那么高。莱布森和同行研究了七家公司的数据，发现有一半以上59岁半以上的员工没有从401（K）这个体系中得到他们应有的福利。这是否是因为他们没有最基本的理财信息和知识呢？

行为经济学家进而研究大公司对员工设置普及金融理财知识等讲座或学习班的效果。他们发现，这些讲座和学习班对员工选择理财方式的影响并不大。即使当有关选择基金投资的数据（例如各项资金的费用和回报率等）都放在一张简单的表格里加以比较，用高中生的英文水平加以解释的时候，大多数参加调查的人的理财选择还是一如既往的非理性。

所以，在莱布森眼里，信息披露、说服教育的作用对大多数人来说是非常有限的；人有太大的惯性、惰性和非理性。以至于学生多听一个讲座，少听一个讲座；多学一门课，少学一门课，从长远来看，对这个学生生活的整体而言没有多大影响。莱布森甚至怀疑学生花四年时间上大学的意义有多大？他承认，他的看法消极悲观。他明确说，他不想打击学生上学的积极性。但事实是，我们平时常见的"提供信息""提供建议"等这些说法都是空话，人们根本听不进去。正所谓"江山易改，本性难移"。莱布森对人性的理解近似《圣经》上说的，人是不可救药的，不可能变得真正美好，人都是有罪的。

既然人不可能做出明智的选择，那就引出了一个更深层次的问题：体系的设计者到底是应该允许人们享有百分之百的自由，还是应该利用既定方案（default setting）引导甚至限制人们的选择？如果是后者，那么以新加坡为代表的"保姆国家"或"家长式国家"就有一定的合理性。至于国家是否应该什么都管，管多少合适，应该替你做多少个人决定，在多大程度上允许个人自由，就只是一个程度的问题了。

既然信息、教育不是决定一个人行为选择、生活质量的重要因素，那么什么才是呢？怎样才能成为一个聪明的、有智慧的人呢？莱布森总结道，经历和经验才是最重要的。当然，一个从高收入家庭成长起来的孩子与一个低收入家庭的孩子会有截然不同的表现，因为家庭生活环境和条件对孩子的影响是长期深入、潜移默化的。孩子的智商和生活态度对他今后的发展也会有很大影响。这里的很多因素是天生的，不可控制的。人不能选择自己的智商和家庭背景，但可以选择自己的经历。经历越多，经验就越多，就越有可能聪明智慧。

塞翁失马，焉知祸福：为什么并购或竞标成功者往往出价过高？

☆ 买卖双方信息不对称，如何出价交易？

我们经常要在信息不完全的情况下做很多重要决策。例如，你是A公司的老板，在考虑是否购买B公司。你知道B公司的老板安德烈（Andrei）要价100元才肯出售，你也知道B公司对你的价值要比对安德烈的价值多出50%。B公司的真实价值可能是0~100元之间的任何一个值，你完全不知道哪个值更有可能（即真实价值的概率分布为均匀分布）。而你必须一次性出价，或者安德烈接受，或者你放弃交易，没有任何讨价还价的机会。你应该如何出价？

如果真实价值在0~100元之间均匀分布，那么B公司的均值是50元；它对你的价值是75元（50×1.5）。于是，大多数人在这种情况下的出价是在50~75元之间。少数人为了一定能收购B公司，愿意付100元，或者是75~100元之间的一个值。

实际上，这些都不是最精明的算计。假设你的出价是b元，安德烈接受你的价格，那么你就知道B公司的真实价值是在0~b之间，其均值是b/2。B公司的价值对你来说是（3/4）b，即1.5×（b/2），而你付出的成本是b，那么你会亏损（1/4）b。只有当b是0的时候，你才不会亏损。当然，如果你的出价是0，安德烈肯定不会把B公司卖给你。但以上在给定条件下的推理说明，你应该把价格压得非常低。这就解释了为什么大多数公司在战略并购中出价过高，事后输血赔本。

买卖双方信息不对称的情况非常普遍。健康保险市场、汽车保险市场、旧车市场、二手房市场等都存在逆向选择（adverse selection）的问题。简而言之，谁最需要买健康保险？身体条件最差的人。谁会卖车、卖房？很多情况下是因为这个车或这个房在某一方面不好，主人才要卖，而这个信息买方是不知道的。所以，你在出价时，一定要把这个可能性考虑进去，尽量压低价格。

☆ 在拍卖市场，为什么成功购买隐藏着危机？

假设你是一家大石油公司的执行总裁，政府要拍卖一块地皮的开采权，你是十家竞标公司之一。每家竞标公司都派各自的地质学家研究这块地，然后把自己的出价放在一个信封里交上去，竞标公司互相不知道其他公司的出价。你的地质学家告诉你，这块地可以开采出5000万美元的石油。你在竞价的时候，小心地打出一点富余（竞标的人都会这样做），出价在5000万美元以下。拍卖结果揭晓的时候，你发现你赢了。成功竞标的第二天，你得知另一家石油公司愿意出5000万美元从你手里购买这块地的开采权，而且你还知道买方的地质学家不可靠，一贯臭名昭著，你卖不卖？

你成功竞标本身就是一个新信息。你在决定是否出卖开采权的时候，要把这个新信息考虑进去。成功竞标告诉你，你的出价是最高的，你的地质学家的估计是最乐观的，其他九家公司对这块地的估价都低于你。这说明这块地的真实价值很可能低于5000万美元，也低于你的出价。当有人愿意出5000万美元买这块地的时候，你应该赶快脱手。

正是出于这种考虑，设计竞标方案的人有时会规定，出价最高的人获胜，但按照竞价第二高的人的出价付钱，这样就给获胜的人留出一些余地。尽管如此，以上的推理逻辑仍然成立：成功竞标的人往往出价过高。

所以，当你的地质学家告诉你，这块地可以开采出5000万美元的石油时，你应该在出价时打出很多富余，例如出价2500万美元或2000万美元，而不是只打出一点点富余，出价4500万美元或4000万美元。当然，出价越保守，成功竞标的概率就越小。但竞标失败未必是坏事，成功竞标未必是好事，正所谓"祸兮福之所倚，福兮祸之所伏"。

第六节

大学生应该如何选择暑期工作?

假如你是大学生,每年都面临找暑期工作的挑战。假设每年你面对的选择都是一样的十种工作,每种工作都对应着一定的福利(U)和得到这份工作的可能性(p),每种工作的均值福利就是二者的乘积[p×U是预期福利(expected utility)]。你知道,如果事后看来你很喜欢第一份暑期工作,那么你可以在第二个暑假干同样的工作;如果你不喜欢,那么在第二个暑假,你可以找另外的工作。十种工作分别按照福利、得到概率和平均福利从大到小排列。给你福利最高的工作(你最喜欢的或者是回报最高的工作)是得到可能性最小的工作。这时,你应该如何选择?

大多数人会选择平均福利最高的工作,最保守的人会选择得到概率最高的工作。但实际上,最聪明的选择是福利最高(你最喜欢或回报最高)的工作,即使那份工作是得到概率最小的工作。分析这个问题的关键在于,你还有时间,这个游戏是重复的,你还有第二次机会、第三次机会,甚至更多机会。你应该在有时间的情况下,选择回报最高的工作。即使失败,你也还有机会再次选择。以后再选择保守的工作也不迟。

也就是说,只要你年轻,你就有时间,就有机会,就可以冒风险,就应该追求潜力最大的工作。这与哈佛校长凯瑟琳·德鲁·吉尔平·福斯特（Catharine Drew Gilpin Faust）在2008年对毕业生所做的告别演讲中讲的道理完全一致：人生有A与B两种方案。生命是一个很长的过程，你永远有时间做你的预备方案B，但不要一开始就从方案B出发，而是要大胆地追求你最喜欢的方案A。"做你热爱的工作吧。如果你一半以上清醒的时间都在做你不热爱的工作，就很难有幸福可言。""当你选择在薪水丰厚的华尔街工作时，你可能在想，成为一个艺术家、一个演员、一个政府职员、一个中学老师、一个记者怎么能够养家糊口呢？如果要成为大学里的英文系教授，不知道要在研究生院熬多少年，写多长的博士论文才能毕业？"校长的回答是："如果你不试一试，就永远不知道答案。"

校长是从人生哲理的角度鼓励学生大胆追求自己真正喜欢的职业，而莱布森是从数理分析的角度得出同样的结论。莱布森进而把这个推理过程用于生活的其他方面。例如，你去餐馆吃饭，你是选择一道你知道比较喜欢的菜，还是选择一道看起来非常好，但从未尝过的菜？如果事后看来你喜欢这道新菜，那你的食谱就会变得非常丰富，你后半辈子都可以享受这道菜。如果事后看来你不喜欢这道菜，那就是浪费了一顿饭，也没什么大不了的。

再比如男女约会，你是选择与你门当户对，你知道一定还说得过去，但也不会好到哪里去的人约会，还是选择与一个你完全没有把握，但有可能是一个非常出色的情侣，甚至可能会演变为使你终身受益的伴侣的人约会呢？你应该选择后者，即使失败，还可以再来。有人说，"生活没有句号，只有省略号"，大概就是这个意思了。

为什么连续接受小赌博是最明智的选择?

在莱布森的四堂课之后，哈佛经济系教授安德烈·施莱费尔（Andrei Shleifer）讲后面八堂课，直到4月份放春假。施莱费尔是美籍俄罗斯学者，1982年毕业于哈佛本科数学系，1986年在马萨诸塞理工学院获经济学博士学位，三年后就被芝加哥大学聘为终身教授，1991年来到哈佛执教至今。在众多职务和荣誉头衔中，他多年担任顶级经济学专业杂志编辑的经历引人注目。从1989年到1999年，他任《经济学季刊》（*Quarterly Journal of Economics*）编辑。从2003年到2008年，他任《经济展望杂志》（*Journal of Economic Perspectives*）编辑。从1988年到1991年，他任《金融杂志》（*Journal of Finance*）副编辑。从1988年至今，他任《金融经济学杂志》（*Journal of Financial Economics*）副编辑及顾问。

施莱费尔在第一堂课上向学生介绍在社会科学中很可能是被最广泛引用的论文：1979年由丹尼尔·卡内曼（Daniel Kahneman）和阿莫斯·特韦尔斯基（Amos Tversky）发表的前景理论（Prospect Theory）。卡内曼持以色列和美国双国籍，1934年生于以色列特拉维夫（Tel Aviv），1961年在加州大学伯克利分校（UC Berkeley）获心理学博士学位，以后在伯克利和普林斯顿等大学从事研究教学工作，2002年因对行为经济学的贡献而获诺贝尔经济学奖。阿莫斯·特韦尔斯基（1937—1996）是以色列数理心理学家。

两位学者对人们的心理活动很有洞见。他们的出发点很简单：人们通常关心的不是财富水平的多少，而是财富的变化，即一个行动的收益和损失有多少。他们设计了很多试验，让人们决策是否冒险赌博，然后分析了人们如何决策的大量数据。他们发现，人有很大的惯性，喜欢保持现状，规避风险，即使冒险有可能带来很大的收益；而当前提（环境）发生变化，当损失是一定的时候，人们愿意冒险来减少损失，展示了偏好风险的特征。

他们还发现，对问题的描述方式不同会直接影响人们的决策。例如，一种流行病预计会导致600人死亡，有两种抵制流行病的程序。如果选择程序A，200人会得救。如果选择程序B，有三分之一的可能600人都会得救，有三分之二的可能没有人得救。试验表明，在这种情况下，大多数人会选择程序A，因为虽然两种程序的均值是一样的，但程序A的效果是一定的，程序B的效果不确定。

同样一个问题可以从反向描述。如果选择程序A，那么400人会死亡。如果选择程序B，那么有三分之一的可能无人死亡，有三分之二的可能600人死亡。试验表明，大多数人会选择程序B，因为人们在预计损失面前更愿意冒险来减少损失，即使两种程序的均值是一样的。实际上，200人得救和400人死亡是一样的，只是表述方式变了。这说明人在做决策时是不理智的，非常容易混淆、糊涂。

卡内曼和特韦尔斯基通过大量试验和数据分析，总结出价值函数（value function，即人们主观判断赢利或损失多少的重要性）和概率重要性函数（probability weighting function，即人们主观认为一件事发生概率的重要性）的特征。前景理论是一个描述性的模型，仅仅描述了人们的行为，没有预见性，没有告诉人们应该怎么做。但是，了解这些特征之后，我们可以通过设计游戏的规则（成功概率、回报大小、选择范围等）来操纵人们赌博的倾向——抑制人们赌博或鼓励人们赌博。后来的学者进一步研究人们在什么情况下愿意赌博，在什么情况下倾向维持现状。他们把这些情景特征量化、抽象化和理论化。

前景理论为后来的行为经济学研究奠定了基础，同时可以解释一些常见的现象。例如，事实证明，股票的长期平均年回报率比债券的平均年回报率高出5%~6%，为什么人们不都买股票，而买部分债券，或者根本不买股票，全部投资于债券呢？前景理论提供了两个原因：第一，人们太保守，不愿意冒风险，债券相对安全一些；第二，有些人的投资期限可能因为年龄等原因非常短，可能在一两年甚至更短的时间内就需要现金流，他们没时间等股票长期的优越回报率，所以只能买稳定的投资产品。再比如，价格弹性的不对称性。人们对涨价可能很敏感，马上减少购物；但对减价可能不那么敏感，减得再多，也未必多买，甚至不买。前景理论还解释了为什么人们在有新信息的情况下，仍然不改变投资组合和资产配置，因为人们更喜欢保持原状。

这时，施莱费尔推导出一个有教育意义的结论，告诉人们应该怎么做。生活中有很多小赌博，这种小赌博几乎每天都会发生。让我们把这些小赌博抽象为一个简单的例子。假设你有50%的可能赢110元钱，有50%的可能输100元钱，你愿意赌吗？

你可能把每次小赌博看成一个孤立的例子，为了保持现状而拒绝所有类似的赌博。现在让我们假设你接受这个小赌博，你的预期收益是正的5元钱（＝0.5×110+0.5×（−100）），每次赌博结果的方差是105的平方（＝0.5×（110−5）的平方+0.5×（−100−5）的平方）。生活中有N个这样的小赌博（每个赌博相互独立），其预期效用呈正态分布，那么其预期收益的均值是5N，标准差是105×（N的开方）。当N非常大时，比如N为30,000，在30,000次小赌博之后，你的最终收益为正的概率是99.999999999999%。原因是最终的均值5N与N成正比，而标准差105×（N的开方）与N的开方成正比。N越大，均值增长的速度与标准差增长的速度相差就越大。你最后全盘皆输的概率是一百万亿分之一。

也就是说，如果你每次都接受小赌博，你的最终结果几乎不可能比你保持现状，不接受任何赌博还差。这个数学推理说明，在生活中经常接受小赌博，冒一些风险是明智之举。我们应该有意识地克制本能的风险规避倾向。这与上一节《大学生应该如何选择暑期工作？》的中心思想完全吻合。原来，哈佛校长福斯特对毕业生径直追求理想中的A方案，留着预备方案B以后再说的忠告，还有数学证明可供查询！

第八节

实践出真知吗？

我们是怎么形成认知和判断的？我们最基本的认知和判断是从实践中来的。例如，在拍卖油田的时候，我们的出价只是我们估计这块地价值的一半，留出一半富余。我们在判断一个物体离我们的距离的时候，会依据这个物体看起来的清晰程度——越清晰就越近。经验告诉我们，用信用卡透支是不明智的；我们在开车的时候，与前面的车应该保持至少3秒钟的距离，等等。经验还告诉我们，应该投资于股市的财富比例是（100-你的年龄）%；越年轻，投资于股市的财富比例就越大（因为你有时间实现较高的股市长期回报率）。类似的例子不胜枚举。

我们根据以往经验做出的判断并不一定总是正确的，因为这样的判断可能带有偏见，局限于我们的经历所及。例如，你见到过的穷人都懒惰，但这并不意味着所有穷人都这样，也有人穷志坚的人你没遇到过。当你遇到意志坚强、勤劳勇敢的穷人的时候，你就会修改以前对穷人的认识。这就是所谓"学的过程"：边学，边实践，边提高你的认知水平。

20世纪70年代，两位心理学家卡内曼和特韦尔斯基在研究人们的认知判断方面有突破性进展。例如，你观察到的现象是：史蒂夫乐于助人，干净整洁，细致入微，害羞腼腆。史蒂夫是农民、推销员、飞行员、图书管理员和医生的可能性各有多大？于是，你会把史蒂夫的特征与你脑海里各个行业的典例做比较，根据近似性的大小排列出各种可能性的大小。但是，你没考虑到整个社会的就业分布。推销员的数量比其他几个行业的人员数量多得多；也就是说，如果不考虑史蒂夫的特征，他是推销员的概率更大。如果史蒂夫生活在农村，那么他是农民的可能性更大。卡内曼和特韦尔斯基的试验发现，即使告诉人们各个行业的分布，人们仍然固执地根据史蒂夫与他们脑海里各行业中的典例的近似性做判断。

这说明，人是经验主义者，而不是理性地分析各种可能性的大小。这两位心理学家还设计试验说明，人有非常强的以偏概全的倾向：只有少量的经历，就对整体下结论。即使是科学家也在所难免。他们会认为在少量样品（sample）中发现的规律在整体品种（population）中同样适用，其实不然。

生活中的例子就更多了。例如学校在聘选老师的时候，校方会下意识地更注重候选人在面试时一次讲课的表现。如果这次讲课表现不佳，那么基本可以肯定，这个候选人就没希望了。最后被聘用的老师都是在这次讲课时表现很好的人。但是从长期来看，他们五年以后的表现令人失望，与应聘时的表现没有强烈正相关。人们还很容易根据过去预计未来，其实未来很可能与过去不同。父亲身材高大，儿子不一定身材高大。期中考试成绩很好的学生不一定在期末考试考得很好。公司以前的利润很高，以后的业绩很可能会变化。

人们还根据印象和记忆做判断。例如，人们认为坐飞机非常危险而购买人身保险，因为每次飞机失事都是报纸新闻的头版头条，人们印象深刻，却忽略了每天有那么多飞机在天上飞，失事概率小于一百万分之一。卖航空保险的公司就是依靠人们错误判断飞机安全系数而赚钱。人们对越熟悉、越亲近、越重要、越是近期发生的事件记得越清晰，印象越深刻，这样的事件对人们做判断的影响就越大，而那些印象不深、想象不到的事件就被忽略不计了。

两位心理学家还设计试验说明，当人们对一件事一无所知，却需要做判断的时候，他们会利用任何蛛丝马迹帮助判断，即使那些蛛丝马迹与要判断的事情毫无关系。这解释了人们"饥不择食""有病乱求医"的现象。以上所有这些都是人们下意识犯的错误，我们要有意识地纠正。不得不说，这是非常艰巨的任务。

"三岁看老"的试验证据

期中考试后，莱布森返回讲堂，开始一个崭新的课题：神经经济学（neuroeconomics）。这是通过研究大脑神经的物理表现来研究人们在经济方面的认知和判断的领域。学者利用核磁共振等先进技术来检测人们在做选择时脑神经的变化。

大脑有不同的功能区。有的功能区负责理性思考，有的功能区对感性的东西反应敏感。当人做决定时，要看感性占上风还是理性占上风。你能不能为了保持体形或健康长寿，只吃蔬菜沙拉，还是禁不住巧克力的诱惑，屈从于肠胃的快感？

感性与理性之间的冲突是一个古老的命题。从《圣经》里的亚当和夏娃在伊甸园偷吃苹果，到经济学之父亚当·斯密谈利益（interest）与热情（passion）的区别，到心理学奠基人弗洛伊德的本我、超我和自我（id、superego和ego）理论都是围绕这个命题展开的。感性的东西大多是直接的、迅速的、下意识的；而理性的东西是间接的、缓慢的、有意识的，具有前瞻性和分析性。根据弗洛伊德的理论，我们表现出的理性部分只是我们很小的一部分，而那个强大的感性的本我才是最真实的自我。

学者们围绕这个命题做过很多试验。其中一个很有意思的试验的结果发表于1989年。三位学者用学前班的孩子做试验。孩子只要按桌子上的铃，马上就会得到一块香甜的点心。但如果他能忍住15分钟不按铃，他就能得到两块点心。这测验了孩子在非常幼小的年龄（4岁到5岁）是否能够克制自己，为了更大的回报有耐心等待。学者在20年后仍然跟踪这些做过试验的孩子。他们发现，孩子在试验中表现的好坏与他们后来学业成功与否呈现强烈正相关。这个结果验证了那句"三岁看老"的俗语。有耐心、有毅力的孩子智商更高，以后学业成功的概率更大。鼠目寸光、只顾眼前痛快，不顾将来的人很难成功。

此外，还有很多更复杂的试验，测试人们在多大程度上愿意放弃眼前的利益而顾及将来，这对理解人们在储蓄和消费方面的行为很有帮助。还有试验测试人们的注意力和意志力是否是一定的，是否所有人都相差无几。这样的试验对教育思想和方式有深远影响。如果人的注意力和意志力是一定的，那么我们就应该让孩子在早期随意发展，相信等他们成熟以后，自然会变得专注投入。如果人的注意力和意志力不是一定的，而是习惯养成的，那么我们就应该在孩子幼年时引导他们抵制诱惑，让他们养成耐心专注的习惯。还有试验表明，人们在为他人提建议或做决策时，容易理性务实，而为自己做决策时就会被感情冲昏头脑。这是意料之中的，因为俗话说"旁观者清，当局者迷"。

所有这些试验还不能完全回答"人们是如何做决策的"这个问题。如果能回答这个问题，那我们就知道在试验室和实际生活中，从哪里入手就能改变人们的选择结果。或许研究大脑神经系统的物理反应不是回答这个问题的最佳渠道，而洞察力非凡的心理学家和小说家才是把握这个问题的能手？

积极热情与消极世故的较量

行为经济学家对人们感觉的好坏总结出几种理由。一种是出于"大公无私"，如果别人——尤其是那些不如我的人——能生活得更好，我的感觉（福利）就会更好。一种是由于道德上做了正确的选择而感觉更好，例如做了为灾区捐款等好事。一种是如果曾经帮助过我的人生活得更好，我的感觉就会更好。与此相反的是报复心态：如果曾经伤害过我的人生活得更糟糕，我的感觉就会更好。还有一种是高高在上的骄傲心态：如果我的消费水平比别人高，我的感觉就会更好。与此相反的是平均主义心态：我生活的小圈子里的人的消费水平越均等，我的感觉就越好；如果我生活得不如我周围的人，我就会非常难受。当然还有更复杂的心态。行为经济学家想深入了解人们偏好（preference）的形成机制。

有一个研究个人与社群关系的试验是这样设计的：每个人都可以选择是否为公共产品贡献一块钱。因为公共产品的价值为正，而且性质是"公共"的，所以每个人能都从中得到好处。这个好处，比方说，是两毛钱。假设这个游戏（或一个社区）有N个人参加。只要N乘以0.2元大于1元，那么这个社区的整体利益就增加了。但每个人都是自私的，从个人利益出发，贡献的一块钱远远多于返回的两毛钱，所以每个人都有不做贡献、不合作，占别人好处（搭便车）的动机。

怎样才能鼓励人们自愿地为整体利益做贡献呢？参加游戏的人越多越好，因为这样可以增加扩大效应（multiplier effect）；返给每个人的好处越多越好，这样可以减少贡献和回报的差别；参加游戏的人之间的交流越多越好，关系越密切越好，这样就有攀比心理，做贡献的人的带动效力就越强；游戏早期人气比晚期旺，越到后来越没人气，所以游戏开始的次数越多越好。

这就意味着游戏的组织者不能告诉参加游戏的人第几轮游戏是最后一轮。如果人们知道第十轮游戏是最后一轮，那么每个人都会选择不做贡献，因为没有再次合作的必要了。如果第十轮游戏没人玩，那么第九轮游戏就是最后一轮，人们也不会做贡献。以此类推，直到第一轮游戏，所有理性的人都不会主动做贡献。整个游戏因为所有人都能预见未来的最终结果，所以根本就不会开始。

这是一个非常悲观的结论，而现实没有那么悲观。总有一些积极热情的人（或者天真的人）会主动为公共利益做贡献，即使到最后一轮游戏。经验表明，这部分人一般占总人数的15%~20%。正是这一小部分人会挑起新的游戏。自私自利的人出于对自己长期利益的考虑，从战略角度出发，也会陪着玩这个游戏，采取合作态度，为公共利益捐款。这两部分人占的比例越大，公共产品就会越丰富，返回给社群中每个人的好处就会越多，这个社区就越可能进入良性循环。

效益第一，还是公平第一？

　　莱布森让学生们玩一个著名的游戏——最后通牒博弈（Ultimatum Game）：任意选择两个素不相识的人，让他们分10元钱。其中一个人是出价的人，他选择给另一个人多少钱，给自己留多少钱。另一个人选择接受不接受这个分配比例。如果第二个人选择不接受，那么谁也别想得到这10元钱，两个人的福利和原来一样，没有任何增长。如果他选择接受第一个人分钱的方法，那么两个人的福利都会有所增长（虽然增长幅度不同，除非第一个人选择与第二个人平均分这些钱）。

　　莱布森问学生的问题是：如果你是第一个人，有分配钱的权力，你最多愿意给第二个人多少钱？如果你是第二个人，只有接受不接受分到你手里的钱的权力，你愿意接受的最低限度是多少（如果低于这个限度，你就会拒绝，那么两个人谁也别想拿到这10元钱）？

　　这是一个适用于很多情景的话题。例如两国之间的贸易谈判，如果合作成功，那么双方都获利。如果一方认为贸易的好处分配不均，从而拒绝合作，那么谁也别想从贸易中获得任何好处。如果效率第一，那么无论好处分配得多么不公平，双方整体的经济"饼"还是通过贸易做大了。如果公平第一，那么即使"饼"不做大，双方也要保持利益均等或保持现状。市场经济和计划经济的区别很大程度上就在这里。

2007年，哈佛大学宏观经济学家曼昆在哈佛最大的教室桑德斯讲堂上《经济学原理》课的时候（其内容详见第一章），当场拿出10张1美元的钞票，从几百名学生中任意找两名学生上台玩这个游戏。第一个学生出价1美元——自己保留9美元，让给别人1美元。第二个学生为了不空手而归，竟然接受了这个分钱的办法！这10美元在玩游戏的人眼里是天上掉下来的馅饼，如果因为分配不公就拒绝享有部分钱的好处，从绝对的个人利益来说是不划算的。曼昆当即把钱分给这两个学生，并幽默地对第二个学生说："你可以成为经济学家了。"在经济学家眼里，经常是效益第一，公平第二。他们认为，那些把公平看作第一位、效率第二位的人都是出于嫉妒——你凭什么拿90%，而我才拿10%呢？——才失去了理性判断的能力。

桑德斯讲堂上的现场表演只是一个个例，现在让我们看看莱布森课堂上学生的均值。每个学生都把答案写在一张纸上，然后交给助教。助教分析数据的结果是：愿意分给第二个人最多的钱的均值是3.61美元，愿意接受最少的钱的均值是2.34美元。更大范围的试验数据分别是4美元和2.5美元。哈佛经济课里的试验数据分别稍低于平均数据，这说明哈佛的学生更理性、更自私。这里有"选择偏见"（selection bias），也有"训练偏见"（treatment bias）。哈佛学生从总体来说，本来都更理性、更自顾自，否则他们被录取的可能性就很小，这是选择偏见。大多数经济课的训练也会使你更理性，更关注自己的福利变化，不管他人怎样，这是训练偏见。

大量试验表明，对第一个人来说，最佳分配方案是让利3~4美元之间，以增加自己保住6~7美元的可能性。还有试验表明，如果第一个人是独裁者，那么他让利的均值只有2美元，即20%。如果这个游戏不透明，也就是说，人们不知道第一个人到底有多少钱，或有没有钱，那么第一个人让利的均值就降低到60美分，即6%。第一个人很有可能把所有的钱都私吞了，反正其他人也不知道。这从一个侧面反映了公众知情权的重要性。还有学者设计更复杂的试验，模拟人们的报复心理，等等。总之，行为经济学家在摸索能解释人们偏好的最精简的规律。

第十二节

经济学家眼里的"幸福"

　　"幸福"（happiness）是一个比较前沿的研究领域，近年来，越来越多的人投入这方面的研究。这些研究都有数据主观（被采访者自报幸福程度）、定义不严谨的缺欠，所以莱布森建议学生有鉴别地看待这些研究。但是，这个议题显然很重要，否则莱布森不会用整整一堂课的时间（1小时23分钟）综述这个领域的研究进程。

　　古典经济学家认为，如果信仰和行动是一致的，那么这样的行为就是理性的。如果我们假定人是理性的，那么无论多么离奇的行为，我们都可以想象出充足的理由使其顺理成章。例如，吸毒成性可能是理性的，因为戒毒的暂时痛苦对他福利的负面影响大于他戒毒后长期的正面福利。与六小时前刚刚遇到的一个异性结婚可能是理性的，因为这个异性展现了你梦寐以求的所有特征。杀人抢劫也可能是理性的，因为凶手有足够的理由这样做。从行为中表现出来的偏好叫作"显现出来的偏好"（revealed preferences）。在主流经济学中，理性人一直是一个主要假设。在这个前提假设下，研究者的任务就是想象并解释出使人们的行为顺理成章的那些逻辑。

　　经济学家用"福利"（utility）这个概念来度量和解释人们行为的后果。

对吸毒成性的人来说，继续吸毒这个决定的福利（决策福利，decision utility）大于戒毒这个决定的福利。相对于决策福利，还有经历中的福利（经历福利，experienced utility），这是指一个人在做一件事情的过程中所经历的喜悦或痛苦。首先使用"福利"这个概念的英国哲学家杰里米·边沁（Jeremy Bentham，1748—1832）所指的福利就是这个经历中的福利。此外，还有记得的福利（remembered utility）。有人可能已经不记得他经历的喜悦或悲伤了，那些就是被遗忘的福利。

这些不同种类的福利在有些情况下可能是不一致的。例如，你在爬山过程中经历的是气喘吁吁的劳累、脚下长泡的痛苦，你的经历福利是负的。可是你在下山后，觉得那是锻炼身体和毅力的非常好的经历。你记得的福利是正的。下次在决定是否爬山的时候，如果你选择爬山，那么这说明决定爬山的福利大于决定不爬山的福利。

这些语言看起来像是在玩文字游戏，其实这些分类意义深远。研究人员通过观察人们看电影过程中的表情，记录人们的经历福利；然后在电影结束后，记录人们记得的福利。他们发现，给人们留下深刻印象的是电影情节变化的趋势，情节的最高潮或最低谷，以及电影的结尾。在人们的记忆中，某种经历的时间长短并不重要，经历的性质和趋势才是最重要的。也就是说，记忆中的经历是定性的，一般来说不是定量的或具体的。

事件的变化趋势和结果在人们记忆中的重要性在实践中有广泛应用。例如，医生为了使做肠镜检查的患者感觉好一些，在60秒钟痛苦的检查之后，增加30秒钟不痛的检查，然后再把镜子从肠胃中抽出来。患者的记忆福利比以前只有60秒钟痛苦经历之后就立即结束检查时的记忆福利要好很多，因为逐渐变好的趋势让人记忆深刻。

同理，当一个总统在四年后准备再次竞选的时候，他要特意安排最后一年的国内经济形势是上升的趋势，因为田野调查显示，选民的注意力主要集中在竞选前最后6个月到9个月的变化趋势上。所以，总统执政期间开始两年的表现基本不重要，人们早就不记得了。总统可以在任职早期制定一些不受欢迎的政策，例如增加税收，因为后面一两年的经济变化趋势对下届竞选来说才是最重要的。

再比如，一个教授在学期开始的时候对学生非常严厉，然后逐渐放松要求，到学期末尾给学生带来巧克力点心。学生在评价教授时记住的不是开始的严厉苛刻，而是后来的轻松友善。同样，教练员在开始训练运动员时把标准定得很高，以后仅仅是保持或稍许降低标准，运动员对教练员的感觉会好很多。

你也许觉得这些都是利用人们心理的雕虫小技，一眼就能识破，不值一提。但生活中很多事情都是"一层窗户纸，一捅就破"，关键在于你有没有意识到，有没有经历过，所以有心体验、大胆历练才是聪明智慧之道。

有钱能买到"幸福"吗?

俗话说:钱不是万能的,没钱是万万不能的。这句话似乎隐含着钱不能购买"幸福"之意。但一切数据都显示,经济状况与幸福程度、健康状况〔经常以预期寿命(life expectancy)来度量〕和受教育程度呈现正相关。

什么样的人自我感觉比较幸福呢?一般来说,女性比男性幸福,社交圈广的人、20岁左右的年轻人、富裕国家的老年人、结婚或同居的人、受过高等教育的人、健康的人、高收入的人比较幸福。什么样的人自我感觉比较不幸呢?刚刚离婚或离异的人、失业的人、年幼丧父或丧母的人、父母经常吵架的人(在这种情况下,父母离婚对孩子有正作用)感觉非常不幸。和所有类似研究一样,我们很难从计量学中得出因果结论。我们只能说,有钱的人比较容易幸福,幸福的人很可能有钱。

2007年英语国家的一个幸福感普查显示,基本上所有国家的人的幸福感都随着年龄的增长而呈现不同程度的扁平的U形,即人们的幸福感从十八九岁开始走下坡路,到40岁左右达到幸福的最低谷,然后随着年龄的增长而上升,到60岁左右达到最高点,后面基本持平或可能因为健康原因而有所下降。总体来说,有孩子在事后看来会降低人的幸福感。即使孩子上大学了,离开家了,有孩子的人的幸福感也会低于其他条件一样，但没有孩子的人。在东欧国家，同样的调查显示，人们的幸福感从20岁左右开始下降，基本没有回升的趋势。

有三位行为经济学家在1988年发表论文，说明对幸福的度量是有问题的。他们发现，自报的幸福感受随提问人提问方式的变化而变化。例如你在田野调查时，如果你先问"你的总体幸福感怎么样？"，然后问"你对你目前的夫妻关系或对象关系感觉怎样？"，那么你会从数据中发现，两个问题的答案基本没有关系。相反，如果你先就夫妻关系或对象关系提问，再问总体幸福感，你就会发现，两个问题的答案呈现微弱正相关。也就是说，对两性关系比较满意的人会比较幸福，反之则不幸福。这说明，自报幸福程度不但主观，而且受提问方式的影响。

在任意时间、跨地域的调查数据显示，幸福感与个人收入水平呈现正相关。但是，美国人幸福的平均水平在过去半个世纪中基本没有变化，虽然美国人均收入在这半个世纪中有巨大增长。这个看起来矛盾的证据被称作"有关幸福的疑团"。支持这个疑团的数据还包括自杀率。在美国，真实人均收入从1900年到2005年增长了6倍，而自杀率在这105年中完全一样，仍然是万分之一。

其实，这个疑团也很好解释。人的幸福程度经常是相对周围其他人的情况而言的。如果你周围所有人的生活水准都很高，水涨船高，相对于他们，你就不会觉得很幸福。所以，即使长期的、稳定的经济增长也很难在总体上提高人们长期的幸福感。相反，如果你的收入长期以来一直高于你周围的人，那么很有可能你长期都自我感觉良好。

研究人员还发现，人对事物的适应相当快。其实，这也不需要现代研究人员的数据，亚当·斯密早在18世纪中期就发现了这个规律。幸福感会很快从极度悲伤（例如车祸）或极度喜悦（例如中彩票）的事件中恢复原状。一般来说，半年就恢复了一半。数据显示，丧偶的悲伤会在两年以后基本消失；离婚两年后的压力和焦躁情绪会比离婚前两年还低，也就是说，离婚两年后的幸福程度比离婚前两年的幸福程度高。而婚姻没有变化的人的幸福程度基本没有变化。2001年，有学者用数据说明，结婚五年后，人的幸福程度平均来说低于婚前四年的幸福程度。这或许解释了人们观察到的婚姻中的"七年之痒"的原因。

　　好的婚姻比不结婚要好，糟糕的婚姻还不如不结婚。如果孩子是个好孩子，那么要孩子比不要孩子好；如果孩子不好，给父母带来的麻烦远远大于快乐，那么还不如不要孩子。但这些都是"事后诸葛亮"，我们事前怎么能预计呢？

第十四节

"说服能力"与下意识

游说不但在日常生活中很重要，对整个经济也很重要。广告业（传媒业）、政治竞选、律师代理业、教育业、金融业都充满了游说工作的成分。笼统地说，这些产业大约占经济的10%~20%。施莱费尔从经济和心理的角度研究说服的能力，及其对经济和政治市场的影响。

经济学家假设人们是理性的，通过数据和信息来影响别人的理性预期。市场竞争迫使人们说真话，披露信息。如果没有信息，人们就会假定最糟糕的情形。如果你卖一辆旧车，你会告诉来看车的人，"我换工作了，要搬到另外一个城市去"。如果你不这么说，买方就会假定这辆车有什么问题，否则你不会主动出卖。

事实上，大量的游说工作与披露信息本身没什么关系。例如万宝路（Marlboro）香烟的广告，广告本身并不告诉你香烟的成分、对身体的利弊等，只展示了一个具有男人气质的美国西部牛仔吸着香烟的形象。政治家竞选时经常是含糊其词，没有什么具体内容或具体政见，但是人们会选这样的人。为什么呢？

这显然不是关于披露信息和理性预期的问题，而是有心理因素在作怪。我们只要看看各种广告设计机构、政治咨询机构如雨后春笋般地遍地开花，就知道大量的人力物力投入了游说行业。说服能力指的是说客如何选取数据（信息），如何介绍这些信息，并利用心理因素操纵别人的能力。说客要具有一定的情商，在情感层面想方设法与别人产生共鸣。

这里面又分为社交（社会）层面和认知层面。游说在社交层面，通过人与人之间的攀比产生效果的例子很多。例如，人们喜欢去客人拥挤的餐馆吃饭，这与这家餐馆的质量、价格和客人的口味无关。这就造成了越繁忙的餐馆就越繁忙，越冷清的餐馆就越冷清的现象。再比如，别人喝什么样的酒，你也选择喝什么样的酒。你在买车的时候考虑的可能不是这辆车的性能怎样，或你自己真正想要什么，而是在想如果你选择了这辆车，你的朋友会怎么看你——会由此仰慕你，还是由此看不起你？政客在竞选时可能不雇用专业顾问为他拉选票，而是鼓动自己的邻居为自己效劳，因为邻居在这时会比专业团队更有亲和力。人们还倾向以好换好，以和善换和善。推销员就会利用这一点给顾客一些小好处，增加别人对他的好感，以便对他的推销侧耳倾听。

人们还有始终一贯的倾向，不喜欢朝三暮四，改变主意。例如，在小布什第一次竞选总统时选择他的选民，很可能在他第二次竞选时继续选他。这就是竞选班子的组织者会在竞选刚开始时，让选民做一些小的贡献或承诺的原因。2011年4月初，奥巴马正式为2012年总统竞选成立竞选班子，开启网上募捐活动，他们希望美国选民捐款的数额只有10美元。谁会把10美元当什么大事呢？多数人不会介意。而这个看起来微乎其微的数字背后，却隐藏着想套牢选民的巨大动机。

有试验表明，如果环保组织让居民在自家门前插一个巨大的"保护海豚"的牌子，居民们会毫不犹豫地马上拒绝。但是，如果让他们在门前插一个小小的不起眼的牌子，他们就不会把这个小牌子当回事，欣然接受。过一段时间，环保人员登门致谢，顺便问一下居民是否愿意把小牌子换成大牌子。他们接受的可能性远远大于一开始就让他们插一个大牌子的做法。

在认知层面产生效果的游说的例子就更多了。整个广告行业基本上都是在这个层面上工作。广告设计者要仔细地挑选向消费者传达的信息，通过图片和标语式警句，给消费者留下深刻的印象，让他们自己展开想象的翅膀，自然而然地联想，最后达到诱使消费者出钱购买的目的。广告设计者不是要说服教育消费者。一般来说，大众是不能教育的，也是教育不了的。只要你一开始说教，大多数人就会自然而然地闭目塞听。这也是说教对很多学生不起作用的原因，对部分学生甚至还会起反作用。

在设计图片和警句时，广告设计者充分利用人们固有的心态，已知的习惯、偏好和信仰。无论这些心态、偏好和信仰是对还是错，广告设计者都会把这些已知作为设计的初始条件，尽力挖掘销售潜力。广告披露的产品信息非常少，甚至没有。人们得到的只是一小部分的真实情况，但人们不像在买二手车时那样假定最坏的情形。正相反，人们会被广告吸引，经常慷慨解囊。这就是为什么看起来不起眼的日常用品广告（啤酒、橘子汁、香烟、香水等）经常是几十万、上百万甚至几百万美元的市场推销项目。有关汽车、旅游、彩券（赌博）等广告产品就更昂贵了。

具体来说，广告商如何为啤酒厂家设计广告呢？他会从目标客户群中选择二三十人，邀请他们从家里带几样与啤酒有关的东西，来到广告设计单位参加长达一两个小时的采访。这些采访是事先设计好的一系列问题。例如，啤酒让你想起什么？你在什么情况下喝啤酒？与谁一起喝啤酒？你为什么喜欢这样做？等等。在回答完问题之后，广告商会给这些人一些物质奖励或者现金，补偿他们所花的时间和行程。

然后，广告设计者深入研究所有的采访答案，从中发现相同的规律，完成从产品本身的特性到心理、社交、情感层面的飞跃，甚至跨越到个人价值观和生活目标的层面。他们发现啤酒使人放松，暂时忘却日常生活中的焦虑急躁，让人还原到真实的潜意识中的自我；喝啤酒的人更容易与他人交流，心里更舒畅平和，更有精神，脑筋运转更快，观察更敏锐，思维更活跃；啤酒基本上能把现实生活中的很多负面因素转化为理想生活中的完美状态。广告设计者由此设计图形、画面和警句来实现这个认知层面上的飞跃，建立产品的特殊性和更重要的品牌效应。这样一个看似简单的广告项目，价格在上百万美元。如果成功，这个广告的价值就是啤酒生产厂家付给广告设计者价格的几倍、十几倍甚至更高。

第十五节

广告的诱惑

　　几乎所有广告都避实就虚，不披露有关商品或服务的任何实质信息，仅仅在传达一个诱人的概念或理想。例如，安飞士（AVIS）租车公司将近40年一直使用一句标语式警句作为广告词："我们排行第二，（因此）我们更加努力。"（We are Number Two. We try harder.）这句话传达了一个非常令人同情、钦佩的信息，同时用词简单、精辟，令人印象深刻。

　　相比较而言，金融服务公司的服务更加复杂、不透明、不易理解。如何为金融公司做形象广告呢？这需要设计者更加敏锐地捕捉投资者心理，运用形象思维，将诉求巧妙地落实在一张图画上。美林证券公司（Merrill Lynch）从20世纪90年代中期开始的十年中，根据不同的投资形势，先后使用过一组非常巧妙的广告设计。

　　20世纪90年代中期的广告词是："既然你不能一夜暴富，或许你应该计划如何慢慢增加你的财富。"与其配套的图画是一老一少（爷爷和孙子）在池塘边钓鱼的形象。孙子的上身稍微向爷爷倾斜，似乎在交谈什么，足够使受众浮想联翩。这幅广告的意图在于强调耐心、信心、技能、时间的流逝，初出茅庐的年轻人对经验丰富的老年人的依赖，等等。其中隐含的信息是，美林的投资技能值得信赖依靠，让美林帮助你计划慢慢增长你的财富。

两三年后，美林要推出IRA退休账户，它仍然使用一老一少钓鱼的主题。这次的形象是：爷爷低头向扛着鱼竿的孙子解释着什么。图片上的广告词是："沃尔特（爷爷）71岁了，有净资产168万美元，为什么美林还建议他设立IRA账户呢？"隐含的答案是：为下一代积累财富。

又过了两年，网络泡沫的前期，美林这时的广告是一个朝气蓬勃、充满希望的12岁的孩子形象——毋庸置疑，他前途无量。广告词是："我们在任何形势下都能帮助你——通胀、动荡、增长等——保护你的财富。"

又过了两年，网络泡沫的顶峰时期，非理性冲动弥漫在资本市场。美林的广告是一幅电子网络图。广告词的意思是：眼观六路，耳听八方，大胆购买。（Be wired. Be bullish.）美林在鼓励人们通过美林进入投资世界，不要错过大好的买入机会。如果你真的在这时听从了美林的建议，你会发现你的投资迅速贬值了30%~40%。

2002年，网络泡沫破灭了。这时，美林对投资者要说什么呢？美林的广告是一个巨大的问号。广告词是："为什么要咨询美林？"（Why ask Merrill?）广告设计者清楚地知道，投资者在巨损之后痛定思痛，充满疑问地反思过去。这时美林标榜的是自己的专长、技能和从市场运作中长期积累的知识，只字不提它在泡沫顶峰时期鼓励人们买入的广告——那早就成为历史了。

又过了两年，美林的广告又回到了20世纪90年代中期一老一少一起钓鱼的形象和当时的主旋律：美林在你人生的各个时期都能帮助你着眼未来，做财务计划，是个可以依赖的金融帮手。文学家海明威说，历史从不简单地重复，只是看起来似曾相识。显然，历史的车轮又转回来了。

聪明的广告设计者永远知道你在想什么，然后对症下药，一两句话就能说到你心坎上。他们的工作不是让你做正确的选择（只有最糟糕的顾问才会建议你在泡沫顶峰时期购买股票），而是跟着你的感觉走，经常为错误的决定推波助澜，有很强的市场顺周期性。你也不能指控他们有意欺诈消费者，因为广告本身披露的直接信息很少，甚至没有。他们也没有强迫消费者做什么，只是

"姜太公钓鱼，愿者上钩"罢了。他们在做心理游戏，而这些心理游戏有巨大的商业价值。

研究人员还发现，消费者喜欢那些有附加功能或额外描述的产品，即使那些附加功能和额外描述与这个产品本身无关。例如厂商在休闲夹克上注明"阿尔卑斯级别"，这样的夹克就比没有这个字样的同样产品卖得好，因为这让消费者联想到阿尔卑斯山或国际级别的运动员形象，无形中让消费者的感觉好了很多。

琢磨消费者心理有太多的技巧，不胜枚举。施莱费尔偶尔用经济学模型来描述心理现象和人们的经济选择，但强调的主要是经济学家的理性预期与实际商业运作之间的差别。

新闻市场与偏见

在经济学家眼里，新闻的作用在于为读者提供信息；新闻的质量在于提供的信息的质量——准确度和出版频率。新闻市场的运作就像其他市场一样，取决于价格和质量。但不是经济学家的人不这么看。他们认为，媒体不是在报道事实，而是在叙事——讲述一个故事，给读者留下一个印象。人们对这样的市场如何运作还不是很清楚。

报道事实和叙事是相互关联但截然不同的两件事。例如，政府劳动局发表数据：失业率从6.1%增长到了6.3%。这是事实，而叙事就是在这个数据上做文章，讲述一个故事。怎么讲这个故事直接影响到读者最终的印象。这个数据可以被用来说明：市场对经济衰退的顾虑越来越大。"劳动局的数据统计显示：上个季度，失业人口增加20万人，失业率达到6.3%。（某大学的）经济学家把这个趋势看作政府政策失败的证据，'自从胡佛总统以来，还没有哪个政府如此不顾事实。这个糟糕的数据仅仅是以后一系列坏消息的开始'。"同样的数据也可以被用来说明经济复苏就在眼前。"最新的劳动局数据表明：失业率在上个季度仅仅增加了0.2%。高盛公司的（某）经济学家对经济前景非常看好，'现在是增持股票的好时机。基本面的数据都非常好，而且劳动力市场目前的微弱疲软对今后企业利润的增长会很有好处'。"

两种叙事都是真实的，但因为有选择地报道信息和单方面采访意见，所以留给人的印象完全不同。第一种叙事的侧重点在于失业人口增加20万人的绝对数值，第二种叙事的侧重点在于0.2%的相对增长幅度。再加上故事的标题不同，辅助的图表不同，人们对经济前景的印象就更不同了。

夹杂在叙事过程中的主观因素，从总体上说，可以称为偏见。这种偏见是记者本人造成的，还是媒体拥有者［例如新闻集团（News Corporation）的总裁鲁伯特·默多克（Rupert Murdoch）］在主导偏见的大方向，还是媒体拥有者和所有生意人一样，在"投其（消费者）所好"？经济学家认为是后者。读者的政治信仰不同，造成不同媒体服务于不同的读者群。Fox News（福克斯新闻）电台是为政治上的右派制作的，而CNN电台是为左派制作的。以此类推，消费者可以各取所需。媒体市场由此分割开来，价格在竞争中的作用很小。

经济学家于是建立模型，分析这个现象。他们推导的结论是：报纸杂志确实为读者的口味服务；媒体之间的竞争不但没有减少偏见，反而使报纸杂志的信息更加极端化，然后反作用于读者群，使得各自的读者群也更加极端。读者喜欢读到与自己的主观意识一致的信息，也更容易记住和讨论这些信息。出版自由的理论并不是要在任何一个报道中完美无缺地反映事实，而是要让事实在人们各抒己见的自由讨论中逐渐显现。只有那些阅读多种报纸杂志的消费者才会有比较全面的信息，才能中和很多偏见。正因为如此，美国最高法院和政府［联邦通信委员会（Federal Communications Commission）］对媒体政策的原则都是：保持信息渠道的多元化。媒体间的并购因为有可能威胁到声音多元化而受到政府层层审批。

有关媒体市场运作的经济模型和研究还处在初级阶段，很多问题仍然没有答案。例如，纸媒如何应对相互之间的偏见？政府既然不能明目张胆地压制媒体独立和自由，那么会用什么小手段偷偷摸摸地这样做？为什么消费者会喜欢订阅符合自己口味的报刊？媒体到底在多大程度上影响消费者的政见，又在多大程度上影响公共政策？和很多问题一样，鸡与蛋的因果关系很难确定。

明日复明日，明日何其多？

2011年4月中旬，莱布森返回讲堂，讲贴现福利模型。人们在决定是否去健身房锻炼身体时，总是今天推明天，明天推后天。正如《明日歌》描述的那样："明日复明日，明日何其多。我生待明日，万事成蹉跎。"假设推迟锻炼身体是理性选择，那么怎样的福利函数才能使这样的决定顺理成章呢？

不少经济学家，包括2006年诺贝尔经济学奖得主埃德蒙·费尔普斯（Edmund Phelps），从20世纪60年代末就提出这样的问题。他们设计出一种特殊的贴现福利函数，并赋予函数中不同常数以不同意义。这些听起来复杂，其实质却很简单。建立这个函数模型就是要说明，在任何一个时间，现在锻炼身体的福利总是小于明天锻炼身体的福利，所以这个人即使真心想锻炼身体，也会一推再推。

一个天真的人不知道自己其实就是这样的人，总想着自己明天就会锻炼身体了，或者以后就会锻炼身体了，于是购买健身俱乐部的月卡或年卡。一个老于世故的人一眼就看穿实质，知道自己明天会和今天一样不去锻炼身体。他不会买健身俱乐部的月卡或年卡，因为根据他锻炼身体的实际频率，每次去健身房付单价更划算。他也知道没有月卡或年卡的压力，去锻炼身体的动力就更少了，而锻炼身体又是那么重要。怎么办呢？他会采取雇用陪练员或与教练预约等手段强迫自己赴约，强迫自己锻炼。

人们不仅仅在锻炼身体方面拖拉、纵容自己，在其他很多方面也是如此。行为经济学家还用电影的不同级别做试验。有的电影纯粹是娱乐片，例如一些闹剧或"肥皂剧"等，过目就忘，没有任何其他价值。有的电影则是严肃的，值得学习反思，有借鉴或指导意义，例如有关第二次世界大战的影片。数据表明，愿意今天就看娱乐片的人数比例远远高于计划在一周后或两周后看娱乐片的人数比例。这是意料之中的：看娱乐片是随意的、即兴的，看严肃片通常是有计划、有目的的。人的惰性意味着，严肃的影片、杂志、书籍通常会被拖到明天或以后再看，眼下先享受轻松的精神食粮。同理，在含热量很高的巧克力和健康食品之间，多数人会选择现在就吃巧克力，健康食品留到以后再说。

这些事例对应着贴现福利函数中不同的常数值，都说明人们对眼下的奖赏和眼下的障碍非常敏感。眼下的小恩小惠、赏心悦目会引人上钩。商店里，小巧精美的包装会吸引眼球，人们顺手就买一些这样的东西，却忘了大包装的物品才最经济实惠。眼下的一点困难会阻碍很多人做正确决策，迎难而上的人毕竟是少数。只有真正理解人性之后，才懂得那些描述坚强意志的文学作品的可歌可泣之处。

人们都知道承诺的重要性、理性思维的重要性，但人们明知故纵，管不住自己。这就产生了对第三方的需求：有必要让第三方来督促自己，强迫自己做正确的决定。例如，那些老于世故的不买健身房月卡或年卡的人，有可能雇用陪练或教练强迫自己按时赴约，锻炼身体。但总体来说，市场上没有销售"承诺"商品或服务的供给。谁会主动把自己的手捆绑起来，限制自己的选择余地呢？

行为经济学家把人几乎不能战胜自己的弱点考虑进他们的研究领域，试图重新设计很多机制。例如，穷人经常把国家每个月发放的食品券（food stamps）一下子用光，使最后一周或两周的生计没有着落。行为经济学家建议，把每个月的食品券分成四份，改成每周发放，这样就从机制上减少了穷人不做计划，最后饿肚子的可能。行为经济学家还研究工作岗位上员工的投入程度与工资收入之间的关系，试图设计出更有效的激励机制。他们还研究人们在储蓄中的选择，观察人们处理眼下消费与今后消费的关系，试图设计出减少使用信用卡透支，鼓励人们储蓄的机制。他们还思考，如何为戒烟和戒毒的人设计激励机制，如何在制度上鼓励人们锻炼身体等一系列实际问题。利用人性的弱点，对症下药，重新设计产品和机制是行为经济学的主要研究目标，其中涉及大量试验、建立模型和定量分析。而这些就是高级行为经济学的内容了。

第十八节

如何创建合情合理、适可而止的
"家长制"？

理解人性的弱点之后，我们是否需要第三方来把关？这个第三方是谁？我们凭什么信任他（它）？莱布森利用春季最后一堂课讲"家长制"（paternalism）。一提到家长式制度，经济学家会本能地觉得不舒服。他们崇尚自由选择、"看不见的手"运作的市场经济，不喜欢国家或任何第三者干预私人生活。但行为经济学家的研究又确实导致需要第三方干预的结论。于是，他们深入思考家长制的利弊到底是什么，有没有可能驱害逐利。

"家长制"是指这样一种制度：一个系统中的领导规定他（它）管辖内的人一定要做什么，不能做什么；也规定这些人之间的关系以及他们与领导的关系应该是怎样的。新加坡前总理李光耀经常被看作家长制管理的代表人物（例如，强制储蓄和退休金制度），新加坡也被称为"一切由保姆掌管的国家"（Nanny State）。

有人说，如果一个人的行为导致负面的外部效应，那么国家只需要对这种行为征税就行了，即庇古的矫正性税收，不需要彻头彻尾的家长制。其实不然。"家长制"的覆盖面比矫正性税收的覆盖面更广，理由不仅仅是你的行为影响到了别人，还有你的行为从根本上来说对你自己不好，所以第三方——那个"家长"——要管理、规定和介入你的生活。

人们容易低估自己行为负面的外部效应。有人愿意"今朝有酒今朝醉"，卖东西的人也因为他有信用卡而愿意把东西卖给他，但穷困潦倒的人有强烈的负面外部性。人们没有很强的意志力，管不住自己，只顾眼前，不顾长远。大多数人对纷繁复杂的信息无法消化，经常糊里糊涂的。这些特点都说明，市场需要大范围的规章制度，禁止乘人之危、火上浇油、落井下石等不道德的市场行为，而且市场还需要强大的监管机制。

这个第三方只有国家政府来充当。但是，政府怎么知道什么样的行为对个人是有益的呢？而且选民一旦赋予国家权力，他们怎么知道政府官员不会滥用权力？你给它一尺，它要一丈，怎么办？政治家是个臭名昭著的职业。如何清晰界定国家的权力又是问题。另外，国家规定时常还有意想不到的后果。例如，国家规定贩毒违法，但这样的规定助长了黑市、走私和暴力。为此，有人主张让毒品合法化，因为这样会减少毒品供给链条中巨大的经济利润及其诱人的吸引力。莱布森说，他并不赞同毒品合法化的主张，但觉得其中的逻辑有合理成分。

国家对公民从"摇篮"到"坟墓"的大包大揽虽然包括了儿童、老人、穷人等弱势群体，但也引出新的问题。这样的机制容易减少人们创业和发挥创造性的动力，有人可能会借机选择躺在国家身上睡大觉。"大国家"还容易导致人们行为趋同、思想趋同、文化趋同，抹杀个性和生活中的五颜六色。事实是，人们喜欢自己做选择、做决定，并在自我选择中得到乐趣。显而易见，"家长制"利弊皆存。

如何创建合情合理、适可而止的家长制——在需要的时候，有适度的家长制；在不需要的时候，没有家长制而有充分的自由？行为经济学家为家长制的方式、场合和程度，也就是公共政策的范围空间和操作方式而大动脑筋。

莱布森为此提出几项指导性建议。第一，仅仅在有广泛共识的领域里施行家长制。"广泛共识"指那些有绝大多数人投票支持的意见。如果对一个问题争议非凡，那么尽量不要使用硬性家长制。第二，尽量避免任何硬性规定。通过巧妙设计"选择框架"，促使人们做"正确"选择。例如，在员工选择是否每个月在401（K）的退休金账户里放一部分工资的问题上，莱布森改变既定方案，让每人都放2%，但留有退出的余地。这样，每人都有选择退出退休计划的权利和渠道，改变选择框架没有强制性。

第三，加强教育，使教育和家长制有机结合。教育越有效，人们做明智选择的能力就越强，对家长制的需求就越小。在需要家长制的场合，尽量使用温和的家长制。改变401（K）的选择框架就是温和的家长制。再比如，美国肥胖症很普遍，导致各种疾病的发病率上升，平均健康水平下降，医疗费用上涨等不良后果。国家是否应该杜绝学校的零售机里卖高热量的垃圾食品，甚至取消麦当劳等快餐店？美国决定采取温和家长式做法：要求所有食品上都明确标有所含热量的数值。这样，消费者在心知肚明的情况下自愿选择。与此相反，禁止赌博、禁止卖淫、开车必须系安全带、骑自行车必须戴头盔等属于硬性家长制，在自由化盛行的国家容易引起非议。

然后，莱布森总结《心理与经济学》这门课，重申行为经济学家对影响人们行为的心理因素感兴趣，关注人们的偏好、信仰、认知等行为方面的微观基础，运用试验和数据分析，以便更确切地描述实际生活。行为经济学因为承认人不总是理智的、自私的，经常没有自控能力等特点，而拓展了传统经济学。

莱布森说，行为经济学仍然是一个年轻的领域，很多问题还没有答案。50年以后的行为经济学会向心理学领域发展，还是向神经科学领域发展？还是会借助社会学、人类学和计算机科学等学科的工具？基因工程的发展会不会影响经济学？对人们行为的研究会不会最终找出一个总体理论框架，从而在学术领域独树一帜，还是继续像现在这样作为古典经济学的一个分支和补充？《心理与经济学》作为一门学问，仅仅是一个短期的时尚，还是一个长期的发展潮流，越来越被人们重视，越来越有影响？最后，莱布森鼓励学生在生活的实际决策中灵活运用这门课里的思想。

HARVARD ECONOMICS

第三章

费尔德斯坦讲
《美国经济政策》

美国经济危机的两个成因

　　波士顿的冬天寒冷而漫长，一场雪还没化，紧接着又是一场雪。路边的残雪堆积如山，勉强为行人打扫出来的小路上大多覆盖着一层冰，中午时融化一部分，夜里再冻上一层。人们步履谨慎，小心翼翼，常常绕道而行。美国经济的坏消息也像波士顿的冬雪，一个接着一个，没有人确切地知道何时会见底。

　　在这冰雪覆盖的严冬，哈佛大学于1月28日（2009年）开始了春季课程。经济系教授马丁·费尔德斯坦照例给本科生开一门课，名称为"美国经济政策"（American economic policies），很受学生欢迎。他曾在里根政府时期担任经济顾问委员会主席（1982—1984），也是《华尔街日报》评论员文章栏目的固定撰稿人之一。

　　以前和他合讲这门课的肯尼迪政府学院的杰弗里·利布曼（Jeffrey Liebman）教授已经进了奥巴马政府，成了行政管理和预算办公室（Office of Management and Budget）的第二号人物。"我们可以看看，他以前在这门课上教的和他在政府里做的是不是一致。"费尔德斯坦说。利布曼的授课部分会由其他三位教授顶替。

☆ 长期前景良好

在简短地介绍了课程设置和教学大纲之后，费尔德斯坦切入正题。他说，目前的经济危机是20世纪30年代大萧条之后最严重的经济危机。在2007年以前的五年中，主要经济指标都显示，美国经济非常健康：年均GDP增长3.1%，低通胀高就业（失业率仅为4.6%），联邦政府财政赤字大约是GDP的1.5%。"这样的大好形势不是偶然的，而是和适当的财政、货币政策息息相关。"费尔德斯坦说，"当然，那时也有一些隐患，大约7000亿美元的贸易赤字（占GDP的5%）和人口老龄化给国家预算带来了负担。"

相比之下，现在的失业率是7.2%，有人预计失业率会达到9%，甚至10%。失业率从4.6%增长一倍，意味着大约700万美国人会失业。2008年第四季度，GDP下滑3.8%，而且经济面临通货紧缩的危险。通货紧缩会带来两个问题：一是给美联储带来难题。当美联储减息时，其真正想做的是降低真实利率，通货紧缩只会使真实利率升高。二是对贷款人不利。通货紧缩增加了债务的实际价值。

一般来说，走出经济衰退需要8~12个月的时间，但这次衰退从2007年12月份算起，已经经历了13个月，很有可能需要24个月的时间，还有人认为需要更长的时间。尽管美国现在是一个"病人"，但费尔德斯坦相信，美国仍然可以再现2007年以前良好的长期经济增长势头。

　[这个观点在七年之后被哈佛大学经济学家萨默斯在经济系的一个讲座上重新书写。2016年1月底，萨默斯以"长期停滞"（secular stagnation）为题阐述他对美国经济长期潜在增长率的新认识。他推断，美国经济长期总需求可能已经下降了，以至于真实利率（由于名义利率一般来说不能小于零）即使再低，也无法把均衡经济状态带到全就业水平。也就是说，美国在2008—2009年的危机后，经济复苏缓慢，总需求下降，可能不是周期性的，而是长期的"新常态"，总体利率偏低也是新常态。如果人为地提高利率，就可能导致金融动荡。在普遍低利率的环境里，当经济衰退再次来袭时，货币政策的回旋余地就

会更小。2016年年底，美国失业率已经在5%以下，从萨默斯这个新理论的角度来看，这并不代表美国经济已经欣欣向荣了，而是短暂的周期性恢复；而且美国劳动参与率近年来一直很低，大约是总劳动人口的三分之二，即有大约三分之一的美国成年人没有工作，也不找工作。现在劳动力市场失业率这么低，是否能提高劳动参与率还需拭目以待。]

☆ 危机缘何爆发？

应对经济衰退，通常主要利用货币政策。但由于这次危机的一些特点，仅靠货币政策已经不够，财政刺激必须起主要作用。这对费尔德斯坦来说是一个非常重要的思想上的变化。他说，经济衰退经常是由紧缩货币政策造成的。美联储基于各种原因判断有通胀的趋势，然后提高基准利率，经济随即冷却，甚至衰退。但这次危机的起因不同。美联储的利率一直很低，却爆发了危机。这是什么原因呢？

费尔德斯坦认为有两个原因。一是资产价格过高，资产管理的专业人员迫于行业竞争的压力和低利率的大环境，过于追求仅仅高几个百分点的回报，从而低估了风险，压低了风险差异（risk premium，即风险投资和无风险投资回报率之间的差异，后者通常指国债），抬高了资产价格。追求高回报是专业资产管理人员的本职工作。如果没有高回报，投资者就会把钱放在其他资产管理公司。这些专业人士常常认为自己比别人聪明，一旦资本市场有风吹草动，自己会比别人跑得快，"只要按电脑上的一个键，马上撤资"。

但他们的风险概率中有一部分是尾分布（tail distribution），也就是说，他们失败的可能性很小，但一旦失败，损失会极大。这就像保险公司卖地震保险，地震发生的概率很小，但一旦发生，损失很大。保险公司在很长时间内的收入都非常可观，公司的高管层也会收入颇丰。当保险公司的投资出现损失的时候，主要是股民的损失，所以高管层有很大的动力去追求高风险。

二是借贷比例过高。一些投资银行的资产和股本（equity）的比例是

30∶1，也就是用一块钱的本金借了29块钱。在经济形势好的时候，杠杆效应会带来超乎寻常的高利润和高收入；在经济形势不好的时候，只要资产价格下跌4%，公司就会资不抵债。

这次危机的爆发点是房地产市场的次贷风波。从2000年到2006年中期，房产价格增长了60%。人们普遍认为这种增长势头会持续下去，于是你争我赶地买房，或者从小房换大房。再加上小布什政府在21世纪初鼓励拥有房产，银行借贷系统降低房贷门槛，减少首期付款，然后把房贷打包分割证券化，再转手销售。于是，原本买不起房子的人也成了房主。当他们不能如期偿付贷款时，一系列连锁反应就发生了。那些拥有房产抵押证券（mortgage backed securities）的金融机构首先受损。巨型投资银行先后被收购、倒闭、转型。资本市场随即出现信贷紧缩，流动性减少，价格很难确定。几乎所有的金融机构都不能确定自己损失了多少投资，还有多少本金，更无法融资。信贷紧缩导致与房地产不相干的证券价格下跌，股票市场普遍遭到重创。

房产价格从2006年中期的顶端到现在已经下跌了25%，股市从峰值下跌了40%。美国人在房地产中损失了4万亿美元，在股市中损失了8万亿美元。美国人的财富转眼间就减少了12万亿美元。一般来说，财富对消费的影响是4%。也就是说，美国的消费要减少将近5000亿美元。房地产业本身已供大于求，还要减少大约2000亿美元的房屋生产。这样，总共会减少7000亿美元，这会导致GDP负增长大约5%。

1月30日，数据显示，美国经济2008年第四季度的GDP比第三季度下滑3.8%，小于经济学家预测的5.5%，原因是库存增加，生产减少的还没有像需求减少的那样快。这意味着美国2009年上半年的经济数据会更加糟糕。（事后看来，美国经济在2009年的春夏之交触底，然后缓慢恢复，在2016年基本达到全就业状态。）

有经济学家认为，房产价格还有15%的下降空间。这一预测如果真的发生，那么美国三分之一以上的房主（大约1200万个家庭）会发现，他们房子的贷款大于他们房子的市场价格，他们每个月要付的房贷大于他们出租差不多的房子的租金。他们会更有动力拒付房贷〔这是所谓的"理性违约"（rational default）〕，迫使银行没收房子〔即丧失抵押品赎回权（foreclosure）〕。2008年银行没收的房子的数量比2007年多了一倍。市场上银行没收的房子增加了房屋供给，再次压低房价，加速恶性循环。房价在2007年一年里就降低了18%。

☆ 没有追索权

还有一点很重要，就是美国的房屋贷款与其他国家有法律上的区别：美国更加注意保护借钱人的利益。美国的房屋贷款几乎都没有追索权（non-recourse loans），也就是说，如果借款人拒付每个月的房贷，银行只能把房屋收回来，不能从借款人的其他收入中截留。即使有个别州的房屋贷款是有追索权的（recourse loans），美国的个人破产法也基本保障了借款人的利益，这就给借款人更大的动力拒付房贷。

我们可以试想，在2003年到2006年间，那些只付10%或5%甚至更少的首期付款的人，在房价普遍下跌25%的时候，他们的贷款远远大于房子的市价。当他们发现用少于他们每个月还银行的按揭款的钱就可以租到差不多的房子的时候，他们完全可以放弃他们的房子，让银行拿去。即使他们并不穷，每个月还有不错的收入，他们也愿意选择放弃房子。因为房屋贷款是没有追索权的，银行只能眼睁睁地看着他们用每个月的收入租房子或做其他事情，没有任何办法。

更严重的是前几年，银行为了鼓励人们买房子，发明了一种"2-28贷款"：前两年还很少的贷款，从第三年开始，每个月的房贷骤然提升，弥补前两年的低息贷款，旧账新账加在一起。如果房价持续上升，这是一笔不错的买卖。即使第三年支持不住每个月的房贷，房主还可以把房子卖了，赚一笔钱走人。但是现在房市垮了，那些有"2-28贷款"的人，无论付得起还是付不起，都有更多的理由拒付房贷，让银行没收房子。正是这些原因，德意志银行不知不觉就成了俄亥俄州一个小城镇的最大的房主。所有和房产有关的银行都面临同样的命运。

这些房产抵押证券又被切割打包，按不同等级卖给投资银行，投资银行又卖给无数的投资者。于是，无数的投资者——机构投资者、个人投资者；男女老少；有经验的，没经验的——被卷了进去。危机从银行扩展到所有的金融机构，又从金融机构扩展到非金融机构；从房市扩展到股市和所有资本市场，又从资本市场扩展到实体经济，一发不可收拾。

无怪乎费尔德斯坦在开课伊始就说："现在讲美国经济政策，是一个非常有意思的时刻，也是一个令人忧心忡忡的时刻。"

费尔德斯坦讲货币政策：美联储的任务

费尔德斯坦继续从上节课的经济危机讲起。他说，比起以往的经济衰退，这次更为严重，不但程度更深，而且波及面更广。要阻止衰退，仅仅用货币政策已然不够。美国的储蓄率已从一年前的负值提高到了现在的3.6%，消费已经下滑，财政政策应起到主要作用。

费尔德斯坦把财政政策放到了一个更广阔的视野中去看。在凯恩斯理论提出以前，基本上没有"财政政策"这么一说。政府和经济管理是两码事，政府不介入经济管理，公众对政府也不会有这些期望。政府很"小"，在20世纪20年代，政府财政大约是GDP的3%（2016年，这个数字约是22%），而且基本保持财政平衡（支出等于税收）。费尔德斯坦意在说明，一般情况下，货币政策是管理经济的主要工具。

政府运作与经济管理分开，公是公，私是私，是美国传统文化的一个主要部分。这和那些政府对经济的控制已经形成制度和文化上的惯性的国家截然不同。前任财政部部长保尔森提出7000亿美元的挽救坏账计划（Troubled Asset Relief Program，TARP），他只能通过各种方式给银行注资，希望他们继续贷款，但不能要求他们贷款。所以出现了惜贷现象——银行有钱，但仍然不愿意贷款。如果政府要求他们将公款贷出去以刺激经济，以后出现坏账，是谁的责任呢？这是公私不分的尴尬。

公共空间一旦影响到私人或私营空间，就会引起轩然大波，美国媒体会不惜篇幅地报道。这就是新财政部部长蒂莫西·盖特纳（Timothy Geithner）在2月10日发表如何使用TARP第二阶段的资金的讲话之前，顶住了奥巴马政府内部政治顾问的压力，拒绝过度干涉接受公款的银行的内部事务的原因。当然，现在银行惜贷，市场流动性很小，给美国政府出了另外的难题。盖特纳及其助手们即使夜以继日地修改救市方案，也很难在短期内迅速给市场注入信心。

☆ 美联储的双重任务

费尔德斯坦说，美联储与欧洲央行的宗旨有些不同。《马斯特里赫特条约》（Maastricht Treaty）明确规定，欧洲央行的任务就是稳定物价。当然，有经验的央行领导班子在制定货币政策时也会考虑到就业率对经济的影响。相比之下，美联储的任务更加明确，是双重的，既要稳定物价（低通胀），也要促进就业率回升到自然就业率的水平。

面对双重任务，美联储最主要的政策工具就是影响利率的变化。"当然，在这次危机中，美联储也动用了不同寻常的工具——直接进入信贷市场，但这是特例。"费尔德斯坦补充说。美联储还可以通过改变商业银行在中央银行的储备率而影响货币供给，但其主要政策工具就是通过买卖国债来影响基础利率，即联邦基金利率，这是银行间隔夜借贷联邦基金的利率。

"我们从报纸中读到，美联储把基础利率制定在百分之几。但美联储并不是直接规定这个利率，而是通过买卖国债来影响这个短期利率，以达到他们设想的理想空间，或理想利率。这个利率目前是0~0.25%。美联储已经没有降息余地了。"费尔德斯坦说。〔这就是圈内人士所说的零下限（zero lower bound），即利率不能是负数。现在欧洲央行、瑞士银行和日本央行为了刺激总需求，已经开始实施负利率政策，这是前所未有的。政策制定者完全没有经验，不知道会有什么意想不到的后果。由于经济复苏缓慢，美联储直到2015年12月才第一次提高基础利率25个基点，在2016年12月第二次提高25个基点，所以现在的基础利率在0.5%~0.75%之间。］

☆ 利率的作用

货币政策比财政政策更好用，费尔德斯坦解释。第一，决策迅速。每六周，美联储的联邦公开市场委员会（Federal Open Market Committee，FOMC）就会开一次会，审视目前的利率是否合理，然后很快做出决定。第二，政策变化幅度小，方向灵敏，影响柔和。根据经济形势，利率的变化可以微乎其微，仅几个基点。当经济形势有变化时，利率的方向可以随即调整。美联储通过影响短期利率来影响长期利率和风险差异。经济个体在做决定时——储蓄多少，投资多少，贷款多少，库存多少，等等——有很大的空间。相比之下，财政政策动辄就是几千亿美元。在具体实施的过程中，刚性很强，很容易出现"一刀切"和浪费的现象。第三，货币政策的制定独立于政府，直接向国会负责。

利率是通过影响库存成本、固定资产投资、家庭贷款（尤其是房屋贷款）、房市股市价格、消费、储蓄、美元汇率、通胀预期等方面来影响经济活动的。美国这个社会忌讳命令，更倾向引导、诱导和影响（give incentives and influence），让经济个体酌情而定。基础利率就是一个引导和影响经济生活的工具，而基础利率不是机械规定的，而是美联储通过买卖国债而达到的理想空间。

当通胀上升时，收入和金融资产的实际价值贬值，美联储提高利率以抑制通胀。但这也有成本：经济冷却，失业率升高。但是，经济冷却到什么程度？失业率要升高多少呢？经济学在很大程度上就是关于得与失的计算和比较。耶鲁大学教授阿瑟·奥肯（Arthur Okun）在1962年提出了奥肯定律（Okun's Law）：一年的失业率暂时从1%提高到1.5%，通胀会长期减少1%，GDP在同年会减少2%~2.25%。所以要减少2%的通胀，例如从4%降到2%，我们要承受失业率从1%升高到2%，GDP在一年中减少4%~4.5%的代价。

但是，通胀的减少是永久的，失业和GDP的减少是暂时的。如果在今后几年，真实GDP的增长率是每年1%，那么大约五年以后，经济会恢复到以前的程度。这样的抑制通胀的成本值得付吗？这取决于决策者的价值判断。

斯坦福大学的经济学家约翰·泰勒发现，在格林斯潘领导下的美联储在1987年到1997年的时间段里，基础利率基本都满足以下的公式（即泰勒规则）：基础利率是通胀率加通胀率高于理想通胀率的一半，加失业率高于自然失业率（也可以用GDP实际增长率高于长期经济增长率的百分比）的一半，再加2%。这里的2%是真实均衡利率。

这个简单的公式基本适用于美联储在2000年以后的基础利率，实际基础利率与这个公式的预测相差无几。但是，从2001年7月到2004年年底的实际基础利率远远低于这个公式的预测。这是为什么呢？且听下次分解。

格林斯潘为何长期实行低利率政策?

费尔德斯坦接着讲货币政策。他说,用泰勒规则检验美联储的基础利率是利用已有数据检验过去的利率,不是预测将来的利率。当然,美联储在制定理想基础利率时,也会参考用泰勒规则和对未来的估计数据算出来的基础利率。如果用泰勒规则和已有数据检验,可以发现,美联储从2001年7月到2004年年底的实际利率远远低于用泰勒规则计算出的利率。

实际利率这么低,格林斯潘领导的货币政策班子是怎么想的呢?在这段时间里,格林斯潘担心通货紧缩的程度比担心通货膨胀的程度要大得多。中央银行在抵制通货紧缩时,由于受到零利率的限制,政策伸缩空间有限。一旦通货紧缩发生,真实利率上升,即使美联储把基础利率降得再低,利率也不可能是负数。从这个意义上说,通货紧缩比通货膨胀对中央银行来说更棘手。

此外,未来的经济走势谁也无法百分之百地确定,只能对每种形势的发生概率和发生的后果及影响有个大概的估计。对后果和影响程度的估计是很主观的,格林斯潘称其为基于风险的方法(risk adjusted approach或risk based approach)。这种方法的分析结果是把货币政策锁定在今后经济的自然走势是通货紧缩的假设上的。这就好比出门是否带雨伞的决定。没有人知道今天会不会下雨，或何时下雨。即使只有20%的可能性（这基本是客观的），一个保守的人也会带雨伞出门，因为被淋湿的后果对他来说太惨重了（这是主观的，不同的人有不同的判断）。费尔德斯坦并不反对在制定货币政策中这种带有部分主观色彩的决策方式，但认为当时格林斯潘也应该考虑到资产价格过高的因素，适当提高利率，以防止泡沫产生。

当问到美联储是否应该将双重职责（稳定物价、促进就业）明确扩展到三重职责，也包括资产价格，费尔德斯坦回答说不应该，中央银行不应该像瞄准通胀那样瞄准资产价格，而只是应该把资产价格作为参考考虑进去。同样，整体金融系统的稳定性也应该考虑进去。

接着，费尔德斯坦在黑板上画了一条长期GDP沿时间增长的直线，斜率为正，代表经济长期向上走的总趋势，然后围绕这条直线画了一条曲折的曲线，代表GDP经历经济周期的实际走势。据说，费尔德斯坦和经济系的理查德·N.库珀教授（Richard N. Cooper）是仅有的两个上课不用PPT的教授。费尔德斯坦除了教《美国经济政策》这门课以外，还教一门《公共财政》（Public Finance）课程。《公共财政》课的运算量较大，技术含量也比《美国经济政策》这门课高。他时常把手写的数据和证明复印后下发给学生，以节省课上时间，补充大量板书。总的来说，费尔德斯坦课程中数学的难度都不大，高中的数学水平加上初级微积分即可，但要吃透他的思想并不容易。学生一定要概念扎实，思路清晰，最好还要对公共政策有感觉，这对19岁到21岁的本科生来说实属不易（选这门课的学生大多是大二、大三的本科生）。

费尔德斯坦和库珀一定也知道人人都在用PPT，但他们似乎觉得老式的教学方法丝毫不影响思想和知识的传递，黑板、粉笔就够了。正是因为学生没有老师的PPT供课下随时翻阅，所以上课时注意力要尤其集中，没有分秒的空闲。各种缩写、各种省略、各种因果关系，全部靠学生积极主动迅速地记录，机不可失，时不再来。费尔德斯坦和库珀都是哈佛经济系70岁上下德高望重的老教授。库珀多次服务于民主党政府，费尔德斯坦则是坚定的共和党派。他们思考问题（尤其是在政府和市场的关系方面）的视角不同，政见常常向左，但他们严谨的作风、求实的态度是一样的。费尔德斯坦在1982—1984年间曾任里根总统经济顾问委员会主席，他并没有因为服务于里根政府而赞同其大量的财政赤字。因此有一幅漫画，里根总统组织高层官员参加政府工作会议，只有费尔德斯坦一个人提着公文包站在门外，无可奈何地说："我所要说的仅仅是，我们如何才能偿还这么大的财政赤字呢？"

费尔德斯坦说，经济增长很重要，更确切地说是人均GDP的增长很重要，因为它决定了人们的物质生活水平。哈佛经济系另外一位教授本杰明·弗里德曼（Benjamin Friedman）在他的新书《经济增长的道德影响》（*The Moral Consequences of Economic Growth*）中把经济增长与政治民主、开放、透明联系起来，从而对经济增长的意义有更全面、更深刻的解释。

美国的GDP从1960年的2.5万亿美元增长到2005年的11万亿美元（以2000年为基期计算），与此同时，美国的人口从1.81亿增长到2.97亿。这意味着GDP平均年增长3.4%，人口平均年增长1.1%，生产效率平均年增长2.3%。

1%、2%、3%，看似都是很小的百分比，但长期"增长滚增长"（就是俗语说的"利滚利"和术语里的"复利"）的效果是惊人的。这使得人均GDP，即美国人的实际生活水平，在45年中几乎增长了2倍（从每年13,846美元到每年37,252美元）。

费尔德斯坦进而分析美国经济增长的动力。他的分析比较传统（库珀教授在这方面的见解更加独特，详见附录一第四节《不信偏见的经济学家》）。生产总量（GDP）是人工、资本和技术的函数。只有增加投资，增加资本的积累，平均每个人工作时使用的资本才能增加，工作效率才能提高。就像有了更高级的铁锹，每个人可以在单位时间内干更多的活。工资收入随之增加，生活水准才能提高。

因为净投资等于总投资减去折旧，也等于国家储蓄和国际资本的净流入；GDP与投资呈正相关，投资与储蓄呈正相关，所以经济增长就与储蓄呈正相关。这种分析框架使储蓄显得尤其重要。费尔德斯坦再分析储蓄的组成。国家储蓄由家庭储蓄、企业储蓄和政府储蓄三部分构成。美国的家庭储蓄率历史上为7%~8%，前几年降到了零甚至是负数，由于经济危机，人们减少开支，现在上升到3.6%，而且会继续上升。企业的储蓄，即企业利润，在经济危机前很好，但2009年的情况会很糟。政府储蓄，即税收减去花销，在费尔德斯坦看来，是目前最大的问题，因为美国政府赤字严重。

第四节

费尔德斯坦讲财政政策：美国的账本

"扶着你们的椅子坐稳了！现在我们来看看美国2009年的财政赤字。"费尔德斯坦提醒大家。据美国国会预算办公室预计，美国今年（2009年）的财政赤字将达到11,860亿美元，相当于GDP的8.3%（2008年还是3.2%），而且这还是奥巴马的7870亿美元财政刺激计划获得通过之前的数据。费尔德斯坦本人对这个天文数字般的财政赤字非常担忧，难怪他会警告学生听了以后不要惊倒在地。

☆ 基本概念

上课伊始，他先澄清了几个基本概念。美国的财政年与日历年不同，是从每年的10月1日到下一年的9月30日。财政年2008年结束于2008年9月30日。现在是财政年2009年。政府财政赤字是每年国债增加的流量（flow），国债是国家债务多年累计的总量（stock）。财政赤字汇总（unified budget deficit）包括预算内和预算外两大项。预算内是指受"政府"控制的税收和财政支出。预算外是指养老金、医疗保险等，根据法律必须支出的，不受"政府"的影响。这里的

"政府"指的是政府的行政机构（the administration or the executive branch）。养老金和医疗保险的支出数量是根据国会制定的法律（公式、计算规则）机械执行的，不受政府意旨的支配。费尔德斯坦使用的数据是国会预算办公室在奥巴马签署最新的7870亿美元财政刺激方案之前的数据。国会预算办公室独立于政府和党派，一般来说，其数据更加客观公正。

☆ 天文数字

2008年，美国的财政赤字是4550亿美元，相当于GDP的3.2%。"这是一个非常大的数字，"费尔德斯坦显得忧心忡忡，"而且这还是在保尔森财长的7000亿美元的TARP［这些钱并没有损失。截止到2017年年初，这些投资（救助）的总体回报率大约是12%，详见附录一第四节《不信偏见的经济学家》和附录六《资本市场风云突变》］和现在国会讨论的财政刺激计划之前。"相比之下，美国2007年的财政赤字小得多，是GDP的1.2%。2009年，美国的财政赤字将达到11,860亿美元，相当于GDP的8.3%，而且这个数据还是在国会通过奥巴马的7870亿美元财政刺激计划之前。（事后看来，8.3%还是保守估计。2009年，美国实际财政赤字是1.41万亿美元，是当年GDP的9.8%。2016年，这个数字是3.3%。）

再加上借贷2040亿美元——这部分债与赤字不同，指的是美国政府买的资产，例如在扣除可能的损失之后的房贷抵押证券（Mortgage-Backed Security，MBS）。所以，公共持有的国债总量（debt held by public）从财政年2008年年底的58,030亿美元增长到71,930亿美元；按GDP的百分比来说，从40.8%猛增到50.5%。公共持有的国债总量不包括美联储、社保基金和其他国有机构持有的国债。美国公共持有国债占GDP的一半以上，而且还要随着奥巴马2月17日签署的7870亿美元救市方案而增加。只要国债的增长速度大于GDP的增长速度，国债占GDP的比例就会增加。

2009年财政年，扣除由于经济周期（cyclical adjustment）而增长的赤字和由于会计标准的要求将一些未来可能的损失折合进赤字的部分，目前的实际财政赤字是5180亿美元，相当于GDP的3.6%。"这是一个非常非常大的数字。"费尔德斯坦强调，"一般来说，这个数字应该在1%~2%之间。"

☆ 政府赤字之辩

费尔德斯坦对凯恩斯在经济萧条时增加政府开支（赤字），提高就业，把经济带入良性循环的理论持怀疑态度。他说，除非政府的赤字是用来投资，创造资产，否则就是消费掉了，那样只会增加国家债务，加重子孙后代还债（和利息）的负担。

即使在利率很低的情况下，例如2%，5000亿美元的赤字就意味着每年增加10亿美元的利息，增加税收来付利息又意味着扭曲市场本身的激励机制。在他的另一门课《公共财政》中，他花大量时间计算这种扭曲带来的福利损失。美国总共的国债（公共持有的加上政府机构持有的）已经超过了10万亿美元。在美国联邦政府总税收的2.5万亿美元中，大约2000亿美元，即8%，是用来付国债利息的。费尔德斯坦说，政府赤字（如果不是用于投资）用掉了现有资源，挤占了私有投资（crowding out effect）。所以，财政赤字在刺激经济增长的同时也增加了债务负担，减少了资本积累和今后的资本回报。但他也坚持，2009年华盛顿的刺激方案与以往不同，是必不可少的。

政府在没有钱但还需要花钱的时候有两种办法：一是增加税收；二是借钱。哪种办法比较好呢？在"全就业"的前提下，第一种办法比第二种更好，但不适用于目前失业率上升，经济退缩的情况。哈佛另外一位经济学家罗伯特·巴罗主张，在政府需要增加一次性固定花销时（例如战争），借贷比增税更好，因为增加税收会扭曲市场本身的激励机制，导致福利损失，而福利损失与税率的平方呈正比，增长太快。但费尔德斯坦仍然强调政府借贷会挤占私有投资，而私有投资更有价值。

当国家债务成山时，政府有很大的动力通过提高通胀率使债务贬值。成功与否取决于政府发放的是长期债券还是短期债券。如果是30年的长期债券，那么购买者承担利率风险，例如由通胀带来的利率变化。如果是短期债券，那么每次政府借钱的利率都已经包含了目前的通胀率和对近期的通胀预期，政府基本占不到通胀的便宜。

凯恩斯理论的利与弊

任何人讲财政政策，都绕不开凯恩斯1936年写的《就业、利率和货币通论》（*The General Theory of Employment, Interest and Money*）。对于20世纪30年代的经济大萧条，凯恩斯最根本的解释就是总需求不足。在需求不足的情况下，凯恩斯认为，政府应该首当其冲，通过赤字加大支出，带动私人领域的投资和消费，使总体经济走出萧条困境，进入良性循环。政府的支出在经济循环中有放大效应，即乘数效应（multiplier effect）。

费尔德斯坦教授并不反对这种总体思路，但他认为继承凯恩斯思想的宏观经济学家们另当别论。这些人利用凯恩斯的思想研究出了一整套缓解经济周期（反经济周期）的技术性很强的模型。他们希望通过度量各种指标，掌握经济的"健康程度"，预测未来走势，调整政府支出的数量，在经济即将过热时降温，在即将过冷时升温（萨默斯在《金融时报》的专栏中提到的"get ahead of the curve"，就是指政策的前瞻性）。他们在研究数据和构建模型方面精益求精，像医生治病人那样，力求在最合适的时间给病人最适量的药剂，而且他们以此为荣。

费尔德斯坦则认为，这些人走了极端，过高地估计了财政政策的使用范围和实施效果。其一，政府支出的扩大效应在经过多次数据检验以后证明在1.5左右，远远小于以前想象的4~5；政府减税的扩大效应就更小了，在0.8左右，因为省下来的税收，人们并不是全都花了，而是会储蓄一部分，或用一部分偿还以前的债务。

其二，增加赤字对债券市场会有负面影响。如果人们预计国家的总债务从长期来看堆积如山，长期的债券利率要提高，这将直接影响房地产市场和其他长期投资，同时也会提高近期的短期利率，降低私有部门的短期投资。这就是国家赤字对私人投资的挤出效应。

其三，在民主国家，运用财政政策的程序复杂，时间消耗太大。认识到使用财政政策的必要性就需要时间；政府还需要时间制定财政政策，国会更需要时间审议、修改、通过；执行起来更是缓慢。"等到真正大规模执行起来，经济本身早就复苏了，财政政策只会加速通胀，制造下一个泡沫。"这是保守派经济学家对财政政策的典型指控。美国2009年的形势正是这样：各级政府都在寻找现成的项目（shovel-ready projects），想快速把钱花出去，但花钱速度和项目质量又是矛盾的。美国的政治和经济精英们在经济衰退中为平衡各种矛盾忙得不亦乐乎。

其四，即使那些在凯恩斯思想的影响下以建立模型、解释数据为荣耀的经济学家也必须承认，任何数据都有很大的不确定性，对经济形势及其对策的判断更是如此。

所以，费尔德斯坦总结说，财政政策只有在货币政策没有转圜余地（例如零利率），经济前景非常暗淡的情况下，才应该使用。凯恩斯的理论及其门徒在20世纪六七十年代成为经济学主流。费尔德斯坦说，他们过于关注失业率，导致了需求过剩、通胀盛行；他们过于强调短期效应，即走出经济衰退，而忽略了长远利益，即资本的积累；他们忽略了人们生产的动机和动力；他们担心储蓄过多，鼓励消费，所以他们主张对储蓄的利息和投资的利润征税，而不是对消费征税；他们过于相信政府正面的作用，主张积极地利用政府的权力为社会做好事，而忽略了政府的弱点——一般来说效率低下，很容易造成资源浪费，抢占私有空间。

鼓励储蓄对GDP有双重作用：储蓄多了，消费就少了，GDP就减少；但与此同时，储蓄多了，投资就有增加的可能，而投资增加，GDP就会随之增加。那么，储蓄多是好事还是坏事呢？这取决于这两个相互抵消的作用谁大谁小；而且还有一个更复杂的问题：这两个作用不是同时发生，而是有一个时间差。储蓄增加的同时，消费就减少，与此同时，GDP就减少。但储蓄转化成有效的投资还需要时间，投资变成资本的积累和劳动效率的提高就更需要时间。

在短期效应和长期效应之间如何找到平衡点是经济学家之间的又一个分歧。费尔德斯坦更倾向于强调储蓄的重要性。他说，为了缩短储蓄变成有效投资和提高生产效率的时间，一系列的税收政策、社会公共政策（例如退休金、失业保险和各种社会保障政策）都要与之匹配。他的另一门课《公共财政》正是从这个角度出发，检验各种公共政策的效果。

费尔德斯坦强调储蓄的思想也渗透到了他在讲财政政策之后关于美元比价和贸易赤字的两节课中。他对美元的国际地位及全球不平衡的想法与2006年相比没有明显改变（详见附录五《专访费尔德斯坦：美元政策与全球不平衡》或《财经》杂志2007年第1期，1月8日出版，总第176期，第22页，这里不再重复）。

凯恩斯强调管理总需求（demand management）的思路和保守经济学家截然相反。保守经济学家的着眼点一般是总供给，他们关心的问题是如何提高生产总量。这种思维的一个版本就是里根时代的"供给派经济学"（supply-side economics）。供给派经济学把总供给（或总生产，GDP）看作资本、劳动力和技术的函数。在这些经济学家的主导下，经济政策的出发点是如何鼓励投资（进而储蓄），增加资本积累，鼓励参加工作和各种技术创新以提高劳动效率。他们一般主张"小政府"，相信个人、企业家才是利用资源的最高效、最明智的决策个体。政府只需要提供和平的环境、严格和公正的法律评判体系和程序、轻赋税（仅仅够提供必要的公共服务）就可以了，其他的靠市场本身——人们的"动物本能"——都可以解决。亚当·斯密在《国富论》中的原文就有这个意思："除了和平的环境、严格和公正的法律评判体系和程序、轻赋税，几乎不需要其他什么就可以创造出一个富裕祥和的国家。"（曼昆在《经济学原理》中也提到了这句话，详见本书第一章。）"轻赋税"在供给派经济学家看来就是鼓励储蓄、投资和创新的税收政策，几乎没有杀富济贫的思想。这些经济学家为了长期的低通胀效果，宁愿承担短期的成本——相对来说，较高的失业率。

既然如此，为什么现在大家都把注意力集中在奥巴马政府的财政刺激方案上呢？费尔德斯坦解释说，这是因为现在货币政策几乎不起作用，基础利率已经接近零，信贷市场几乎冻结，流动性很小，而且总需求由于股市和房地产市场的暴跌（股市损失8万亿美元，房市损失4万亿美元）急剧缩小。费尔德斯坦估计总需求减少的程度大约是7500亿美元。

他认为奥巴马在2月17日签署的7870亿美元的方案［《美国复苏与再投资法案》（American Recovery and Reinvestment Act）］还远远不够填补总需求的减少，而且因为这套法律的一些特征，财政刺激的扩大效应非常小，甚至小于1。但是他说，目前长期真实国债利率仍然很低，这说明美国国债仍然被认为是最安全的投资，仍然有人在大量买进。虽然7870亿美元中的一部分不能很快花出去，要等到2010年甚至2011年才能花出去，但对经济复苏仍然有帮助。

第六节

美国税收制度的弊端与改革前景

除了主讲《美国经济政策》这门课，马丁·费尔德斯坦还主讲《公共财政》。由于技术性较强，选择这门课的基本都是大二或大三主修经济的学生。在这门课中，费尔德斯坦主要的讲解内容包括：税收对市场本身的扭曲，计算相应而生的福利损失；美国税收政策的设计，如何平衡效率、公平和政策简洁之间的矛盾；包括退休金在内的一系列公共政策。他的讲解清晰流畅，每个话题都值得具体展开。

☆ 税收体系三目标

在讲解了福利损失的概念并推导了计算公式以后，费尔德斯坦开始评价美国的税收体系。税收体系的设计有三个目标：高效、公平和简单。这个标准经常是互相矛盾的。设想每个公民每年都上缴同样的税，例如，每人每年5000美元。这种税制虽然简单、高效，但不公平，因为每人的家庭情况、收入情况不同，每人付5000美元的代价是不同的。这样的税制没有给予纳税人足够的区别对待。

一个税收体系的效率高低与其引发的福利损失有关。由缴税而引起的福利损失，简而言之，就是消费者因为缴税而面临更高的价格，从而减少消费，这部分损失大于政府由此得到的税收的那一部分价值就是福利损失。福利损失与税率的平方成正比：税率越高，福利损失越高，这个税收体系就越低效。这个定义不适用于"矫正性税收"。政府征收矫正税是因为某个行为有负的外部效应，例如污染税、汽油税等。

"公平与否"是一个非常主观的价值判断。评价一个税收体系的公平与否有多种视角，其中包括横向公平和纵向公平。横向公平是指"同样境况"的人应该付同样的税。"同样境况"如何定义又是问题。例如，两个家庭的年收入都是八万美元，其中一个家庭有三个孩子，另一个家庭没有孩子，他们应该付同样的税吗？假如两个家庭都有三个孩子，但是其中一个家庭是"双工资"家庭，夫妻两人各挣四万美元，另一个家庭妻子不工作，丈夫一人年薪八万美元，他们应该付同样的税吗？纵向公平是指高收入的人应该多缴税。至于多付多少，那是一个政治问题，需要民主的政治程序决定。

还有一些极端自由主义者（libertarians，在政治上属于极右派，"小政府"的强硬支持者）主张，在产权清晰的基础上，"我挣的钱就是我的，多少都与政府没关系；政府征收的税不应该大于仅仅能够维持政府最基本的职能所需要的花销"。经济学家一般倾向于那些在不损害任何人福利的前提下，能提高一部分人福利的税收政策。也就是说，这些政策是帕累托有效（Pareto efficient）的。

费尔德斯坦说，一个税收体系是否被大众认为是公平的很重要，尤其是对美国这样一个完全依靠公民自觉根据税法纳税的国家来说。如果人们认为税制是不公平的，他们就会更加不情愿纳税。虽然国家税务局有权力检查任何人的税务，但由于人力物力的限制，被查到的人毕竟是极少数。官方承认，大约有七分之一应该被收上来的税收没有收上来，即偷税漏税的数量。美国的税收体系复杂至极。有些家庭即使收入非常简单，也选择雇用会计师为他们做税表，因为他们不愿意花时间研究复杂的税律法规，也不愿意承担做错的风险，宁愿花钱雇专业人士。

☆ 税制弊端：个人所得税

人们普遍觉得目前的税制有很多缺欠，应该修改。让我们从个人所得税说起。利息税、分红税和资本利得税，在费尔德斯坦看来，都严重扭曲市场，使人们更加倾向提前消费（intertemporal distortion），减少储蓄。他主张取消资本利得税，以鼓励将储蓄变成投资。他认为政府不应该对股票增值时卖掉所得的利润征税，因为政府对股票贬值时投资者的损失没有任何补偿。虽然缴税的基数是股票增值的利润减去贬值的损失，费尔德斯坦仍然认为这个税收的性质不公平。有些人被迫在股票贬值时出售股票，因为这些损失可被用于抵消其他投资利润。

当然，税法也允许人们把一部分税前收入放进401（K）退休金账户、IRA（个人退休金账户）这样的鼓励储蓄的账户。只有当他们退休以后，需要用钱时，提出钱来的时候才缴税。也就是说，这些投资手段使原本应该现在缴纳的税推迟到退休以后才上缴。一般来说，有钱人都最大限度地利用这些渠道避免当下缴税，每年储蓄到税法允许的最大限度。中低收入人群却很少参与，而他们正是需要为退休着想的人。这些特殊的储蓄渠道有可能强化那些玩世不恭的态度：只有富人才能雇律师，会计师利用法律最大限度地保护自己的利益；体制不是为普通老百姓设计的。

这些体制上的设计对所有的人都有好处，尤其是中低收入人群。但中低收入人群中有相当一部分人选择不参与401（K）这样的储蓄计划。什么原因呢？行为经济学家（例如哈佛大学的戴维·莱布森教授）认为，一部分原因是人都有不同程度的惯性思维：除非有巨大的显而易见的特殊原因，否则为什么要改变现状呢？他们建议与其让员工选择参加401（K）这样的计划，不如让他们选择不参加这样的计划。也就是说，所有的雇主在雇用员工时，都自动给员工建立401（K）的账户，每个月把工资的一部分放入这个账户，除非员工有意选择退出401（K）。这样每个人都会在不知不觉中有这样的储蓄账户，享受推迟缴一部分税的好处。（详见本书第二章《行为经济学》。）

问题是那些有钱人即使没有401（K）这样的账户，也会储蓄很多。所以，费尔德斯坦认为，从鼓励储蓄这个角度来说，401（K）和IRA等账户没有真正起到增加原本储蓄少的人的储蓄的目的，而只是减少国库当年的税收。衡量一切政府的效应都应该看由它引起的增量变化，即边际效应，而不是原本的储量。

☆ 企业所得税

再说企业所得税。费尔德斯坦着重讲解"双重税收"（double taxation）：在企业利润中，企业要上缴35%的企业所得税（现在特朗普入住白宫，有意大幅度减少企业所得税，能否成功值得关注）；当企业分红时，股东要再缴15%的分红税。在小布什总统税改以前，红利都是像普通收入一样缴税。那些高收入家庭的个人所得税（personal income tax）的边际税率远远高于15%，一般都是28%或33%。这些人是小布什总统税改的获益者。费尔德斯坦言谈中流露出对这次税改的肯定，因为它降低了税率，减少了福利损失。

费尔德斯坦认为，"双重税收"使资本更倾向于投资房地产，而不是到企业建厂房、买设备；从更广阔的意义上说，它使人们更倾向于消费，而不是储蓄——这是费尔德斯坦一直反对的。他的这些个人见解带有相当强的右派（保守派）色彩——反对高税率，大政府；鼓励储蓄，抑制消费。

而与其相反的左派（自由派）经济学家首先反对"双重税收"这个说法。他们不认为这是双重税收："双重税收"这个词本身就先入为主地带有情感色彩，是贬义的。他们认为，这些税都是股东、富人对国家应尽的责任，是应该缴的；如果富人不多缴税，穷人承担得起国家必需的花销吗？深受凯恩斯理论影响的经济学家从根本上对多储蓄持怀疑态度。他们更担心储蓄太多会导致总需求不足，把经济带入衰退。

☆ 利息避税

再说利息避税（tax shield）。为了鼓励人们拥有房屋，成为有责任的有产者，而不是不负责任的租房者，美国政府允许房主把房贷的利息部分在缴纳个人所得税时从个人收入中扣除，减小缴税基数，然后再计算应该上缴的税。也就是说，美国政府按照每个人的边际缴税率，补偿贷款利息的一部分。小布什政府提倡"有产者社会"（ownership society）的理由与中国古代孟子的说法完全一致："有恒产者有恒心，无恒产者无恒心。苟无恒心，放辟邪侈，无不为己。"

目前，美国允许房主对前两处房子的贷款利息减税。费尔德斯坦说，这样做不但鼓励人们买房，而且鼓励人们买更大的房子、更多的房子，贷更多的款。在其他条件一样的情况下，这使房价过高，房贷与房价的比例过高。一旦经济生活中有风吹草动，房市就会坍塌。2008年的金融危机就有这方面的因素。

同样，一家企业的贷款也有减税的作用。一家公司为银行贷款和其他债务所付的利息和其他运营成本一样，都从总收入中减去，然后算出税前利润。这种计算方法意味着付的利息越多，即借债越多，征税的利润基数就越小，缴税就越少。也就是说，企业借债有避税的作用。这个作用使企业在融资时更倾向于发债，而不是卖股份。

越是有钱人，住的房子越大，贷款越多，政府对他们的利息补偿［实质是政府的补贴（subsidy）］就越大。这对那些租房子住的人来说公平吗？如果政府取消房贷利息避税的政策，总税收在2008年会增加900亿美元。费尔德斯坦建议利息避税应该有一个上限。

☆ 特殊减税款项

美国税收政策中有许多类似房贷利息减税的特殊减税款项（special

exclusions）。例如，企业雇主为员工买的医疗保险（medical insurance premiums and medical care）是员工的福利待遇，可以和员工的工资一样从企业的总收入中减去，也就是减少了企业缴税的基数。这些福利也不算入职工的个人所得税中，因为不是工资的一部分。政府希望每个人都有医疗保险，所以对这部分钱没有征税。如果政府对这部分钱征税，那么政府的收入在2008年会增加1600亿美元，是所有个人所得税1.2万亿美元的13%。

同样，政府允许个人把对公益事业的捐款从个人总收入中扣除。例如，一个高收入的人的边际税率是33%，他给附近的教堂捐款1000美元。他的实际捐款是670美元，另外330美元是美国政府减少的税收。如果没有这一政策，政府的总税收在2008年会增加560亿美元。越是有钱的人就越习惯用这种方法避税。最近奥巴马政府准备将捐款减税的最高边际税率限制为28%。费尔德斯坦认为，这会打击富人捐款的积极性，严重影响非营利组织从社会上募集资金的能力。

虽然美国政府有权力核实每个人的税表，但检查到的毕竟是极少数人。美国政府承认，每年有大约14%的税收因为各种各样逃税漏税的手段没有被征收上来。一种原因就是人们不自觉，知法违法，有不会被查到的侥幸心理。另一种原因就是人们心理不平衡：富人能雇用律师、会计师帮助他们合法地逃税漏税，为什么我们就应该缴税？

费尔德斯坦把对税收影响最大的前五个特殊减税款项加起来，得出4000亿美元，是个人所得税的三分之一。前十个减税款项对税收的影响是6000亿美元，大约是个人所得税的一半（根据2008年的数据）。所以，如果没有这些减税款项，美国政府的个人所得税的总收入会增加一半。如果美国政府保持总税收不变，那么取消这些减税款项就可以将所有人个人所得税的税率降低一半，从而大大减少福利损失。

费尔德斯坦对这些特殊减税款项持怀疑态度，因为条款分类太复杂。如果医疗费用可以减税，那么配眼镜的费用算不算医疗费用？健身俱乐部的费用算不算？每周按摩的费用算不算？如果房子的贷款利息可以减税，那么如果一个人住在一条船里，船的贷款利息算不算？如果每个孩子的父母有孩童抵税金额

（child tax credit），那么父母离婚了，各自独立缴税怎么办？如果按照这个孩子与父亲住的时间和与母亲住的时间的比例来分这个税收方面的优惠，那么如果这个孩子住在学校里怎么办？税收条文的烦琐程度可想而知，而这些仅仅是税收政策的九牛一毛。

那么，为什么不能取消这些复杂的特殊减税款项呢？因为每一项都有一大堆存在的理由。费尔德斯坦对美国税收体系的介绍给人的印象是"存在的就是合理的"。那么，"合理的是不是就应该存在"呢？费尔德斯坦在税收政策方面有很多个人见解。例如，他倾向通过各种形式对消费征税以鼓励储蓄投资。但他承认，他在课堂上的影响比在华盛顿的影响要大得多。在一个民主的政治体制下，没有一个人能说了算。无论政策好坏，由于各种复杂的利益关系，都很难在国会通过，立竿见影就更难了。

☆ 税制改革的前景

把目前复杂的长达几千页的税收政策推倒重来，几乎不可能，所以只能考虑渐进式改革。一种改革税制的框架性思路是降低税率，但扩大征税基数，取消那些富人常用的特殊减税款项。这样可以减少市场扭曲，使税制更加高效、公平和简单。里根总统时期，最高收入家庭的边际税率从50%降低到了28%，老布什时期增加到31%，克林顿时期再增加到36%，小布什时期降低到35%，但现在国家债务如山，又面临着增加高收入家庭边际税率的压力。所以，多数人对这种改革思路持怀疑态度。

另一种改革思路是实行增值税（value added tax，VAT）。许多国家都有不同程度的增值税，但美国没有。增值税有很多优点。首先，它是对消费征税，不鼓励人们提前消费。其次，没有复杂的税率表和特殊减税条款。每个人缴的税和他的消费是成比例的，不是越有钱的人税率越高，越没钱的人税率越低。

但增值税也有缺点。为了避免缴税，卖方可以提供两个价格：有收据的价格高一些，没收据的价格低一些。买方可以选择现金交易，价格低一些，没有任何收据证明。这是逃税漏税的常用方法。所以，没有一个国家政府的税收完全依靠增值税，他们只是把增值税作为整个税收体系的一部分。美国的独特性在于完全没有增值税。萨默斯等经济学家曾经撰文指出，美国这样的特殊性（exceptionalism）应该被逐渐取消。为美国设计增值税的一个障碍就是，从现有体系过渡到增值税体系面临许多体制设计方面的困难。

美国不但没有增值税，也没有国家统一的零售税（retail sales tax），各个州有自己的税率，有的州甚至没有零售税，例如马萨诸塞州北面的新罕布什尔州就没有零售税。在奥巴马政府2009年2月出台7870亿美元财政刺激计划之前，经济学家都在大动脑筋如何刺激消费以带动总需求，尤其是耐用品消费，像冰箱、洗碗机等家用电器。

有人建议联邦政府在一定时间内——例如两个月或三个月——让所有的州免去零售税，鼓励消费者提前更换这些耐用品，因为在几个月以后，零售税会恢复原状；然后，州政府在这几个月中损失的零售税收入由联邦政府补齐。反对者说，这个建议听起来很有道理，但问题是各州的零售税不同，有的州甚至没有，所以联邦政府给州政府的好处因为起点不同而不同，这样不公平。

还有一种改革思路是对用于消费的那部分收入征税（即消费税，consumed income tax），也就是说，每个人把自己的税前总收入分成两部分：一部分放在一种特殊的储蓄账户里，不用缴税，直到取出来用的时候再缴税；另一部分准备消费的钱放在其他账户里，这些钱是要缴税的。这种思路和现行的个人所得税和一些特殊的储蓄渠道［如401（K）、IRA等］区别不大。只是目前的这些特殊储蓄渠道每年有储蓄上限，而这个改革思路没有免税的储蓄上限，有更加鼓励储蓄和抑制消费的作用。但如何从现行体制过渡到这个体制又是问题，经济学家还没有拿出禁得起推敲的方案。

还有一种总统竞选人青睐的改革方案就是"均税率"（flat tax）：每个人都付同样的税率；低收入家庭的前面几千块钱的收入是免税的（some excludable amount）。这种税制最大的优点是形式简单，不鼓励提前消费，而且没有体制过渡的障碍。这种方案的问题是：每一个特殊减税款项取消时，都会有一些负面影响。如果没有房贷利息减税的效应，房价就会下跌，那些拥有自己房子并有高额房贷的人会愿意吗？如果给公益事业捐款不能减税，那些非营利机构的收入就会大大减少，我们难道不应该支持社会公益事业吗？如果再把利息税、分红税和资本利得税（对买卖股票利润征的税）与普通工资收入区别对待，我们会发现，这样思考下去的结果是使"均税率"这个体制越来越像现在的税收体制，包括因为各种原因而存在的特殊减税款项。

　　不同学者可以提出不同的税改措施，但大多数都是在研究策划阶段，都是一纸空文。直到有一天某位总统启用某一项税改政策，并愿意为这个政策的立法和实施在国会倾注大量的政治资本，那时一纸空文才会变得有生命力。

开放经济中的税收政策：猫鼠游戏

[这一节的内容与2017年2月初美国国会共和党领袖凯文·布雷迪（Kevin Brady）提出的税改方案密切相关。布雷迪方案的主要初衷是降低美国企业所得税税率，目前是35%，是发达国家中最高的，远远高于爱尔兰12%的企业所得税税率。美国公司为了享受爱尔兰的低税率，就采取各种改头换面的技巧把巨额利润转移到爱尔兰或其他低税率国家。为了阻止这个倾向，布雷迪要将美国企业所得税税率大幅降低到20%，或降低一半到17.5%。又为了不增加美国财政赤字，布雷迪提出对进口征税的方案，而对企业出口的收入不征税。像通用电气（GE）和波音公司这样以出口为主导的企业会获利，像沃尔玛这样以进口为主导的企业会损失。这是国内税收政策影响对外贸易政策的典例。这符合世贸组织的规则吗？世贸组织对成员国的直接税率，即对个人和企业所得税的直接征税不做规定，但对物品交换的间接税——例如增值税——有所规定：不能对出口、进口区别对待以实现实际货币贬值的效果。但半个世纪前，欧洲有国家采取过这种做法，美国并没有行使自己的权利在WTO起诉这些国家。现在对美国出口的国家是否会起诉美国，是否会胜诉，很难说。可以肯定的是，对美国出口的国家一定会抱怨。但布雷迪早已想好了对答的台词，因为美国采取浮动汇

率政策，美元会升值，从而抵消税率变化对贸易的影响。

这个方案为了鼓励投资，还提出把企业投资在投出去的那一年全部作为花销从公司收入中减去，即加快折旧的极限；从征税的角度看，视投资与其他花销一样。这就与特朗普鼓励出口、限制进口、鼓励投资，"把美国放在第一位"的主旨思想不谋而合。虽然特朗普对这个税改方案还没有表态，但估计他至少原则上会赞同。现在利率和通胀率刚刚开始有所上升。美国30年国债利率大约为3%；通胀率在2016年11月底是1.7%；失业率是4.6%，但劳动参与率仍然很低。如果这个税改方案能在国会通过，特朗普不否决，那么它至少在短期内会对美国经济有正面的影响。

费尔德斯坦在2017年1月30日发表文章[①]，非常赞同这次30年来最大的税改方案，因为这个方案会大力刺激企业的投资。他预计美元升值的幅度会正好抵消税率变化对贸易的影响。他的基本计算如下：美国企业所得税是GDP的2%，如果企业所得税税率减少一半，那么联邦政府从企业收上来的税大约会减少一半，即1900亿美元。他预计其中的三分之二会从边界调整税——即企业进口的成本不纳入企业运营成本的计算，而企业出口的收入不纳入企业总收入的计算，即对进口征税，对出口不征税——弥补回来，约1200亿美元。费尔德斯坦相信，这个方案使GDP增长的幅度，即增加"饼"的大小，税基增加，从而使总税收增加，足以弥补剩余的700亿美元的税收亏空。

这一节讲的是在开放环境下的税收政策，对我们理解2017年最新一轮从众议院发起的税改方案会很有帮助。]

2009年3月4日，哈佛商学院的米希尔·德赛（Mihir Desai）教授接替费尔德斯坦的《公共财政》课，用四节课讲授开放经济下的税收和投资。哈佛商学院有不少印度教授，德赛是其中之一。他出生于印度，在中国香港和美国长大，于1993年获哈佛商学院硕士学位，1994年获富布莱特（Fulbright）奖学金去印度学习研究一年，1998年获哈佛大学政治经济学博士学位。他是税收政策、国

---

① 世界报业辛迪加（Project Syndicate），2017年1月30日，文章题目是"美国税改的形式"（*The Shape of the U.S. Tax Reform*）。

际金融、企业融资、外国直接投资（Foreign Direct Investment，FDI）方面的专家。他的英文清晰流畅，没有任何口音。他经常用提问的方式启发学生思考，在课堂上形成良好的互动。

☆ 利息避税

德赛教授主讲的内容是企业融资与开放经济条件下的税收政策之间的关系。在美国，一家公司为银行贷款和其他债务所付的利息，在财务报表中，和其他运营成本一样，都从总收入中减去，然后算出税前利润。这种计算方法意味着，付的利息越多，即借债越多，征税的利润基数就越小，缴税就越少。也就是说，借债有避税的作用。

这个作用使企业在融资时更倾向发债，而不是卖股份。那么，是不是发债越多越好，股本越小越好呢？当然不是，债务累累会压得公司喘不过气来。债务和本金的比例要适当，总资产的价值才最高。这样分析的前提是债务和股权的界限非常清晰，但实际企业运作中，有些资产的性质很模糊。例如可转换债券，这种债券因为可以转换成股票，利率较低。它应该算是债务还是本金呢？从上税的角度想，企业把它算为债务，以便享有避税的好处。在对股东的年报中，企业却把它算为本金，以显示债务负担没有那么重。

这样做完全合法，因为企业有两本账：一本是给政府税务部门看的，一本是给投资者看的。但是，这样做应不应该呢？有人主张不应该：这两本账应该是一本账，只有完全一致才是最透明、最诚实的财务报表。有人认为这两本账应该分开，因为目的不同，数字的来源和计算方法也应该不同。还有人认为，虽然两本账应该分开，但应该建立互算方法，从一本账可以算出另一本账。总之，没有定论。

正是因为两本账是合法的，在2008年经济衰退以前的15年左右，微软公司给股东的年报一直显示利润丰厚；相比之下，微软给美国政府缴税的数额却显得微不足道。

☆ 税后利润的去处

对于税后利润，企业有三种做法：可以分红给股东，可以用于企业扩大再生产，使公司股票价值上升，还可以从市场上回购自己的股票。

股东拿到的分红要按普通收入纳税（taxed as ordinary income tax），而股东只要不卖股票，就不需要对股票升值缴税。如果卖股票，实现了升值带来的利润，股东必须缴纳资本利得税。一般来说，资本利得税要比普通收入税高，所以一些股东不愿意在股票升值时卖股票，宁肯不实现升值利润。因此，费尔德斯坦等人认为，资本利得税阻碍了股票的正常买卖，降低了市场效率。

而公司管理层在同等条件下会更倾向于把公司的税后利润用于扩大再生产，而不是分红；他们表面的理由是，"即使给股东分红，他们也是要缴税的，还不如用这些利润扩大再生产，让股票升值，这样只要他们不卖股票，就不必缴利得税"。当然，他们实际上可能在想通过扩大再生产扩大自己的个人权力及势力范围。

那么，为什么有的公司承诺在未来的几年中会有一定比例的分红呢？这是公司在做"形象工程"。众所周知，管理层对公司的了解和掌握程度远远超过普通股东，他们对公司的信息量的掌握是不对称的。这是典型的由于主人和代理的利益不同而产生的问题［即委托代理问题（principal-agent problem）］。管理层为了显示自己不是随意挥霍股东投资的利润，承诺在未来的几年中有一定比例的分红。

为了让股东避免分红所带来的纳税负担，企业还可以把利润用于从市场上回购自己的股票（repurchase outstanding shares）。这是企业第三种使用利润的方法。通过解释这三种方法，德赛意在说明，税收政策影响着企业的各种经济决策。

☆ 政府鼓励企业投资的办法

接着，德赛讲述税收与投资的关系。投资在GDP的四个成分（消费、投资、政府支出和净出口）中，是浮动最大的变量。在经济衰退的情况下，政府应该如何鼓励企业投资呢？一种办法是投资抵税（investment tax credit）。例如，国会可以规定新投资的10%可以抵税。这种办法几十年来一直没有被采用。因为生产仪器设备的厂家一旦知道买方可以用仪器设备的花销的10%抵税，就会把原有价格提高10%，所以买方还是得不到好处。这个办法不能达到刺激投资的目的。

政府还可以降低企业所得税，让公司保留更多的利润。这种办法的问题是，公司保留更多的利润只是提供了公司再投资的可能性，但公司并不一定扩大再投资。公司可以分红，也可以从市场上回购自己的股票。因减税而增加公司的利润仅仅是提高了已有资产的回报率，而不一定增加新投资。政府还可以减少分红税，希望投资者因保留了更多的红利而更愿意再投资。但这也只是一厢情愿。投资者保留了更多的红利，提高了已有资产的回报率，但不一定再投资。

除此以外，政府还可以允许公司加速设备厂房的折旧（accelerated depreciation）。这种方法在20世纪七八十年代常被政府采用，因为加速折旧，公司账面利润减少，政府征收企业所得税的基数缩小，公司税后利润增加，股票升值。在股票普遍升值的大环境下，公司直接从股市融资的成本减少。

这种办法也有两个问题。在21世纪的今天，大公司的硬件设备中大约有一半与研发有关。这些设备本身的寿命就很短，其中很多只能使用两三年。对这部分设备来说，即使再加速折旧，鼓励公司再投资的效果也不明显。另外，加速折旧的政策只有在高通胀、高利率的情况下才有可能见效，因为公司如果有钱，会倾向现在买设备，迅速折旧，而不是以后买设备，也就是把以后的投资提前。这对过热的整体经济情况有副作用。如果是在低利率的经济衰退时期，企业没有动力提前投资，经济仍然不能走出恶性循环。所以，加速折旧达不到政府预期的效果。

当然，还有一种可能，就是政府允许企业把所有研发方面的开支全部作为普通的一次性花销从总收入中减去，最大限度地减少计算企业所得税的基数。这是允许当年的研发在当年百分之百地折旧，是加速折旧的极限。

☆ 开放经济条件下的税收政策：一征税，它就跑

企业只是一个法人，是谁在真正承受企业所得税呢？是企业的股东、企业的员工，还是企业产品的消费者？答案取决于资本市场结构、劳动力市场结构和产品的市场结构，即在这三个市场中，供需关系分别对资本回报率、工资和产品价格的敏感程度。

任何税收都会扭曲市场本身的平衡点，产生福利损失。买方的福利损失多还是卖方的福利损失多，取决于供给和需求曲线的斜率。如果卖方市场是完全开放、完全竞争的市场，那么供应对价格就是完全有弹性的，税收完全由买方承担，所有的福利损失都是买方的福利损失。根据这个道理，如果资本市场是完全开放的，那么资本就会流向低税率或零税率的行政区域；股东所承担的企业所得税的成分就很少，甚至是零。如果劳动力市场是完全开放、完全竞争的，那么劳工在其他条件一样的情况下就会选择在企业所得税低的行政区域工作；员工所承担的企业所得税的成分就很少，甚至是零。

这样分析的结果是：在开放经济里，资本和劳动力是自由流动的；政府对哪种生产要素征税，哪种生产要素就会跑到其行政管辖区域以外的地方，享受低税率或零税率。在这种情况下，政府是被动的，需要和其他政府协调，甚至联合起来才能使税收有效。目前由于移民法的限制，国家与国家的劳动力市场是分割的、不流动的；但美国的资本市场是敞开的，企业和个人可以通过在外国直接投资、购买股票和债券实现在全球范围的资产重组，所以美国企业所得税和高收入人群的边际税率越高，就越促使美国企业和个人在外国投资。

为了招商引资，各个国家都愿意降低税率，吸引外资。20世纪80年代中

期，美国的企业所得税在经合组织（OECD）的发达国家中是最低的，2009年是这些国家中第二高的（2016年是世界主要经济体中最高的，所以特朗普有意大幅度降低企业所得税税率）。那么，美国跨国公司就有动力通过转移成本（transfer pricing）使最大的利润出现在企业所得税最低的国家。爱尔兰的企业所得税税率是12%，远远低于很多国家的税率，因此吸引了大量跨国公司的资本，造成了经济泡沫。

☆ 征收企业所得税的理由

更进一步的问题是，政府为什么要征收企业所得税？是因为一般来说，投资人都是有钱人，政府想对富人征收更多的税吗？这是有政治色彩的想法，没有经济基础。更有力的理由是：为了更有效地征收个人所得税。试想，如果没有企业所得税，人们会怎么做呢？人们会自己成立个体私营公司，把自己的收入变成公司收入，从而避免缴纳个人所得税。

征收企业所得税还有一个理由：所谓"有限公司"指的是有限责任（limited liability）。美国的corporations都是有限公司，都必须上缴企业所得税。这种公司如果破产，债权人没有权利要求得到股东在此公司投资以外的其他资产。股东最大的损失就是在这家公司的投资，他个人的其他财产不受影响。他的责任和可能的损失是有限的。谁来确保债权人不逾越股东的底线呢？是国家和国家法律，包括法律的制定、执行和监督。这是国家提供的、股东享有的一种公共产品。公司应该为其享有的公共产品纳税。

为了避免缴纳企业所得税，人们可以建立"无限公司"（unlimited liability），或"伙伴公司"（partnerships，一些律师事务所、会计事务所采取这种形式），或其他形式的公司。美国的corporations的数量占所有公司数量的比例，从以前的百分之八九十下降到目前的三分之一。一般来说，上市公司都是corporations，都要上缴企业所得税。

此外，人们都知道大型企业的实际权力都集中在管理层，大量的中小股东由于不经常参与管理，掌握的信息与管理层极不对称而被边缘化，对任何企业决定没有任何影响，只能跟着跑，这便产生了委托代理问题。政府征收企业所得税使得政府成为股东的一员，和其他所有股东一样，分享企业利润的好处。

美国的企业所得税税率是35%，美国政府享有企业利润的三分之一强，是一个主要股东。当企业偷税漏税、欺骗政府时，政府税收部门有权查抄其一切账目，曝光其一切不轨行为。政府代表了所有的股东，也为所有股东说话。这就是2000年俄罗斯总统普京查抄偷税漏税公司的账目时，这些公司的股票价格反而上升的主要原因。

☆ 如何对海外利润征税？

美国的大型跨国公司有40%~45%的利润是海外利润，而且因为海外利润的增长速度比本土利润的增长速度快，这一比例有增长的趋势。对海外利润应该如何征税，才能不影响资本在全球范围的有效配置，即只根据税前利润率（即资本回报率）的差别选择海外投资的地点？

美国政府可以选择无视外国政府对美国跨国公司在其境内利润的征税，一如既往，征收同样的税，那么这家公司面临的税率就是两个国家企业所得税的税率之和（$t+t^*$），税后利润率就是$r(1-t-t^*)$。这样的税收政策就打击了美国公司向外扩张的积极性，人为地阻止了资源在全球范围的有效配置。美国政府还可以选择允许美国跨国公司用对外国政府缴的税减少对美国政府缴税的基数，公司税后利润率就是$r(1-t^*)(1-t)$。这样的政策比前一种政策要好一些，但仍然不能让资源在全球范围内最有效地配置。

美国政府采取对美国公民和美国公司在全球范围内的收入和利润征税的办法。美国政府允许他们用上缴外国政府的税抵消一部分上缴美国政府的税（foreign tax credit）。如果上缴外国政府的税大于这部分收入或利润应该在美国上缴的税，多余的部分忽略不计，不能够抵消这些人在美国的其他收入或这些公司在美国的利润所应该缴的税。

微软公司就以任意价格从美国转移了很多专利技术到爱尔兰（这些专利很难有客观的估价标准），每年专利的收入也随之到了爱尔兰，所以爱尔兰的分公司记录了大量的利润。只要这些利润留在海外，不回美国，就不需要给美国政府缴税，而只是上缴12%的企业所得税给爱尔兰政府。只有当这些利润返回美国时，才需要按照美国企业所得税和爱尔兰企业所得税的差额（35%-12%=23%）给美国政府缴税。

从理论上说，微软的研发费用和总部的其他一些费用（overhead costs）也应该按照营业额的比例，摊派给世界各地的分公司，这样美国政府对企业利润所征收的企业所得税的基数才不会人为缩小。但是，外国政府也不愿意缩小征收企业所得税的基数，不允许跨国公司把总部的花销摊派给当地公司。这是难以调和的矛盾。

为了避免给美国政府缴税，美国跨国公司愿意把海外利润滞留在海外，有意不将其带回美国。有一年，美国政府为了刺激投资和增加就业，特意对美国在海外的资本大赦，仅仅征收5%的税，鼓励其返回美国进行再投资。结果4000亿美元立即返回了美国。（2017年年初，掌管国会的共和党领导人又在想方设法诱使美国跨国公司把大量滞留在海外的现金带回美国。）

德赛认为，这种全球征税（worldwide regime）的总思路是错的。这种思路假设，跨国公司在全球配置资源，是为了追求更高的资本回报率。如果这个假设正确，那么，美国政府对跨国公司海外利润的税收政策的目的，就是要取消由于两国企业所得税的税率不同而给企业带来的税后资本回报率的差别。德赛认为，这个前提假设不成立。跨国公司在全球配置资源，直接投资，主要是为了开辟新市场，接近客户，以便在更大的范围内发挥公司本身独特的优势（comparative advantage，或firm-specific advantage）。直接投资不是因为不同地区有不同的资本回报率，所以不会对不同的税收政策有反映。购买海外股票和债券的间接投资与直接投资不同，投向海外的间接投资的确是为了追求更高的资本回报率。

如果德赛的假设是正确的，那么征收企业税的总思路应该是，对行政管辖区域内的所有企业征税（territorial regime），而不是根据国籍在世界范围内征税。许多发达国家都采取了这条思路，例如日本；或正在向这条思路过渡，例如英国。只有美国特殊。美国在很多方面特殊，在税收政策方面也是如此。例如，美国完全没有增值税。虽然增值税不能代替其他所有的税收，但增值税是许多国家税收体系的一部分（对于增值税的利弊分析，详见本章第六节《美国税收制度的弊端与改革前景》）。许多学者，包括萨默斯，都认为美国不应该特殊，尤其是美国经济在世界经济中所占的比重呈现下降趋势后，美国就更不应该特殊了。

全球征税的思路还隐含了"零和博弈"（zero-sum game）的思维框架：美国损失的工作就是外国增长的工作。这种"零和"思维在间接投资中有可能是对的：增加在海外资本市场的投资，就是减少在美国资本市场的投资。但是，在跨国公司的海外直接投资中，这种思维是不对的。有研究表明，海外的直接投资和美国境内的直接投资不是替代关系，而是互补关系。海外直接投资为外国创造就业的同时，也为美国本土创造了就业。

奥巴马说，他要消除那些把美国工作送到国外去的税收政策上的漏洞（stop those tax loopholes that send jobs abroad）。这句话是什么意思呢？他可以取消tax deferral（延期纳税），无论美国公司的海外利润是否返回美国，都无一例外地征税。他也可以让美国跨国公司上缴（t+t*）或（1-（1-t*）（1-t））的税。这里t是美国国内企业所得税税率，t*是外国企业所得税税率。在美国政府债台高筑、经济衰退的今天，跨国公司的海外利润可以成为美国政府税收组成的一大部分。但是，这样做就更加背离了在德赛看来应该采取的思路。（2017年1月，特朗普打击美国公司在海外直接投资，鼓励外国公司在美国投资的趋势基本已成定局。美国福特汽车公司已经取消在墨西哥建厂16亿美元的计划，并承诺在密歇根州投资工厂7亿美元。日本丰田汽车公司本来打算在墨西哥建厂10亿美元，现在也被迫放弃。这些公司都想把在墨西哥生产的低成本的新型汽车进口到美国，但在特朗普威胁要对这些车征收惩罚性税收的情况下，这些公司都改变了计划。）

☆ 上有政策，下有对策：公司改头换面的"新国籍"

在从worldwide regime到territorial regime转型的过程中有很多挑战。当经济完全开放时，不但资本和劳动力是可以流动的，而且企业的国籍也是可以"流动"的。如果一家企业有很多全球性收入，或预计有很多全球性收入，它会选择在国外，特别是加勒比海的一些国家注册，说它自己根本就不是美国公司，不受美国法律的限制。

如果美国政府想"关闭大门"，限制资本流出，加大对海外利润的征税力度，那么一家美国跨国公司除了把利润大量滞留在海外，还会怎么办呢？它有一个巧妙的办法，可以摇身一变，变成一家外国公司：它可以把自己卖给一家注册在低税率国家的跨国公司，从而变成它在美国的分公司，享受那个国家的低税率和对资本更加"开放友好"的政策。这给政府的财政智囊们出了新的难题。他们既不愿意"闭关锁国"，妨碍生产要素在全球范围内的有效配置，也不愿意看到应该流入美国国库的税收流入了外国政府手中或大量滞留海外，没有在美国投资和扩大就业。

☆ "看得见的手"与"看不见的手"

完全开放的市场经济给政府带来很多无奈和尴尬（当然，不开放的或非市场经济也有另外一系列问题）。2009年3月，接受大量政府救援款的美国国际集团（American International Group，AIG）给高管层发放高额奖金和"留住奖金"（retention bonus，防止高管跳槽），引起公众哗然和愤怒。奥巴马政府的高层官员在"合同神圣不可侵犯"的理念下束手无策，直到奥巴马本人在舆论的压力下亲自出面，命令手下寻找"合法的途径改变合同"。

另外，奥巴马政府高层在金融危机层层深入的情况下，基本排除银行国有化的可能性。这里面有意识形态的障碍，也有实际操作中的困难：政府没有管理银行的经验。管理银行的经验和能力都在私营经济中。政府不得不仰仗私营经济在具体行业的知识、经验和能力，高效地配置资源，带动经济发展。这也是3月财政部推出公私联手购买坏账计划（Public-Private Investment Program）的一个原因。政府怎么知道这些"有毒资产"值多少钱？它要靠私营企业"发现价格"。

这是20世纪著名经济学家约翰·肯尼思·加尔布雷思（John Kenneth Galbraith，1908—2006）在晚年出版的《无罪欺诈的经济学》（*The Economics of Innocent Fraud*，Houghton Mifflin出版公司，2004年）一书中的一个论点。在 "The Myth of the Two Sectors" 一章中，他说大家平时脑海里公有经济（public sector）和私有经济（private sector）的清晰的分界线并不存在，美国经济在很多情况下其实就是一种经济：私有经济。他举例说明了私有经济对美国国防部和财政部的深入影响。加尔布雷思生前曾任哈佛大学经济系教授、美国经济学会主席，多次服务于民主党政府，是罗斯福新政和肯尼迪总统政策的坚定支持者。他是20世纪中期"左"倾自由派公共知识分子的主要代表人物之一。他的经济主张与现今的主流经济学派的观点有天壤之别。

21世纪不是加尔布雷思的世界。在完全开放的市场经济里，政府不能命令企业，也不能参与经营，只能通过政策给企业动力，鼓励他们最大限度地做好"企业公民"，为社会造福。于是，政府的智囊们绞尽脑汁地想办法，试图用"看得见的手"影响"看不见的手"，再通过"看不见的手"把经济从恶性循环带入良性循环。

德赛最后提到如何在开放经济条件下对间接投资（债券和股票）征税的问题。最近十年里，海外直接投资的重要性在逐渐减小，而间接投资的重要性在逐渐增加。他简单地提到了边际投资模型和税后资产定价模型，但没有时间展开。

美国社会保障制度的挑战与出路

费尔德斯坦讲税收政策时，用很大一部分时间计算一个税率的增加对福利损失的影响。当政府提高某一个税率10%时，政府的税收并不会增加10%，因为人们会改变行为方式。如果政府对所有年收入25万美元以上的人征收100%的税，那么就不会有人愿意在一年内挣25万美元以上。"上有政策，下有对策"，人们都是根据游戏规则决定自己的行为的。

当设计政策方案、预计政策效果时，政府的智囊们应该把人们的行为变化也考虑进去。这种把人们因政策改变而改变行为的效果考虑进去，再预计政策效果的分析叫作"动态分析"或"动态预测"。当用动态分析预测增加税率的效果时，考虑到福利损失，增加税收的成本是相当大的。这种动态分析的问题是模型经常过于复杂。更常用的方法是假设人们的行为没有因政策的改变而改变，即"静态分析"或"静态预测"，虽然人们知道这种方法非常不准确。

☆ 美国社会保障体系：退休金与医疗保险

美国社会保障体系的全称是"社会保障与福利"（social security and

welfare）。具体包括四个项目：老年、遗属和残疾保险（Old-Age, Survivors and Disability Insurance，或OASDI），医疗保险（Medicare），补充保障收入（Supplemental Security Income），以及贫困家庭暂时援助（Temporary Assistance to Needy Families）。人们平常所说的"美国退休金体系将要倒闭了"指的是OASDI中老年和遗属这一部分的收入和开支，是美国人说的大写的Social Security Trust Fund（社会保障基金），不包括残疾保险基金（Disability Insurance Trust Fund）。

美国社会退休金体系是费尔德斯坦多年来一直跟踪研究的一个领域。2007年，美国社会退休金支出是5945亿美元，老年人社会医疗费用（Medicare，65岁以上的人就可以享有这个待遇）是4316亿美元。这两项加起来的支出是当年GDP的7.5%，而且增长很快；相比之下，美国的国防费用是GDP的4%。（这个趋势愈加严重。2016年，这两项福利的总和是GDP的8.9%，而国防费用是GDP的3.1%。）

社会退休金和老年人社会医疗是美国政府（administration）根据国会制定的法律条文计算出来的刚性支出：所有人只要符合法律规定的条件，就可以领到这些政府津贴。这是政府不可控制的花销，所以也叫"自动支出项目"。这些基金的来源是工资税（payroll tax），这与个人所得税是分开的。这些税不是从政府总税收中分出来的，而是"专款（转税）专用"（ear-marked tax）。每年工资税的数额庞大。2008年财政年，工资税占GDP的6.3%；相比之下，美国联邦政府收缴的个人所得税是GDP的8.1%，企业所得税是GDP的2.1%。

工资税是从工作人群中收上来的税，用于发给老年人退休金。目前，收入仍然大于支出，2007年多出1793亿美元。每年多出的钱累积在社会保障基金里。到2007年年底，这个基金的总资产是20,236亿美元。但实际上这个基金并不存在，它只是一个会计上的说法，不是一个真正的买卖股票和债券的投资基金。这些钱与政府的其他税收一起形成政府的总预算（unified budget）。

☆ 退休金的四种形式

退休金有四种可能的设计形式：一是以投资为基础（investment based），真正地买卖股票和债券；二是采用现收现付制（pay as you go），即在年轻人身上收来钱，花在老年人身上；三是"固定受益"类型（defined benefit），即退休者可以领到固定的退休金；四是"固定供款"类型（defined contribution），即每期存入固定的金额到退休金账户。

四种形式混合，就有了以投资为基础的固定受益类、以投资为基础的固定供款类、现收现付制的固定受益类和现收现付制的固定供款类。以前的退休金大多是"固定受益"类，管理投资的风险由企业承担，无论投资效果如何，职工的退休金是固定的。现在的退休金大多是"固定供款"类，职工每年每月向退休金账户的存入是固定的，而退休以后的收入是不确定的，投资风险由职工个人承担。固定受益类的退休金的计算方法是，个人在一家公司最后一年工资的2%乘以在这家公司工作的工龄。如果一个人总换工作，就会处于不利的位置，因此，固定受益类的退休金不适合流动性越来越强的劳动力市场。

固定受益类与固定供款类还有一个主要区别：固定受益类的退休金中，个人的存入与退休后的收益之间的关系非常复杂，不透明；而固定供款类的退休金则有明确的存入和收益关系，因此更加鼓励人们储蓄。固定受益的退休金机制使公司倾向于现在少付工资，多承诺以后的退休待遇。越是经济实力差的公司，就越是这样。如果公司破产了，它承诺的退休金怎么办呢？所以，美国还有一家国家主办的退休金保险公司（Pension Benefits Guarantee Corporation），每家公司都要向这家保险公司上税，这家公司随即担保员工的退休金。

社会保障基金属于现收现付、固定受益类型的基金。每年的剩余没有用于投资，而是和政府的其他税收合并到一起了。即使如此，社会保障基金仍然能有年均3%的真实增长（real return）。这是因为美国的人口长期年均增长率是1%，真实工资的年均增长率大约是2%，所以即使工资税的税率不变，社会保障基金也会平均每年增长3%。

相比之下，长期投资的年均增长率是6%~7%。这和社保基金的3%~4%的收益率比起来差距并不大，但是在一个人三四十年的工作生命中，由于"利滚利"的原因，退休时会有3~11倍的差距。事实上，OASDI的税率一直在升高，从1980年的8%到1990年以后的12.4%，再加上医疗保险（hospital insurance，这是Medicare的第一部分）的税率2.9%，工资税的总税率是15.3%。

☆ 社保基金存在的原因

为什么罗斯福总统在1935年开始实行社会保障基金呢？20世纪30年代，政府在经济生活中的作用还很小，只有在企业有负的外部效应或其他市场不完善的情况下，政府才会介入进来。当时，没有每年真实回报率是3%的长期投资产品。1997年以后，人们可以通过买"保护通胀"的长期国债（即保护投资者除通胀以外的实际收益，Treasury Inflation-Protected Securities，或TIPS）来达到这个目的。但20世纪30年代没有这种投资渠道。

费尔德斯坦认为，对罗斯福总统推出社会保障体系更有说服力的解释是大多数人都是短视的，他们过一天算一天，不为长期着想，不想退休以后的收入从哪里来；而我们这个社会又是和蔼的、有人情味的社会，所以政府决定保障每个人都老有所养：每个人只要到了65岁，无论收入高低，都会有一份保障基本生活的养老金。费尔德斯坦认为这样做的结果是允许人们更加短视，甚至那些原本有责任心，为长期打算的人也会因为有社会保障基金而不精打细算为将来着想。

☆ 社保基金的运作及对经济的影响

社会保障基金是针对老年、遗属和残疾人的保险。2008年，社会保障基金对所有10.2万美元以下的工资收入征收12.4%的工资税，其中包括1.8%的残疾人保险。雇主和雇员平均分摊12.4%的税，各付6.2%。

2007年，美国人的收入中位数是40,307美元，退休以后可以从社保基金里收到16,846美元，即他的基本保险金（primary insurance amount，PIA）是退休前工资的42%。高收入90,737美元的人可以收到26,220美元，即退休前收入的29%。低收入18,138美元的人可以收到10,224美元，即退休前收入的56%。每人每月交纳的社会保障金是根据平均月收入（Average Indexed Monthly Earnings，AIME）的公式算出来的。每人至少工作40个季度，也就是总共工作10年，才有资格领取退休金。

表面上看，社保基金有很强的再分配性质，也就是高收入的人在弥补低收入的人退休后的生活保障收入。其实并非如此。高收入的人一般都受过高等教育，参加工作晚，上缴工资税的时间晚，缴税的年数比低收入的人少。而且，高收入的人的平均寿命比低收入的人的平均寿命要长，65岁以后享受社保基金福利待遇的年数要长。

高收入者的配偶，一般来说是妻子（也可以是丈夫），工作多年65岁退休以后，可以选择她自己的PIA（基础保险金额），也可以选择领取她丈夫的PIA的50%，但不能两者兼有，因为社保的意义在于保障每个人退休后的最低生活水准，而不是使你富有。一般来说，高收入家庭里丈夫的年收入是妻子年收入的很多倍，丈夫PIA的50%也比妻子自己的PIA要多，所以她会选择丈夫PIA的50%。这个待遇和她本人从不参加工作的待遇是一样的。所以，高收入家庭的妻子如果从领取社保基金的角度说，会选择不工作。而低收入家庭一般都是双职工家庭。

女性的平均寿命比男性的平均寿命要长。如果她活得比她丈夫长，那么她可以领取她丈夫100%的PIA。如果丈夫比妻子活得长，他可以从妻子的PIA和他自己的PIA中选择最高的。如果有人选择62岁退休，提前3年，那么他领取的PIA就比他在65岁退休领取全额退休金少。如果有人选择在65岁到72岁之间退休，那么他的PIA仍然每年增长。如果有人72岁还没有退休，那么他的PIA不再增长。所以，社保基金不鼓励人们在72岁以后继续工作。

社会保障基金对劳动力的供给有什么影响呢？一般来说，它对年富力强的人没有什么影响。但是，对于劳动力市场的边界人群，体制如何设计会有不同的影响力。比如，那些已婚妇女、那些濒临退休的人、那些进入青春期但还没有成熟的人，他们可以选择工作，也可以选择不工作。费尔德斯坦认为，社保基金很"奇怪"，因为它不鼓励已婚妇女工作，除非丈夫的收入很低，妻子不得不工作。而且，社保基金的存在减少了储蓄的必要性，取代了一部分储蓄。

为什么储蓄对整体经济来说很重要呢？在费尔德斯坦的思维框架下，只有年轻人的储蓄大于老年人的支出，富余的部分用于有效的投资，一个经济体才能增长，否则经济就不能增长。另外一位哈佛大学经济系教授理查德·库珀曾经撰文，从根本上反对这种思维框架。首先，这种思维框架是建立在封闭经济（closed economy）体系上的，不适合今天的开放经济体系。在开放经济体系里，一个国家如果储蓄小于支出，还可以从国际资本市场"借贷"。描述同一个现象的另一种说法是外国投资者看好这个国家，愿意在这个国家投资，使得这个国家的投资不受低储蓄的影响，经济继续增长。其次，库珀认为，21世纪经济增长的原动力与17世纪和18世纪有根本的不同。现代化经济增长的原动力与其说是储蓄，以及看得见、摸得着的投资，还不如说是人们的聪明才智和一个激励人们发明创造、改进生产过程、提高生产效率的机制。如果他的世界观更确切的话，那么最重要的事不是提高储蓄，而是维护好这个机制和那些外国投资者看好这个国家的理由，包括产权明晰、法律健全、市场开放透明、竞争公平等。目前，由借贷过剩、金融衍生品复杂混乱导致的美国经济危机，是否说明库珀的见解不再成立了呢？（详见附录一第四节《不信偏见的经济学家》。）

☆ 人口老龄化带来的挑战

人口老龄化给社会退休保障基金带来了巨大挑战。1950年，16.5个工作的人养一个退休的人；2009年，3个工作的人养一个退休的人。30年以后，两个工作的人就必须养一个退休的人。如果现行的法律不变，即老年人的福利不减少，工作人群缴纳工资税的税率不增加，那么美国社会退休保障基金的总资产预计在2017年达到峰值。也就是说，八年以后，社保基金的支出会大于收入，使总资产逐年减少。预计在2041年，社保基金总资产会成为负数。届时，政府只能用其他税收填补这个无底洞，加剧财政赤字。

2009年是三个人养一个人，每个人的工资税税率是12.4%，如果将来两个人养一个人，相应地，每个人就要上缴18.6%的工资税（12.4%×3÷2）。也就是说，每个人的税率要增长50%（（18.6%-12.4%）÷12.4%），引起巨大的福利损失。让工作的人多缴税，加重他们的负担不得人心。而且税率越高，福利损失越大，越低效。

减少老年人退休金也不得人心，哪一拨人赶上了，哪一拨人倒霉，而且这样做也不符合社会公德。目前，基本保险金（PIA）的中间值是每年1.8万美元。如果减少三分之一，就变成了1.2万美元。每个月1000美元的养老金可以保障基本生活吗？此外，还有两个比较隐秘的做法。一个是取消"通胀代数"（indexed to inflation），即取消退休金每年的增长数额与通胀指数的直接挂钩。目前，社会退休金随每年的通胀自动增长。如果停止这种增长，虽然退休金的数额不减少，但真实退休福利减少了。这种做法和减少退休金一样不得人心，不可行。

另一个办法是延长退休年龄。以前，凡是65岁以上的人就可以享受社保福利，现在不行了。只有那些出生于1937年和1937年以前的人可以如此，以后每晚一年出生的人就要多工作两个月，才能享受这个待遇。例如你出生于1940年，你要到65岁零6个月才有资格；出生于1943年到1954年的人要到66岁才有资格。所有出生于1960年和这之后的人都要工作到67岁，才有资格享受社会退休金。经济学家普遍支持延长退休年龄以缓解社保基金的长期萎缩趋势。但几乎每次社会普查都显示，大多数人反对这种办法。这也许是因为大多数人没有经济学家那样有意思的工作，都希望早退休，早享受晚年生活。国会也只能悄悄地、缓慢地将退休年龄从65岁延长到67岁。国会还能继续延长退休年龄吗？谁也不知道。

采取适当的解决办法迫在眉睫。人无远虑，必有近忧。现在不采取行动就意味着以后的选择更加困难，负面影响更大。如何既不继续延长退休年龄，又不取消退休金随通胀而增长的规定，又不减少退休人员的社会福利，又不增加年轻人的税务负担，还能保障社会退休基金不进入负数？这可真是一个难题。

☆ 社保基金的出路

费尔德斯坦和他的学生安德鲁·塞姆维克（Andrew Samwick，另一所大学的经济系教授）在这方面做了大量研究，并在2002年的《税收政策与经济》（ *Tax Policy and the Economy* ）上共同发表论文《社会保障改革的可能途径》（ *Potential Paths of Social Security Reform* ）。现收现付制的社会退休保障基金长期平均每年真实回报率是3%，投资性质的基金长期平均每年真实回报率是6%~7%。费尔德斯坦的基本思路是把社会保障基金转变成真正投资性质的基金，通过高回报率解决人口老龄化带来的难题。他们的论文主要回答两个问题：第一，如何设置社保基金的转变过程；第二，长期投资的风险到底有多大。

他们的建议是，每年从社会退休保障基金的来源，即12.4%的工资税中拿出1.5%，另外每个人从自己的工资中再拿出1.5%，这样每个人就有3%的工资用于真正的投资［建立个人退休投资账户（investment-based personal retirement account）］，享受资本市场长期平均每年6%的回报率。其中60%的资金投资于代表整个股市的股指基金［例如，标准普尔500（S&P 500）］，40%投资于债券。虽然社会退休保障基金每年的流入就剩下10.9%（12.4%-1.5%），但流出也在减少，因为退休人员享有的从社会退休保障基金里发出来的退休金也在减少，缺少的部分由个人退休投资账户补上。经过演算，有90%以上的可能性，退休人员的总收入（社保基金加上个人退休投资账户）都比不改革社保基金要强。但是，有小于10%的概率，股市长期低迷不振，退休人员的总收入不如社保基金保持现状发出的钱多。如果这样的现象发生了，怎么办呢？

一种解决办法是由政府保底：如果个人退休投资账户的收入小于一定的限度，那么政府出资保障最低生活水准。但是这种办法很难在国会通过，政府不愿意为任何风险投资承担任何义务。另一种办法是把个人退休投资账户收入最高的时候的利润，例如有10%的可能性股市的年均回报率是15%甚至更高，留出一部分以弥补股市低迷时收入的短缺。这样做需要更加复杂的数据分析和机制设计。

有学生问，如果5年以前，2003年小布什政府采纳了费尔德斯坦的建议，实施个人退休投资账户计划，2008年正赶上70年不遇的经济衰退，那么那些退休人员会从他的建议中得到好处还是损失呢？费尔德斯坦称赞这个问题问得好，但他的解答仍然回到他对股市长期回报率的概率分析上。他认为，总的来说，他的办法是成立的，目前的经济危机是发生概率很小的事件。

☆ 失业金的利与弊

费尔德斯坦最后概述了失业保险的运作和对经济的影响。美国的失业保险是"联邦政府搭台，州政府唱戏"，联邦政府出台总体性框架，州政府负责制定和执行具体的政策。例如，失业金的上限各个州的差别很大。路易斯安那州的上限是每人每周不超过300美元，而马萨诸塞州的上限是900美元。如果有孩子和配偶，失业金的上限和计算公式更加复杂，州与州的差别也更大。

美国目前（2009年4月8日以前的数据）有1160万人失业，但只有540万人领取失业金。领取失业金是有条件的。从来没有工作过的人没有资格，主动辞职的人没有资格，那些离开劳动力市场几年以后又重新找工作的人没有资格（例如，因生孩子、带孩子辞职，孩子大了以后又想工作的妇女），等等。

任何保险都有正面作用和负面作用。它的好处是在坏事情发生的情况下给买保险的人提供经济保障。而且，失业保险是经济周期的"自动稳定器"（automatic stabilizer）之一。当经济衰退时，国家失业金支出自然增加。失业金与一个人的收入没有关系（not mean tested），而是与某一事件发生（失业）的概率有关系（event tested）。当经济过热时，失业率很低，国家失业金的支出自然减少。

有保险的坏处是扭曲了纯粹的市场行为。主要有两种原因造成这种扭曲，一种是道德风险（moral hazard）：因为有保险而过分消费。例如，因为有医疗保险，人们可以动不动就去看医生，感冒咳嗽也可以是看医生的理由。同样，如果有失业保险，人们可以不那么担心被解雇；即使被解雇，也可以不那么努力找下一份工作；即使找到工作，也可以挑三拣四，不满意。费尔德斯坦计算，一个每周毛收入500美元的人如果被解雇，可以得到相当于他失去工作以前70%的税后收入，那么他对下一份工作就可以比较挑剔，不满意的话还可以再等。哈佛大学经济系教授劳伦斯·卡茨（Lawrence Katz）的研究表明，很大一部分人在失业后26周左右突然找到工作。为什么呢？因为失业金最多只能持续发放26周。失业保险的存在还可以使人们放心大胆地消费，不必为失业那天预备足够的储蓄。这与费尔德斯坦一贯反对过度消费，主张增加储蓄的观点背道而驰。

扭曲市场的另一个原因是逆向选择。什么样的人最愿意买保险呢？那些最容易被解雇的人，或身体最不好的人。这种问题在医疗保险中尤其明显。在失业保险中，那些雇用员工打季节工的单位，例如建筑队，最喜欢买失业保险。他们在不忙的季节解雇员工，让他们依靠国家的失业金生活；在繁忙的季节，再把他们雇回来。单位付这些人的工资低于他们应有的工资，因为劳工成本的一部分由社会承担了。

保险提供的保障越多，对市场的扭曲就越大（一次微分为正），而且是递增的（二次微分也为正）。那么就有一个度的问题，多少保险才是最佳选择？不同的人有不同的见解。一般来说，保守派更相信市场，倾向保障越小越好；自由派更看重市场的不完善，相信失业的人中有很大一部分是不得已才失业的，所以倾向保障的覆盖面越大越好，程度越深越好。

费尔德斯坦的政见明显属于前者。他在20世纪80年代初曾经提出，对失业金也要按个人所得税税率的一半征税。他还主张减少失业金的数额，使领取失业金的条件更加严格。这些都是减少市场扭曲的办法。具体措施包括：增加工作经验的年限，规定原工资高于一定水平的人不符合条件。还可以规定，失业的前一周或两周没有失业金，第三周以后才能领取失业金，这就会迫使人们储蓄。

最后他说，在选择策略时应该谨慎，尽量选择那些保障效应小、市场扭曲效应大的政策，而不是保障效应大、市场扭曲效应小的政策，那样会得不偿失。高级公共财政的课程会比较更具体的政策措施。

第九节

石油价格与美国能源政策

2009年4月10日，马丁·费尔德斯坦讨论热门话题——石油价格。石油价格从2001年的每桶30美元涨到2004年的45美元，再到2007年的70美元，到2008年已涨至134美元。从2007年夏天到2008年夏天，石油价格增长了一倍以上，有13个成员国的石油输出国组织（OPEC）从石油上赚到的收入超过了1万亿美元。不过，2009年4月，油价又回落到每桶大约50美元。（2017年1月，每桶仍然是50多美元。）

油价大起大落是否因为投机商在作怪？多数经济学家认为，市场投机不是造成石油价格大幅度变化的主要原因。从长期来看，世界人口在增长，人们的生活质量在逐渐提高，对能源的需求随之增长，石油价格逐渐上升是正常的。在这个长期趋势中，短期的价格浮动在所难免，即使没有那些投机商，石油价格也会像玉米价格一样摇摆不定。

石油价格扑朔迷离是众所周知的事实，那么其中有规律可循吗？在短期内，石油价格变化的幅度很大。这是因为人们对石油需求的价格弹性很小，供给方面的任何风吹草动，即使对当下的供给没有什么影响，也会影响对供给的预期，使石油价格大起大落。OPEC国家不仅可以通过增加或减少供给来影响价格，还可以利用举足轻重的话语权来影响价格。只要其中某一个国家的领导人说一两句他们今后的打算，就会影响市场。

石油与玉米的不同之处在于石油可以储藏，而玉米如果不被消费就会被浪费。那么，如果你是一个拥有大量石油的人，你是应该现在开采石油，随即卖出，还是现在不开采，储存起来，等以后价格更高的时候再卖呢？

哥伦比亚大学的哈罗德·霍特林（Harold Hotelling，1895—1973）是第一个理解这方面关系的美国经济学家。他的发现其实很简单。如果储藏成本和其他成本忽略不计，如果预计今后某一时期的价格——例如五年以后的价格——高于现在的价格乘以（1+r（一年利率））的五次方，就应该储蓄石油，等以后价格高了再卖。相反，如果预期今后的价格低于这个乘积，就应该现在开采出来，现在就卖。

这说明石油市场受未来预期的影响很大。从2007年到2008年上半年，由于人们预计中国、印度等新兴市场对能源的需求是个无底洞，石油价格增长了一倍以上，石油需求随即减少，沙特阿拉伯和其他石油输出国随即减少供给，寻求新的供需平衡。这就是即使现在的供求关系没有任何改变，市场消息或谣言或行业报告也会通过影响市场预期而影响油价的原因。

在实际生活中，石油输出国的情况相差甚远，他们的思路更不能一概而论。沙特阿拉伯、俄罗斯、美国和伊朗都是生产石油的主要国家，它们每天的石油产量分别是1100万桶、1000万桶、800万桶和400万桶。伊朗、委内瑞拉和俄罗斯政府经常急等钱用，不能通过减少产能来刺激石油价格，而沙特阿拉伯等海湾国家非常富有，它们可以通过减少产量来提高价格。但是2008—2009年全球经济衰退，石油需求减少，价格锐减，海湾国家也不能把产量减少太多，所以油价今后的走势究竟会怎样，谁也说不准。

☆ 美国能够实现能源独立吗？

石油价格在50美元时，美国一年花在石油上的钱大约是GDP的2.5%。当石油价格在140美元时，美国一年花在石油上的钱大约是GDP的7.5%。美国消费的石油有一半来源于进口。2007年，美国进口石油3310亿美元，相当于美国当年47%的贸易赤字（7080亿美元）。美国进口和贸易赤字的数额受石油价格的影响很大。

早在20世纪70年代初，尼克松总统就主张能源独立，因为美国人不希望看到从自己不喜欢的国家进口石油，自己的钱通过那些国有石油公司被用于支持自己不喜欢的政府。30多年过去了，能源独立仍然是美国一个遥远的理想，而不是现实。（2009年的时候，谁也没有预想到由于大规模的页岩气革命，2016年美国原油每日产量约1000万桶。虽然美国仍然进口不同类型的能源产品，但从整体上说已基本实现能源独立。）

费尔德斯坦认为，美国的能源政策应该放在更大的框架下考虑，这样才能更加行之有效：世界范围的节约能源、减少污染、缓解气候变暖，这些都需要各个国家之间的协调，包括增加能源供给、减少能源需求等各方面政策。每个国家和地区的经济条件、自然资源、能源需求各不相同，协调国家间的政策需要把这些截然不同的先天条件考虑进去。例如，美国是一个生活在车轮子上的国家，大约三分之二的石油用于汽油、运输和与运输相关的行业，只有三分之一的石油是用于以石油化工为主的非运输方面。而其他国家的石油主要是用于供暖和发电。

所以，因地制宜的政策应该是：美国着重于减少汽油的使用和需求，而其他国家应该尽量促使从石油到水力、核能等清洁能源的转化。美国有各种鼓励开采石油的政策，例如税收政策中有折旧率计算的优惠，这样的政策也应该被其他国家呼应。美国的确有未被开采的区域，例如加州的海湾和联邦政府在阿拉斯加州拥有的土地，但这些地方是否可以被开采不是执政的政府（administration）能决定的，更大的权力在国会。各方面利益的代言人是在国会展开博弈的。以前小布什总统主张开采这些地区，但不能在国会获得通过，所以无济于事。

目前世界上主要的石油供给都来源于国有石油公司，埃克森美孚（ExxonMobil）

和英国石油（BP）是特例。这些国有石油公司只有增大投入才能起到增加供给、抑制价格的作用。显而易见，费尔德斯坦的政策立场是从石油进口国的角度出发的，始终围绕着提高供给和抑制价格的中心思想。

☆ 影响石油价格的供求因素

费尔德斯坦说，石油价格受未来预期的影响很大，这也可以看作好事情，因为政府可以利用政策影响人们对未来的预期，从而影响石油现在的价格。虽然改变行为方式、节省能源、开采新油田、研发推广新能源都需要很多年才能从理想变成现实，但是提倡并鼓励这些变化可以立即影响人们对未来的预期，使石油价格向我们期望的方向变化。

例如，在奥巴马政府议事日程中的碳排放许可和碳交易系统，会间接提高人们使用能源的代价，在一定程度上减少需求。在1973—1974年阿拉伯国家禁运石油后，美国国会于1975年通过了《能源政策与节约法案》（Energy Policy and Conservation Act）。其中第五条对汽车用油效率提出了明确的要求，即CAFE标准（Corporate Average Fuel Economy）。虽然CAFE标准只包括重量在8500磅以下的车辆，不包括重型卡车和运动型跑车（SUV），降低能源需求的效果有限，但这些政策的方向在费尔德斯坦看来都是正确的。

美国从1975年建立的战略石油储备（Strategic Petroleum Reserve，SPR）大约是7亿多桶，如果美国每天消耗石油2100万桶，大约可以坚持30多天。虽然SPR是世界上最大的用于紧急情况的石油储备，但费尔德斯坦说这并不是"价格稳定器"（price stabilizer），只能在类似于台风袭击盛产石油陆面等一次性、临时性的打击时有疏解供给紧张的作用。石油是一种全球资源，有全球市场，地区之间的价格差异微乎其微。美国虽然是一个主要耗油国家，但在石油市场上没有决定性作用。

费尔德斯坦提倡石油消费国之间的国际合作。这样，当世界上的石油供给因为恐怖主义，或自然灾害，或某个国家的挑衅而临时中断或剧减时，石油进口国应该联合起来，分享各自的石油储备，共渡难关。20世纪70年代成立的国际能源署（International Energy Agency，IEA）就是要为成员国在紧急情况下提供能源援助和资金支持。IEA对缓解国际能源危机有重要贡献。费尔德斯坦认为，类似能源方面的国际合作应该在更广义的层面上展开。

美国联邦政府2009年征收每加仑18美分的汽油税（2016年7月仍然是18.4美分），欧洲的汽油税远远高于美国，那里的汽油价格几乎是美国的两倍。美国选民普遍反对增加汽油税，但经济学家一致认为增加汽油税有很多好处，包括鼓励人们使用公交车，减少交通堵塞，减少大气污染等。费尔德斯坦对增加税收一贯敏感和小心。他认为，美国应该在增加汽油税的同时减少个人所得税，使联邦政府的总税收保持不变。这样，美国人在享有汽油税所有好处的同时，还可以减少个人所得税造成的福利损失。

国家安全与经济学

费尔德斯坦教授说，国家安全是一个非常重要的领域，但总是被经济学家忽略，所以，他特意在4月13日安排一堂课，集中讲这个问题。

☆ 美国面临的威胁

费尔德斯坦首先把美国面临的威胁归纳为四类：军事威胁、能源威胁、阻止自由贸易和网络恐怖主义（cyber terrorism）。然后，他列数各个国家的情况。

俄罗斯是美国的老对手了。20世纪80年代末苏联垮台以后，俄罗斯的经济一落千丈，完全无法追赶美国，但它仍然拥有洲际导弹，是个强大的对手，必要时，它可以出卖核武器来募集资金。肯尼迪政府学院的国际关系和国家安全专家格雷厄姆·艾利森（Graham Allison）评价说，美国"危险地暴露"（dangerously unprotected）在俄罗斯的威胁之下。俄罗斯还是石油和天然气的主要生产国。与石油不同，俄罗斯通过地下管道向西欧输出天然气。当它对某一个欧洲国家不满时，它可以用"断气"相要挟。〔在2016年美国大选中，俄罗斯通过互联网进入并揭露了民主党内部的通信联络，有意使共和党得利。现在特朗普即将上台，如何处置还不清楚。我们只知道特朗普对美国政府的情报系统颇有成见。他提名的国务卿雷克斯·蒂勒森（Rex Tillerson）是美孚石油公司的董事长，他与俄罗斯有长期关系，曾经接受过普京总统授予的奖章。但这些蛛丝马迹对美国与俄罗斯关系今后的走势到底有什么影响还不得而知。］

下一个大国就是中国。费尔德斯坦的第一句话就是"中国现在不是我们的威胁"，但他看起来心存疑虑。中国拥有核武器和其他复杂的高级武器，还有自己的卫星。毫无疑问，中国是地区性大国，也是主要经济大国。中国有能力威胁到美国在全球的势力。虽然中国的人均生活水准只有美国的四分之一，但中国的人口是美国的四倍，一个国家的军事实力与其总体经济大小有关（即总体GDP，在2016年大约是美国的60%），而不是人均GDP。当然，这并不意味着中美之间就一定会有冲突。他认为台湾海峡虽然存在危险，但两岸真正发生武装冲突，把美国拖下水的可能性不大。但是，他认为，美国应该着眼于未来，防患于未然。（特朗普在2016年12月接受台湾地区领导人蔡英文的贺电以后，扬言要重新审视美国的"一个中国政策"，使两岸关系雪上加霜。）

伊朗一直有成为核武器国家的想法。要想成功，必须具备三个条件：高浓度铀、发射核弹头的导弹和制造核弹头的能力。伊朗的技术是大约60年前的老技术。一旦伊朗拥有核武器，就会直接威胁到周围盛产石油的富饶的海湾国家，影响来自中东的石油供给。

朝鲜很小、很穷，但可以发射导弹威胁到日本，还可以把弹药卖给其他国家或组织。［朝鲜在2016年多次试射导弹，引起韩国恐慌，答应美国部署"末端高空区域防御系统"（Terminal High Altitude Area Defense，THAAD）。这又导致中国外交部开始对韩国施压。］

巴基斯坦也是核武器国家，虽然现在是美国的盟友，但政府很不稳定。一旦现政府垮台，核武器材料就有可能落到反对派或其他恐怖分子手中。

那些类似于"基地"组织的无国界的恐怖分子都对美国虎视眈眈。这个问题在英国更加严重，因为那里有很多第二代巴基斯坦移民，恐怖活动更加有组织、有计划。美国在不同程度上也有同样的问题。那些被边缘化的第二代、第三代移民会不会加入那些恐怖组织，然后手持美国护照，轻而易举地进入美国国境呢？

费尔德斯坦显得忧心忡忡。恐怖分子对石油海运的交通要道形成威胁，例如马六甲海峡、苏伊士运河、博斯普鲁斯海峡（Bosporus）和霍尔木兹海峡（Hormuz）。美国的运输业和化工业都需要大量石油，依靠石油进口。即使美国今后通过各种途径减少石油进口，美国经济仍然会对石油价格非常敏感。（2008年美国进口原油约36亿桶，2015年降低到27亿桶。）

美国需要进口石油和其他许多产品，任何关闭港口的行为或任何港口遭到袭击都会严重影响美国自身的利益［这是美国一直强调"航行自由"（freedom of navigation）的原因］。进入美国港口的外国船只是否会携带危险武器呢？是否会袭击美国的港口呢？这些都是问题。

21世纪的另一个棘手难题是网络恐怖主义。这其中需要的高科技知识和技能使我们对这方面的挑战理解得最少，最没有把握。对供电系统、交通系统、城市排泄系统以及其他工业和军事系统的任何袭击和间谍活动，都会对美国构成严重威胁。美国本土几十年以来都没有任何战争，这并不等于美国会永远安全。

☆ 经济学的贡献

对这些潜在的威胁，经济学可以有哪些贡献呢？2005年的诺贝尔经济学奖得主托马斯·谢林（Thomas Schelling）把博弈论运用到国际安全领域，发现开诚布公的交流和沟通可以最大限度地降低核战争的可能性。俄罗斯有核武器，美国有核武器，如何确保没有任何一个国家首先使用核武器呢？

谢林说，美国应该向世人展示，美国有还击核袭击的能力。一般人都会认为，这不是向敌人泄露国家机密吗？其实不然，让敌人确切地知道我们的实力会阻止敌人冒昧地首先使用核武器，会让他们三思而后行。所以，转变不稳定局势的"技巧"就是"让他们知道我们所知道的,而我们知道他们知道我们所知道的"。费尔德斯坦绕口令似的讲解把学生都逗笑了。

经济学家还可以帮助人们理解恐怖主义的根源。普林斯顿大学经济学教授阿兰·克鲁格(Alan Krueger)发表论文,说明贫穷不是造成自杀性袭击的主要原因。这些人大多是来自中产阶级家庭的受过大学教育的人。所以,我们不应该把扶贫政策与反恐政策联系起来。当然,他的文章还不能解释为什么这些受过教育的人会从事恐怖活动,在这方面,我们需要更好的研究和理解。

从事恐怖主义活动离不开资金的支持。石油价格高涨会给恐怖分子提供更多的资金来源。如果石油价格是50美元一桶,伊朗就很难有富余的钱支持恐怖主义,虽然这仅仅是问题的一个方面。对伊朗和朝鲜采取经济制裁是对付恐怖主义的另一个办法。

最后,费尔德斯坦提出提高并优化国防花销的政见。美国国防部的花销与其他国家相比大得惊人,所以美国左派经济学家一般认为,只要五角大楼的花销减少一半,联邦政府的许多令人头疼的国内问题,例如社会保障、医疗保险、教育质量、公共设施等,即使不会迎刃而解,也会减轻很多。

费尔德斯坦代表反对派的观点。他说,在20世纪60年代初,即朝鲜战争之后,越南战争之前,美国的国防预算是当时GDP的9%;里根政府在冷战时期的国防预算是GDP的6%;现在美国有阿富汗战争、伊拉克战争,还面临以上描述的各种威胁,而国防预算仅仅是GDP的4%,比20世纪60年代初的一半还少。(2015年美国用于国防的开支是GDP的3.3%。)

现在美国政府债台高筑,你会问:"要增加国防预算,钱从哪儿来?"费尔德斯坦的答案是减少政府其他方面的开支。2008年12月24日,他在《华尔街日报》发表题为"增加国防花销会是极好的经济刺激"(*Defense Spending Would Be Great Stimulus*)的评论员文章。当时奥巴马即将上台,他的智囊们正在酝酿财政刺激计划,预计在近两年每年新增加3000亿美元的开支。(预计特朗普也会增加国防预算。国防开支的绝对值肯定会增加,但占GDP的比例未必增加。)

费尔德斯坦建议，政府至少应该把财政刺激计划的10%花在增加军需储备——尤其是那些军民两用的设备——培养军事人才（包括翻译，即语言人才）、扩招军人等方面。伊拉克战争和阿富汗战争已经用掉了很多武器弹药和其他军事储备，在费尔德斯坦看来，2009年是弥补这些军需空缺的最好时机，因为总体经济已经出现产能过剩，正好利用一下这些产能，创造就业。

政府主导花钱的一个问题就是浪费，因为把钱花在哪里是通过行政手段自上而下决定的，与资本主义主张的"草根经济"相反。费尔德斯坦说，把钱花在军事方面，可以肯定不会浪费——既刺激经济，又巩固国防。在开放经济环境里，政府主导花钱的另一个问题是美国纳税人的钱通过进口（美国买外国的产品）和开放的资本市场（美国人在外国投资）流入外国，刺激外国的经济。费尔德斯坦在文章中特地加了一句："把钱花在生产军需设备上还有一个好处：这些厂家都是美国公司，雇用美国员工。"言下之意就是，美国财政刺激的钱不会外流。

第十一节

贸易政策的核心问题：外国经济发展对本国是否有利？

4月中旬的两堂《美国经济政策》课由肯尼迪政府学院的罗伯特·劳伦斯（Robert Lawrence）教授主讲，内容是"美国贸易政策"。劳伦斯是国际贸易领域的知名专家，兼任华盛顿彼得森国际经济研究所（Peterson Institute for International Economics）的高级研究员（Senior Fellow）。他出生于南非，1971年大学毕业后移民美国，1978年在耶鲁大学获得经济学博士学位。1999年到2001年，他是克林顿政府经济顾问委员会的三个主要成员之一。听得出来，劳伦斯的英语不是纯正的美国口音，但他和其他许多教授一样，讲课出口成章，逻辑丝丝入扣，内容直指当前贸易政策辩论的核心问题。

☆ 贸易与制造业就业

劳伦斯从美国经常账户的巨额赤字和制造业就业萎缩开始讲起。制造业就业在2000年以前没有什么明显的变化，但在2000年以后直线下降，从1730万人下降到2007年的1410万人，减少了320万人。（到2015年，共减少了500万人，只有1230万人在制造业工作，约占美国劳动力的9%。）同期，美国从发展中国家的非石油进口增长迅猛，新兴国家的经济增长速度远远高于发达国家的增长速度。美国经常项目赤字占GDP的比例，从2000年的4%上升到了2006年的6%。此后，由于经济危机，储蓄增加，经常项目赤字减少，估计2009年会低于3%（2009年确实是2.7%，后来有些或多或少的变化，到2015年仍然是2.7%）。虽然美国的真实GDP连年增长，但美国家庭收入的中位数一直停滞不前，保持在5万美元左右（2015年约为5.6万美元）。

美国的国际贸易是这一切的罪魁祸首吗？大多数人在各种普查中都认为是这样的（特朗普在2016年的总统竞选中声称，是墨西哥和中国"偷走了"美国制造业的工作），而经济学家却一再坚持国际贸易利大于弊。早在19世纪初期，李嘉图就奠定了"交换出价值"的理论基础：没有两个人（国家）是完全相同的，每个人（国家）都有特殊之处，即每个人和每个国家都有比较优势，自由交换可以更加高效地利用资源，使双方更加富裕，提高双方的福利。

"比较优势"这个概念看似简单，其实正确理解并不容易。记得一个北京大学毕业的经济学博士曾经不经意地说了一句话："以后海龟（归）的博士越来越多，我们这些土博士（在职场上）就越来越没有比较优势了。"从经济学的角度说，这句话是错的，应该改成"我们这些土博士（在职场上，在某些方面）就越来越没有绝对优势了"。他错用了"比较优势"的概念。

在某些方面，例如对外沟通方面，土博士不如洋博士，没有绝对优势；但土博士比洋博士在其他方面有绝对优势，他们比洋博士更了解国情，更熟悉国内政策的制定和执行，以及许多事情的具体运作等，很多岗位需要这样的人才。洋博士不能取代土博士，因为他们各有各的特点，既有优点也有缺欠。再退一步说，即使洋博士在方方面面都比土博士有绝对优势，土博士仍然有相对优势。懂得了比较优势这个概念，即使是清洁工、修理工，也有理由趾高气扬，相信自己有立足之地，更不用说土博士了。这就是即使一个国家在方方面面的生产效率都比另一个国家低，它仍然有相对优势的原因；按照相对优势，完全分工生产，然后交换产品，双方都会比以前更富裕，福利更高。

从这个意义上说，没有两个人（国家）是完全相同的，每个人（国家）都是特殊的；而且在知识、技能、资源等方面越不相同，交换所得出的利益就越大。在古典经济学的自由贸易里，没有强迫，只有自愿与互利。

"比较优势"的理论也经常被政治家忽略。2009年5月初，奥巴马政府与克莱斯勒公司的债权人进行了激烈的博弈后，未能达成协议，克莱斯勒不得不宣布破产保护。奥巴马恨铁不成钢，说"我不是汽车工程师……但我知道如果日本人能够制造出经济实惠、设计精良的汽车，美国人也应该能够做出同样的事"。这句话违背了贸易中的"比较优势"原理，于是被经济学家在报纸上大加谴责：如果日本人在这方面强，我们在其他方面强，我们就应该顺其自然，发挥各自的比较优势，通过贸易互通有无。当然，这种想法带有经济学家思维的死板和教条，政治家是不会这样想的，更不会束手待毙，他们会想方设法改变现状。

按照"比较优势"理论，国家的自然条件和发展状况越不相同，就越有理由和动力进行贸易交换。但是，后来的现代经济学家发现，比较优势类似的国家（例如发达国家）之间的贸易，比比较优势截然不同的国家（例如发达国家和发展中国家）之间的贸易更加活跃，数量更大，频率更高。经济学家的解释是跨国境的贸易交换可以更好地发掘规模经济的好处，增强竞争，促进创新，扩大消费者在类似产品中的选择余地（例如，消费者可以选择丰田汽车，也可以选择福特汽车）。2008年获诺贝尔奖的经济学家克鲁格曼在这方面的理论贡献尤其突出。

经济学家普遍反对贸易壁垒，尤其是人为提高价格的关税和配额。但是，他们不得不面对现实严肃而冷峻的挑战：贸易的好处在逐渐减少；收入两极分化日益严重；贸易导致工厂关闭，工人失业；开放经济通过开放贸易和资本市场束缚了一个国家通过财政政策和货币政策刺激本国经济的效力；校正"不公平"的贸易规则逐渐侵蚀国家主权等一系列问题。

☆ 外国的经济发展对本国是否有利？

2004年夏天，诺贝尔经济学奖得主保罗·萨缪尔森在《经济展望杂志》上发表文章，论述外国经济发展对本国利益的影响。萨缪尔森被认为是活着的经济学家中对经济学贡献最大的、最杰出的经济学家，他的观点自然备受关注。他根据李嘉图的贸易理论得出结论，如果我们的贸易伙伴由于技术转移在我们的强项方面（我们的出口产业）提高生产效率（export-biased productivity catch up），那么互惠互利的贸易就会变成头顶头的竞争（head-to-head competition），侵蚀我们的相对优势。

萨默斯也在《金融时报》的专栏（2008年4月27日）中说，我们承认贸易壁垒对经济有害，但这并不意味着贸易伙伴的经济发展就一定会对我们有好处。贸易伙伴的经济发展及成功对我们来说有两个影响：第一，它对我们的出口商有好处——贸易伙伴更有能力购买更多我们的产品；第二，它也更有能力挑战我们的出口产品和相对优势。这两方面的影响哪个更大还很难说。

这个问题的答案很重要，因为世贸组织的多哈回合谈判和联合国的千年发展目标（Millennium Development Goals）都是建立在其他国家的经济发展对我们自己是有好处的假设之上的。如果这个假设不成立，那么这些国际构架就要被重新考虑。我们必须自问：我们愿意不愿意以牺牲自己的物质利益为代价去帮助其他国家发展生产力，进而推动世界范围的平等与和平呢？这个问题的答案涉及美国对外经济政策的根本走向。

回答这个问题的一个核心概念是"贸易条件"（terms of trade），即一个国家出口产品价格与进口产品价格之比。这个比例越高，也就是出口产品的相对价格越高，贸易条件对这个国家就越有利，贸易对这个国家就越划算。

当一个发展中国家开放贸易时，它的出口产业，即那些具有比较优势的产业，自然而然发展最快。"出口偏向"阶段（export-biased phase）是开放的第一个阶段。在开放的过程中，这个国家从其他国家学到了其他产业方面的先进生产技术和方法，然后重新组织自己的资源，在原先不具备比较优势的产业中突飞猛进。当这种势头发展到一定程度和一定规模时，量变就成了质变，不利的贸易条件就变成了有利的贸易条件，这个国家就进入开放的第二个阶段，即"进口偏向"的阶段（import-biased phase）。

在第二个阶段，这个国家能够生产高附加值的产品，可以和那些昂贵的进口产品竞争，甚至取代进口产品，独占鳌头。这样的例子屡见不鲜。第一次世界大战后，美国取代英国成为主要的工业产品出口国。20世纪70年代，日本赶超了美国，使美国的贸易条件恶化。现在美国制造业萎缩，就业下滑，平均家庭收入停滞不前，是否意味着美国的贸易条件相对于发展中国家已经再次恶化了呢？劳伦斯用数据和图表说明，美国除石油外的贸易条件没有恶化。发展中国家的贸易条件仍然不好，说明他们仍然处在开放贸易的第一阶段。

2008年中国的人均生产效率与美国的差距相当于20世纪50年代日本与美国的差距，日本用了大约20年的时间赶超美国。劳伦斯认为，即使中国保持目前的良好势头，也需要15年到20年的时间才能从根本上改变贸易条件，进入开放贸易的第二阶段。

第十二节

自由贸易与收入两极分化

美国国内收入两极分化愈演愈烈，这是贸易引起的吗？直接说明贸易与工资关系的理论是斯托尔珀—萨缪尔森定理（Stolper-Samuelson theorem）。这个理论简而言之就是，某一商品相对价格的上升，将提高该商品密集使用的生产要素的实际价格或报酬，而其他生产要素的实际价格或报酬则下降。如果一个资本密集型产品的相对价格升高了，那么对高技能员工（skilled labor）或资本拥有者来说是好消息，对普通劳动者来说是坏消息。反之，如果一个劳动密集型产品的相对价格升高了，那么对普通劳动者来说是好消息，对高技能员工或资本拥有者来说是坏消息。

进入21世纪后，高科技产品相对于低技术含量产品的价格在降低，按照斯托尔珀—萨缪尔森定理，高技能员工的相对工资应该降低而不是升高。但这与数据不符。经济学家们于是想出了另一个理论解释这个现象："偏向高技能的技术革新"（skill-biased technological change）。信息时代对技术需求很大，进而急剧增加对高技术人才的需求。而且，全球化把发展中国家的大量低技术民众带进了市场，使得高技术人才相对来说更加奇缺。这就解释了技能或教育的差异（高中毕业生和大学毕业生工资的差距）导致收入差异越来越大的现象。

　　跨国的自由贸易在多大程度上对收入两极分化愈加严重的现象推波助澜了呢？1997年，彼得森国际经济研究所的经济学家威廉·克莱因（William Cline）通过研究1980年到1995年的数据，认为贸易对收入两极分化的影响很小，只有20%。而诺贝尔经济学奖获得者克鲁格曼在2007年公开声明，如果用同样的方法分析最新的数据，贸易对收入差距的影响会大很多。但是，劳伦斯整理的数据和图表显示，美国的白领阶层的工资和蓝领阶层的工资比例自20世纪90年代后期以来没有什么变化，有大学毕业文凭的人与只有高中毕业文凭的人的工资比例也没有上升的趋势。那又如何解释克鲁格曼的立场呢？

　　一种可能是，克鲁格曼的主张是对的，但由于数据采集和计算过程的一些特殊性，收入比例变化的程度显得微乎其微。另一种可能是，美国的进口产品其实有很高的技术含量，并不都是劳动密集型产品。这些高技术含量的产品对美国本土的高科技产品形成竞争，限制了这些产品的价格增长；按照斯托尔珀—萨缪尔森定理，抑制了高技术人员或高学历人员的工资上涨。还有一种可能就是，美国进口的一些低技术含量的产品，在美国本土已经不生产了。例如，新英格兰地区原来有很多纺织品厂家，现在几乎已经绝迹了，被无数资产管理企业、生物化学等高技术企业取而代之。所以，在美国的消费者享受廉价进口产品的同时，美国的生产者不受影响。

　　从2000年到2007年，制造业减少320万份工作的原因有很多。（到2015年，制造业减少了500万份工作。）除了制造品的进口猛增和出口减少，还有内需减少、制造业生产效率提高等因素。其中贸易的影响很难精确地度量。开放贸易使美国消费者购买的物品更加便宜，对美国总体来说是有利的，但这并不意味着开放贸易对每一个美国人都是有利的。因为进口产品取代美国产品，工厂关门，失业的工人大有人在。经济学家不反对贸易导致的"就业转移"（dislocation）和收入不均衡的程度上升，他们只是对这种影响的程度还不能达成共识。但他们普遍主张通过财政手段进行再分配，补偿那些因贸易受损失的个人，包括对他们进行工作再培训，帮助他们找到新的工作，适应新的工作。（2016年，特朗普出人意料地击败希拉里成为美国第45任总统，有人从选举情况分析，就是因为蓝领白人的收入多年来停滞不前，成为社会公共领域被遗忘的对象；他们对华盛顿的当权派仇恨愤怒，所以把选票投给了毫无从政经验、鼓励出口、承诺把工作留在美国国内的特朗普。这从一个侧面说明，美国蓝领和白领的差距仍然根深蒂固。）

☆ 经济学家与政治家的不同处方

有数据表明，从2007年年底开始的经济衰退使世界贸易下滑的速度比20世纪30年代还要快。经济学家强调，在贸易的好处减少、世界经济衰退的时候，不应该重建贸易壁垒，而应该更加开放，寻找新的活力，增加新的刺激。这就好比一个人身体不好，消瘦，没有力气和食欲，他自然的反应是躺在床上，不想动。经济学家的建议是，他必须起来锻炼身体，这样才可以增强食欲，增加力气，打破恶性循环。

从逻辑上说，经济学家没有任何疏漏，但这是不是强人所难，明知不可为而为之呢？相比之下，政治家考虑的不是一件事情应不应该做，而是能不能做，能在什么时候做，能怎么做。在美国经济衰退的情况下，要求奥巴马政府把就业留在国内的呼声比比皆是。2008年12月的美国《商业周刊》（*Business Week*）的封面标题是：《奥巴马能够把工作留在美国吗？》（Can Obama Keep the Jobs at Home?）封面上画的是一个手提的浇水壶，里面的水从四面八方的漏洞流到不同的杯子里。这幅画形象地表达了开放经济学中各个国家的经济政策相互关联和影响。［相比之下，特朗普在2016年的总统竞选中就明确表示，要把就业留在美国，因为他要"把美国的利益放在第一位"（America First）。这在他的经贸政策中已经有直接体现，例如鼓励出口，不鼓励——甚至惩罚——进口和美国企业在外国投资等。他的言下之意就是，奥巴马没有把美国的利益放在第一位。这涉及如何定义"美国利益"的问题。几乎所有有识之士都在担心，特朗普会狭隘地定义"美国利益"，忽视国际利益以及美国在国际上代表的形象，美国在第二次世界大战后一直倡导并维护的开放的国际贸易体系会遭遇重创。]

当奥巴马政府以增加财政赤字为代价刺激经济反弹时，他们当然希望将7870亿美元的财政刺激都用于刺激国内的经济。但这不可能，因为美国有开放的资本市场和浮动的汇率，财政刺激在其他条件不变的情况下会使美元升值，打击出口，增加进口，削弱经济反弹的速度和规模。这对出口美国的国家有利，就像那个浇水壶里的水从不同位置漏到了不同杯子里一样，减少了财政政策对美国本土经济的影响。这就是在浮动汇率下的蒙代尔—弗莱明模型（Mundell−Fleming Model under floating exchange rate，IS-LM模型在开放经济学中的丰富和发展）所描述的情形。这也是奥巴马政府一再游说其他主要国家联手实施财政刺激政策的原因，只有这样才是"有难同当"，互利互惠。

大难临头，每个人都自身难保，谁还能想到别人呢？更不用说为别人着想了。5月初，在克莱斯勒公司宣布破产之后，奥巴马说："如果你现在正考虑买一辆汽车，我希望你能买一辆美国汽车（American car）。"这是明显的贸易保护主义者的言辞，随即就成了经济学家攻击的靶子。（但在特朗普看来，奥巴马做得远远不够。）什么叫"美国汽车"？由于资源在全球范围内有效配置，现在的汽车很难说到底是哪个国家的汽车了。他们认为克莱斯勒倒闭的一个原因就是全球化程度不够，它没有像其他汽车公司那样，大举进入中国和印度等新兴市场。相比而言，IBM的总收入的三分之二都是海外收入。他们称赞那些驻扎在美国的外国公司给美国创造了大量就业。

奥巴马是哈佛法学院毕业的优等生，聪颖过人，不可能不知道最基本的经济原理，而且他的智囊团里人才济济。但是，面对已经和即将被汽车公司解雇的成千上万的员工，他不可能无动于衷。他毕竟是一个政治家，他不可能让一个瘦弱的病人从床上起来去锻炼身体，增强食欲和体力。无论克林顿总统的政绩如何，绯闻怎样，我们都必须承认他是一个优秀的政治家。成为一个优秀的政治家的前提就是有很强的人际沟通能力，而这种能力又是以想人之所想、急人之所急为前提的。奥巴马也是一样。他可以倡导美国人买美国车，但不一定这样做，他拿不出鼓励人们买美国车的实际政策。他的经济政策都是由一班子理智的专业人士在制定，这些人不可能公开指责自己老板的话是错的，只有那些社会评论家才会对总统的只言片语指手画脚。

☆ 贸易协议的功能及范畴

贸易是相互的，消减贸易壁垒的协议也必须是相互的。如果你不减少壁垒，我也不减少壁垒，最后我们双方都不能达到更理想的福利水平——这就是所谓的囚徒困境（prisoners' dilemma）。大国间的贸易协议尤其重要，因为大国的买卖会直接影响市场价格。

除了经济原因，还有许多政治原因使贸易协议必不可少。进口物美价廉的产品对消费者有利，但对同样产品的生产者造成威胁。消费者获得的好处很分散，他们不会为某一个产品的进口而联合起来游说国会。而受威胁的生产者非常集中，他们有足够的经济利益和动力去联合起来游说国会。劳伦斯强调，在美国，真正主宰贸易政策的是国会，不是总统及其执行机构。如果生产者利益的代言人在国会没有竞争对手，那国会不就成了"一言堂"吗？所以，这些生产者的利益必须通过贸易协议，由其他国家生产者的利益来平衡和制约。

在20世纪五六十年代，国际贸易协议主要是针对非农业产品，围绕削减关税和配额、取消歧视性区别对待、争取国民待遇而展开的。后来，随着贸易种类的不断扩大，包括高科技产品、服务业、外国直接投资等，贸易谈判的内容也不断扩大和深入。国际贸易的发展进一步要求政府行为和国家法律跨国界的可比性和统一性。政府的出口补贴、退税等政策，以及一个国家的知识产权法、劳动法、反垄断法、卫生标准、技术标准等一系列法律法规统统包括在内。原因很简单：如果企业面临的商业环境不一样，企业之间跨国境的竞争就会被视为"不公平"。这就是所谓的"有同样的（同等的）竞技场"（level playing field）。

（特朗普认为，因为中美企业的政策环境、起点、条件都不一样，所以中美贸易不公平。如果中国不矫正对出口企业的政策，他便威胁要施加惩罚性关税。虽然中国可以利用WTO的解决纠纷机制来反抗美国，但法律程序需要很长时间。如果中国以牙还牙，那么中美两大国之间的贸易战就会对全球贸易环境和总量都造成负面影响。与很多棘手的问题一样，没有最好的办法，只能权衡利弊，到时候选择最不坏的办法。）

这样，国际贸易谈判自然而然由"浅度整合"发展到"深度整合"，触及国家主权的范畴。人们开始反思：劳工标准、环境标准到底应不应该成为贸易谈判的内容？一种想法是世界大同，所有劳工都是一样的，他们的利益都应该被保护。同样，我们只有一个地球，地球上所有的人都有义务和责任保护环境。问题是，这些冠冕堂皇的理由也可以成为贸易保护主义的说辞。

在理解国际贸易谈判内容时，我们也应该了解各个国家的国情，因为一个国家对外的呼声往往反映了国内的政治需求。例如，美国一些州禁止工会的存在，那些代表工人利益的组织就游说国会，要求把劳工标准加入贸易谈判。国际条约与国内法律有同样的效力，一旦美国签署包括劳工标准的国际条约，那些禁止工会存在的州就不得不服从国际条约，符合国际劳工标准。

劳伦斯没有时间讨论区域性自由贸易条约与国际贸易条约的关系，只能鼓励感兴趣的学生选择他在肯尼迪政府学院主讲的一学期的国际贸易课程。

从经济学角度分析环境问题

　　21世纪的人们已经愈加认识到环境的重要性，包括清洁环境的价值和治理环境的成本。这其中有巨大的经济利益，很多产品价格只反映了其内部的经济成本，但没有包括生产过程中的社会成本，包括对环境的污染或其他负面的外部性。环境是一个公共产品，有公共产品的特征，很容易产生"搭便车"的现象，即不承担治理环境的成本，却享受治理环境的好处。如何使产品价格体现经济成本和社会成本的总和，谁承担成本、谁享受好处，都是非常复杂的政治经济问题。任何政策选择和取向都会有深远的影响，影响一大片人的经济利益，以及更多人的生产和生活方式。什么样的政策是最佳选择呢？

　　马丁·费尔德斯坦讲完开放经济学部分（美元与贸易赤字）之后，请来肯尼迪政府学院负责环境与资源项目的经济学教授罗伯特·N. 斯塔温斯（Robert N. Stavins），用四堂课讲环境问题。斯塔温斯于1988年获哈佛大学经济系博士学位，是环境问题专家，曾任美国环保局（U.S. Environmental Protection Agency）环境经济顾问委员会主席（1997—2002）。他的研究领域覆盖环境经济学的方方面面：以市场机制为基础的政策手段；行政命令的效益，行政命令对竞争力的影响；控制污染等新技术的创新和推广，固碳技术的成本；

评价环境保护的好处，等等。他是《环境经济学与政策评论》（*Review of Environmental Economics and Policy*）的联合主编（co-editor），还兼任多个政府机构和国际组织的学术顾问。他领导的哈佛国际气候变化协议项目（Harvard Project on International Climate Agreement）主要是为各国政府和国际组织提供客观的技术信息和咨询意见。

斯塔温斯开门见山，表明他的主要目的就是向学生介绍经济学家是如何分析环境问题的，并且如何利用经济学框架及理论帮助人们设置解决环境问题的机制。他原以为每节课有90分钟（肯尼迪政府学院的课程大多是90分钟一堂课），走进教室以后，助教才告诉他只有55分钟，所以他不得不将他准备好的内容缩减30%以上。即便如此，在最后一节课讲气候问题时，他也只能蜻蜓点水，非常仓促。他的PPT讲义包括不少数学模型及数学推导。在前两节课中，他把理论背后的直觉解释得很清楚，数学推导与形象思维相辅相成。

☆ 两个层面

介绍任何领域都是从定义和分类开始的。讨论环境污染有两个层面：一个是时间层面，一个是地域层面。从时间层面上说，污染排放量在任何一个时间都等于存量加增量，减去自然分解或消失的部分。二氧化碳在空气中会存在几十年，所以一般来说，只考虑它的存量和增量。

从地域层面上说，有的污染源只是就近污染，对附近造成危害，例如一氧化碳；有的污染源会传得比较远，对较远的区域造成危害，例如二氧化硫和酸雨。我们时常会看到有的工厂的烟筒建造得出奇地高，为什么呢？因为他们不想让排出的废气影响周围的空气质量，而希望把二氧化硫等废气排入高空，随风被带到更远的地方。

还有的污染源会在全球范围内造成危害，例如二氧化碳和其他有温室效应的气体。解决这种污染问题很棘手的其中一个原因就是"搭便车"的问题：没有为减排付出努力，却可以享受到别人减排使空气清新的成果。

☆ 经济学家的思维框架

经济学家总是考虑，用什么方式才能最经济实惠地解决问题。根据边际成本递增、边际收益递减的微观经济学原理，我们得出结论，当边际成本等于边际收益时，总收益最大。具体到环境问题，当减少排污的边际成本等于减少排污的边际好处时，减少排污的好处总量最大。但是，减少排污的好处很难定义，更难量化，所以经济学家就把问题加以转换，变为如何减少减排成本的问题。而减少排污的目标是经济学外，通过民主政治程序决定的外生变量。

衡量环境政策手段（environmental policy instruments）的好坏有多种标准：政策是否达到预期目标；成本是否最小；政府是否有做决策需要的信息；执行和监督的力度有多大；在科技日新月异的今天，政策是否有随科技变化的灵活性；分配经济和环境影响时的公正性如何（谁多承担成本，谁少承担成本；谁多享受好处，谁少享受好处）；政策的目的和性质是否可以比较容易地解释给公众，等等。

现在假设我们只考虑一种污染源，而且污染源是均匀混合的，例如二氧化碳。每个排出二氧化碳废气的厂家都有非常不同的随减排量变化的成本结构，他们甚至自己也不清楚自己减排的成本曲线是什么样的。假设政府的政治任务是减排X立方米，这个减排指标应该如何分配呢？

如果把这个指标平均分配给所有产生这种污染源的厂家，表面看起来，每个厂家都是平等的，但问题是这种办法没有把每个厂家不同的减排成本考虑进去。所以，从整体来说，这不是完成这个政治任务成本最小的方法。直觉告诉我们，那些减排成本更小的厂家应该承担更多的减排任务，减排成本更大的厂家应该承担更少的减排任务。数学证明显示，只有当这些厂家减排的边际成本都一样时，各个厂家的减排成本之和才是最小的。

☆ 比较行政命令与经济手段

行政命令与其他环境政策手段有什么不同呢？通过行政命令达到环保目的的方法有很多问题，其中最主要的就是"一刀切"，不灵活机动。一种行政命令的方式是规定必须使用的技术标准，例如每辆汽车上都必须装有废气监测器。这种方式的好处是监管容易，坏处是不能直接达到目标；而且只能用现在的技术，不能够灵活地随科学技术的改进而变化，也不是最经济划算的。

另一种行政命令的方式是规定业绩标准，即设定技术指标，看看各个厂家是否达标。一般来说，这样做都不是成本最小化的，因为政府没有办法知道厂家减排的成本曲线。如果政府询问他们，即使他们自己也不知道自己的成本结构，他们肯定也会说，减排的成本高得难以承受。所以，这不是最好的方式。

经济学家更倾向于通过给予经济鼓励，让经济个体酌情而定，从而在整体层面达到减排目的。经济学家通过两种方式改变经济个体的决策动机：一种是对排污征税，也就是经济个体要向政府购买污染环境的权利；另一种是限制排放总量，经济个体之间可以自由买卖排放配额。前者是通过征税，调整价格；后者是通过配额，调整数量。

假设政府对每单位数量的污染征税额为t，那么每个厂家就要选择排放多少污染和自己解决消化多少污染。每个厂家的目的是使缴纳的污染税和自己消化污染的成本之和最小化。数学证明显示，每个厂家都会选择减排的边际成本等于污染税（t）时所对应的减排数量。通过设置t，政府使所有厂家减排的边际成本都相等了，所以通过征税减排可以达到成本最小化。而且当有新的科学技术出现时，厂家有动力采用新技术以减少自己消化污染的成本和污染税。这和行政命令有显著区别。

比较征收污染税与配额交换制度

政府征收污染税也面临许多问题。第一，污染税税率（t）如何设置。如果税率太高，减排的数量就会超过政治任务的规定；如果税率太低，就会完不成政治任务。所以，需要时间试着对税率进行微调，使减排数量达到理想范围。这也说明如果采用征税的办法，对减排数量就不能规定得太死。

第二，对私有经济个体来说，这样做的成本可能比简单执行行政命令的成本更大，他们会把这些成本直接加到消费者头上。第三，那些提倡环保的非营利、非政府组织也不愿意看到有污染税的专项。他们更喜欢谈论环保的好处和重要性，不愿意涉及环保的成本。第四就是美国的政治环境，人人都不愿意看到或谈到"税"这个词，因为它代表国家机器强权的一面，人人反感。每次征税或增税都是不得已而为之。

为了掩盖"税"的实质，提高可执行、可操作性，经济学家又想出了另外的办法：控制数量，让价格浮动。这就是配额交换制度（cap-and-trade system 或 tradable permit system）。有理论证明，无论配额最开始如何分配，通过个体自由交换配额，在最终的平衡点（没有人再买卖配额了），从总体来说，支付的减排成本相对减排数量来说是最经济划算的。

　　但配额的最初分配办法还是有故事可讲的。1989年，美国参议院商讨是否要通过《清洁空气法》修正案，其中用到这种配额交换制度。俄亥俄州的议员极力反对，因为俄亥俄州有很多煤电厂，如果法案通过，他们必须花重金从其他州的厂家手上购买配额。为了得到俄亥俄州议员的选票，政府不得不修改议案，增加俄亥俄州的初始配额。议案中虽然没有点名俄亥俄州，但描述的增加配额的条件就是为俄亥俄州量身定制的。

　　这是"爱哭的孩子有奶吃"的一个典型例子，但这种做法不能推广。如果人人都知道只要闹就有好处，那么每个州的议员都会不见好处就不签字。结果是任何对整体有利的议案都会由于利益集团的阻挠而不能变成法律。

　　避免人为分配配额的办法是公开拍卖，公平透明，政府控制减排数量，让价格自由浮动。问题是这种办法和征收污染税的经济效果是一样的：拍卖的钱进入国库。那些反对"大政府"的人会说这是变相地征税。

☆ 韦茨曼的理论

　　在比较征收污染税和配额交换制度在不同情况下的利弊方面，还有大量的文章。没有一个办法是完美无缺的，更没有一条"放之四海而皆准"的真理。政府的经济智囊就是在一大堆的可能性中比较得失，权衡利弊，拿出框架性的思路，然后再具体问题具体分析。为了节省时间，斯塔温斯把好几页PPT都跳过去了，仅仅讲解了在不确定的情况下如何运用这两种手段。在实际生活中，政府几乎没有各个厂家减排的边际成本的微观信息，只能对一个行业的整体治理成本有个粗略的估计。在不确定的情况下，哪种方法更高效呢？

　　斯塔温斯引用马丁·韦茨曼（Martin Weitzman）1974年发表的论文回答这个问题。韦茨曼当时写这篇论文主要是针对苏联的计划经济，他想设计一套方法帮助计划经济的领导人决定什么时候控制价格，什么时候控制数量。在市场经济席卷全球的今天，这个研究领域几乎已经不存在了。但韦茨曼的理论奇迹般地复活了，在讨论迫在眉睫的环境问题时得到了广泛应用。韦茨曼理论的数学表达及证明比较复杂，学生需要有概率理论、线性代数等数学知识才能明白。

但这一理论通过直觉也能理解。当代表减排边际成本的直线比代表减排边际好处的直线陡，也就是，粗略地说，减排的边际成本随减排的数量增长得很快，而减排的边际好处随减排的数量下降得很慢，那么对政府来说，最重要的是控制价格，所以应该征收污染税，让企业酌情决定减排的数量。反之，政府就应该控制减排配额，让企业之间通过交换决定配额的价值。在减排的好处和成本都不确定的情况下，就要看它们之间是如何联系的。如果互相独立，那么以上结论仍然成立；如果呈现正相关，那么政府应该用控制配额的手段；如果呈现负相关，那么政府应该用征收污染税的办法。斯塔温斯说，他敢肯定韦茨曼的理论——即使不提他的名字——已经在奥巴马上任前40天的白宫内部会议上被讨论过了，因为他自己就是专家组成员之一。他没有时间举例说明这一理论在环境治理中的具体应用，只是说感兴趣的学生应该阅读他在这方面的论文。

韦茨曼用二分法的眼光看待这个问题：政府应该控制价格，还是应该控制数量。哈佛文理学院前院长（1984—1990）、诺贝尔奖得主迈克尔·斯彭斯（Michael Spence）教授证明，政府的最优选择应该是这两者之间：首先限制可交换配额，然后许诺如果配额不够，会在某一价格拍卖更多的配额；这一价格就限定了厂家自己减排，或自己处理污染成本的上限。如果这个成本高于政府的价格，那么厂家就会向政府购买排放配额，即污染环境的权利。这种办法就是所谓的"安全阀措施"（safety-valve approach）。现在国家经济委员会（National Economic Council）主任劳伦斯·萨默斯和行政管理和预算办公室（OMB）主任彼得·欧尔萨格（Peter Orszag）都比较倾向这种办法，但提倡环保的非政府组织和欧盟都反对。

☆ 气候问题

斯塔温斯用最后的时间讲解全球气候变化。1997年由美国以外的发达国家签署的《京都议定书》在2005年2月开始生效。这些签署国承诺，在2008年到2012年按比例减排，即减少1990年排放量的5%。这个条约允许碳交易的市场手段。签署国家可以根据自己的情况决定如何达成减排目标，所以执行手段灵活。但斯塔温斯认为，由于条约中的内在缺欠，即使当时美国签字，这个条约对改变气候变暖的作用也微乎其微。

第一，这个条约不包括发展中国家。这是1997年美国参议院以95：0的投票率彻底否决《伯德－哈格尔决议》（Byrd-Hagel Resolution）的主要原因。当时的克林顿总统并没有向参议院提交这个议案。斯塔温斯认为，即使戈尔当总统，他也不会提交；即使克里当总统，他也不会提交；因为尽人皆知，没有主要发展中国家参与的环境条约是不可能奏效的。

第二，因为各个国家监管的环境和程度不一样，发达国家排放量大的公司，为了逃避管制和控制成本，可以选择到条约以外的发展中国家建厂，污染更多的资源，更多地降低生产成本，对发展中国家造成更大的破坏。第三，这个条约仅仅设置了减排目标，但没有明确执行监督办法，也没有对碳吸收（carbon sink或carbon sequestration）与排放总量的关系做明确规定。第四，这个条约允许签署国把这一年用不完的指标留到下一年用，但对以后的指标上限没有任何说法。斯塔温斯认为这个条约是对这个全球性的长期问题的一个短期的、局部的缓解办法，还远远不够。

那么，如何为2012年以后设计一套高效的、合理的、能通过国会的减排机制呢？斯塔温斯似乎倾向于限制配额这条思路，因为"税收"这个词太敏感，"污染税"这个词根本不可能在国会通过。但也有经济学家倾向"污染税"这条思路，包括哈佛大学国际经济教授理查德·库珀。其主要理由是：限制配额这条思路虽然可以在美国国内使用，但完全不可能引导出任何有实质意义的全球性环境条约，因为任何发展中国家都不会接受污染上限。越是急于发展经济的发展中国家，就越不愿意接受配额限制，而正是这些国家必须囊括在全球性环境条约中。他们认为，既然限制配额，并允许配额自由交易，其实质就是征税，那么就应该对全民进行教育，说服他们，进而他们选出来的政治代表：要治理环境，就要付出代价，其中之一就是"污染税"，这是躲不过去的。曼昆教授也支持碳税这个主张，但他是从矫正性税收这个角度出发的：如果认为什么东西有害，需要抑制这个东西的生产或产生，就应该对这个东西征税。

美国没有签署《京都议定书》，但很多州都自发地通过各种手段执行减排计划。有的比联邦政府要求的水准高，有的比联邦政府要求的水准低；有的包括的范围比联邦政府要求的广，有的包括的范围比联邦政府要求的窄。如果国家要制定一套机制，与地方不同，两者应该如何衔接呢？这套机制可以扩展到国际范围吗？如何使国家内部的减排机制与国际机制接轨呢？斯塔温斯提出一系列复杂的机制设计问题，但没有时间展开，只能匆匆收尾。他鼓励感兴趣的学生选学他在肯尼迪政府学院开设的长达一学期的环境经济学课程。

第十五节

公共财政领域里的前沿性研究

马丁·费尔德斯坦负责的《公共财政》课程的最后四堂课，由这一领域的新秀拉杰·切蒂（Raj Chetty）主讲。切蒂于2003年在哈佛获经济学博士学位，然后在加州大学伯克利分校任教。由于他在公共财政领域的杰出贡献，2009年春天，他被哈佛大学经济系聘为终身教授，年仅29岁。他的年龄和资历意味着他对公共财政领域里的前沿性研究成果和文献了如指掌。他自己就是开拓知识前沿的领军者之一。他对美国主要经济学期刊里的论文如数家珍，对其论点、论据、理论框架及政策含义分析得简洁清晰，让学生大开眼界。

费尔德斯坦曾经在一堂课中顺口提到，一篇好论文不是从熟悉一大堆文献开始的，而是从一个好题目开始的。如何才能选择一个好题目呢？他没有回答，但可以想象，只有多读、多看、多想、多实践，才能打开视野和心胸，才能找到又有意思、又有意义的题目。至于如何才能顺理成章地完成这个题目，就需要学生多年来对技术性知识的掌握和积累，有目的地涉及课外丛书和请教专业人士。相对来说，技术方面的知识和技能是次要的。据说，爱因斯坦的数学技能还不如他的同事，但这并不妨碍他在科学领域做出重大贡献。同样，真正的艺术家追求的是灵气，而不是匠气。这些都是相通的。

哈佛经济系的大多数研究生都能在入学两年后，顺利通过技术性很强的专业资格考试，但这相对最终的博士论文来说简直是"小巫见大巫"。博士论文不但要求熟悉文献，旁征博引，有独立的思想和见解，还要求"开拓知识前沿"，即创造知识。大部分学生都为此绞尽脑汁，苦思冥想，加之多年寒窗，苦不堪言。他们说："能想到的早就被人写过了，还有什么是新的呢？"大学生的毕业论文虽然没有那么恐怖，但其实质和目标是一样的。

切蒂的任务是让大学本科主修经济的学生，在不深入了解数据和计算方法的情况下，领略公共财政理论在实际研究中的运用，以及对制定重要财政政策的深远影响。虽然有些"蜻蜓点水"，但他在短暂的时间里迅速向学生展示了什么样的研究是新的，什么样的研究是有意义的。他的讲解展示了发表在顶级刊物上的学术论文不是堆砌数据、故弄玄虚的"空中楼阁"，而是有迫切的现实背景和实际意义的。一个具体的公共政策会影响几十万、几百万甚至上亿人的生活。

当然，在仰慕经济学家灵活巧妙地回答实际问题，并在理论上有所创建的同时，我们也不能忘记任何结论都是有局限性的。任何理论都是处在发展过程中的，都有其前提条件，并随着前提条件的变化而变化，不是死的而是活的，是可以探讨、可以修改的。严谨的数学推导并不意味着这是放之四海而皆准的真理：太多的假设和条件——明确写出来的，隐含着的——使我们在体会数学的精美的同时，也必须清醒地意识到这些理论的适用范围和所需条件。伟大的经济学家不是教条的、机械的，而是灵活的、具体问题具体分析的。

切蒂的第一堂课是关于税收政策的清晰程度和税收的关系（salience and taxation），第二堂课是关于谁在真正承担税收（tax incidence），最后两堂课是关于税收政策的效率成本（efficiency cost of tax policies）。谁承担税收是分配方面的问题，而税收的效率是关于"饼的大小"的问题。

☆ 税收与人们对税收的注意力和理解力

在公共经济学中，所有的理论都假设人们对自己付的税率和总赋税非常了解，并根据完全的信息决定最佳行为。但现实生活中并非如此。很多人并不确切地知道自己的边际税率；即使知道，他们在选择工作时也不考虑这份工作意味着要付多少税。

经济学家于是研究消费者不注意零售税对消费和税收的影响，并拓宽了已有的理论模型。他们到卖日用品的商店里实地测试商品价格牌子上是否把消费税清晰地单列出来对消费者的影响。对消费者来说，价格的变化和税率的变化是一样的：无论是价格提高5%还是税率提高5%，他们只关心最终的总价格。但研究表明，价格牌子上标的仅仅是本身的价格（5%的消费税在交钱的时候加上去），还是本身的价格和单列出来的消费税，对这个产品的销售量的影响是不一样的。

后者使消费者在选择是否把这个日用品放到篮子里时，更加清晰地意识到需要付5%的消费税，从而减少了这个产品的销量。研究者在试验中选择各种梳头发的梳子和类似的日常生活用品，因为它们属于非必需品，价格弹性大。试验证明，如果消费税不清晰地向消费者展示出来，消费者的需求对价格的弹性系数和对消费税的弹性系数是不同的，消费者对税不敏感。这意味着，消费者会承担这个税的全部（或绝大部分），而生产者几乎不受影响；也就是说，生产者完全把这个税转嫁给了消费者。

切蒂在论文里引入了一个新的系数——需求的税弹性与需求的价格弹性之比，从而修改了计算价格变化和税变化的关系公式，丰富了传统的税收理论，使其变成他的理论中的一个特例。他的发现说出来以后，似乎显而易见，是人之常情，但许多发现——包括诺贝尔经济学奖得主的发现——都是这样的：大量数据、复杂模型推导的背后，经常是非常简单直白的实质。优秀的文学家也是如此，他们言人所不能言——把人人都感觉得到却不注意，或注意了但说不出来的东西说出来了。

切蒂的发现在实际生活中有广泛的应用。例如，如果政府想对电信公司巨头AT&T征税，但不希望AT&T把这个税完全转移到消费者身上。根据切蒂的理论，政府应该要求AT&T把这个税放在账单的显著位置，确保消费者心知肚明。这样，AT&T不可能在不影响自己销售量的情况下完全把税转移给消费者。再比如，美国对烟酒征收的特殊税（exercise tax）更直截了当，干脆把这个税含在价格中了，所以消费者在选择产品时不可能忽略这个税，这个税是由消费者和生产者共同承担，生产者不可能把这个税完全转移给消费者。

切蒂的发现还可以运用到更重要的税收政策中。这些政策的效果如何，与目标人群是否非常清楚地知道和理解这些政策有直接关系。美国鼓励低收入人群工作的税收政策［劳动所得税抵免（earned income tax credit，EITC）］就是一个典型例子。20世纪80年代初，里根政府不喜欢低收入人群不工作，依赖社会保障制度过活，于是设计出一套复杂的激励机制（EITC），鼓励他们工作。这套机制根据每个人的家庭情况（已婚或未婚，是否有孩子，有几个孩子，等等）和工作收入的多少，给予不同程度的税收补贴。

20世纪90年代，克林顿政府扩展了EITC的广度和深度，覆盖了2000万家庭，低收入家庭年终以退税的形式最多获得5000美元补贴，这个项目每年消耗联邦政府财政500亿美元。已有文献表明，EITC对低收入人群是否参加工作有很大影响，但对工作多少没什么影响。调查显示，75%的低收入人群听说过EITC这个项目，他们知道工作越多，年终退税就会越多，但少于5%的人知道退税多少与收入的具体关系。这两者的关系很复杂：开始退税随收入的升高而直线上升，然后在一定区间内保持不变，最后在这个区间以外，退税随收入的升高而直线下降。上升、保持不变和下降的区间，都随每个人家庭情况的不同而不同。

切蒂和塞斯（Saez）2009年的论文显示，低收入人群对EITC中退税多少与收入的关系理解得越透彻，就越有可能鼓励他们工作的时间越长，劳动收入越多。这两个经济学家得到研究经费，鼓励当地税务局的1461名工作人员，对4.3万个符合EITC条件的低收入家庭，根据每个家庭各自的情况，一对一地讲解退税和工作的关系。如果解释两分钟以上，他们会获得五美元的现金奖励。结果显示，低收入人群对EITC理解得越好，工作的时间越长，收入越高，依靠政府的福利政策就越少，政策的效果就越好。

提高对贫困人群的转移支付（杀富济贫），或改变他们的工作动力，从政府税收的角度来说，是一件非常昂贵的事情。但让贫困人群更好地理解、最大限度地利用现有扶贫政策的成本，即说服教育工作的成本是非常有限的，所以宣传、解释、教育的工作对政策的执行效果来说至关重要。

☆ 消费者承担的税多，还是生产者承担的税多？

政府征收汽油税，生产者收到的价格比原来供求平衡时的价格要低（除非供给曲线具有完全价格弹性），消费者付出的价格比原来供求平衡时的价格要高（除非需求曲线具有完全价格弹性），两者之差就是政府的税收。那么，到底是生产者损失多，还是消费者损失多呢？这个问题的答案对政策有直接影响。

2008年夏，石油价格超过了每桶140美元（2017年1月的石油价格约为50美元），汽油价格随之达到了每加仑4美元多。当时的共和党总统候选人约翰·麦凯恩（John McCain）主张短期取消汽油税以减少消费者负担；民主党总统候选人奥巴马反对，说这种做法于事无补。麦凯恩反唇相讥，说奥巴马是精英集团的代表，不能体会普通百姓的疾苦。

从经济学的角度讲，谁对谁错呢？问题取决于供给的价格弹性和需求的价格弹性到底是多少，谁高谁低。价格弹性系数在理论上很容易定义，但实际计算起来很难。两名经济学家多伊尔（Dolye）和桑帕塔兰克（Sampatharank）在2008年发表的论文回答了这个问题。2000年，印第安纳州和伊利诺伊州分别取消汽油税四个月和六个月，他们将此作为"天然试验"，分析价格和销售量的前后变化，从而推算出价格弹性系数。

他们发现汽油税每增长10分钱，消费者要承担7分钱。也就是说，如果取消汽油税，消费者得到70%的好处，类似美孚那样的石油巨头得到30%的好处。他们还发现，这两个州边境地区的汽油需求的价格弹性比州中心地区的价格弹性大。这是意料之中的，因为如果住在边境地区，人们可以根据不同价格到旁边的州去买汽油。住在州中心地区的人们的选择余地就比较小了。所以，如果把他们的发现扩展到全国范围，那么暂时取消汽油税主要帮助的是消费者，而不是生产者。

☆ 谁享受食品券的好处？

在分析美国对低收入人群的食物补贴到底是对食品店的好处多，还是对穷人的好处多的时候，同样可以运用上述思想。美国政府对收入低于一定标准的人在每个月的固定时间——例如每月1日——发放食品券。那么，在穷人集中的地区的食品店就会发现，每个月月初有很多人用食品券购买大量食品。食品店会不会因为需求的猛增而趁机提高食品价格呢？如果答案是肯定的，那么美国政府的大量食品补贴的主要受益者是食品店，而不是穷人。

两位经济学家黑斯廷斯（Hastings）和华盛顿（Washington）在2008年发表论文，把食品店每个月第一周的食品价格和销售量与第二、第三、第四周的食品价格和销售量进行比较，然后分析大量的统计数据。他们把穷人相对集中地区的食品店和穷人不集中地区的食品店分开比较，从而发现，当穷人领到食品券时，需求增加30%，但食品价格仅仅增加3%。而且食品价格的增长不均匀，那些穷人买得比较多的、可以储藏的食品，例如各种豆子、大米和罐头类食品的价格增长稍微多一些。这说明绝大部分食品的价格几乎没有因为发放食品券而提高，所以穷人真正享受到了食品券的绝大部分好处，食品店从中得到的好处微乎其微。

这其中一个主要原因是不同收入人口的分布。即使在穷人相对集中的地区，穷人的比例也仅仅占20%~30%。食品店不能因为少数人的需求突然增加而大幅度提高价格，因为那样只会把多数消费者赶到其他商店，"捡了芝麻，丢了西瓜", 得不偿失。食品店不能像航空公司那样根据客户群的不同特征（商务旅行、休闲旅行等）在价格上区别对待。

相比之下, 鼓励低收入人群工作的EITC项目对厂家的好处要多一些, 对穷人的好处要少一些。试想, 什么样的人会给沃尔玛这样的连锁店打工呢? 他们几乎都是受教育程度低、工作机会少、选择余地小的人群。在没有EITC的情况下, 沃尔玛可能会付给员工每小时10美元。EITC给这些人减少税收, 给这些人每小时补助4美元, 目的是要他们多工作, 少吃国家劳保。但是, 员工并没有因此得到每小时14美元, 很可能是12美元或11美元, 甚至更少。国家补助的4美元的很大一部分变成了厂家减少的工资, 厂家有可能成为主要受益者。

由增加或减少税收引起的利益再分配在大部分情况下很难衡量, 因为受影响的因素太多, 数据很难采集, 也很难分析。例如, 如果政府试图对上市的汽车公司增加税收, 那么到底是谁在承担这个税呢? 是消费者, 还是员工, 还是管理层, 还是股东? 他们各自承担多少呢? 萨默斯等公共财政经济学家在20世纪80年代初想出了一个巧妙的办法。他们仅仅通过分析一个参数就可以等到答案——这家公司的股票价格在政府宣布增税前后的变化。股票价格在一个高效的资本市场里可以综合反映方方面面的信息。这种分析方法的局限性是只适用于分析公司税, 依赖于上市公司股票价格的自由浮动, 不适用于个人税或其他税种。

1988年, 戴维·卡特勒（David Cutler）利用这种方法分析1986年税改法案（Tax Reform Act of 1986）对不同公司的影响, 并发表论文。当时他才大学本科毕业, 这篇论文是以他在哈佛大学经济系的毕业论文为基础的。这篇论文使他获得了经济系的最高荣誉奖, 进而在马萨诸塞理工学院攻读经济学博士。1991年毕业后任教于哈佛大学经济系, 1997年晋升为终身教授。他在公共财政和公共医疗领域颇有建树, 20世纪90年代曾服务于克林顿政府, 2009年再次进政府, 是奥巴马总统医疗政策的主要智囊之一。（关于卡特勒对医疗政策的分析, 详见本书第四章。）

1986年, 里根政府降低了企业所得税, 取消了以前投资抵税的规定, 并加速了资产折旧的速度。卡特勒通过比较公司股票价格在税改前和税改后的变化，发现那些设备占总资产比例较大的公司的股票价格上升了，那些有新投资的公司的股票价格下降了。这个结果其实很容易就可以想通，因为加速资产折旧速度对已经有很多设备的公司有利，而取消投资抵税对新增投资有害。这也是1986年税改没有达到鼓励投资的目的的主要原因。卡特勒的本科毕业论文就赢得了业内人士的重视，发表以后经常被引用。

那么，如果政府规定公司必须给雇员一定的福利待遇，例如，必须给员工购买身体保险，这会对公司、工资和劳工供给有什么影响呢？萨默斯在他1989年的一篇论文中回答了这个问题。给员工提供福利待遇自然增加公司的雇佣成本，自然减少公司对劳工的需求，需求曲线向左下方移动。但人们没有想到的是，劳工供给会因为公司提供福利待遇而增加，供给曲线向右下方移动。

萨默斯想到了这一点，结果是，在新的供需平衡点，雇佣的劳工数量很有可能和以前差不多，但工资肯定低于以前的工资。也就是说，员工得到福利待遇的代价是接受低工资。"羊毛出在羊身上"，没有任何惊奇之处。在此基础上，如果政府再规定最低工资，而这个最低标准高于新平衡点的工资，那么公司就会少雇人，从宏观上说就是减少了就业，伤害了劳工的利益。所以，忽视经济规律的、一厢情愿的政府规定在很多时候会事与愿违。

同样，美国在1990年出台了残疾人法，要求公司满足残疾员工身体的特殊需求，例如，在进大门的台阶旁边要建有斜坡以方便轮椅出入；不能歧视残疾员工，否则将面临严厉罚款；在工资方面对残疾员工要一视同仁，等等。残疾人应该为此庆幸还是为此忧虑呢？据估算，公司增加一个残疾员工的平均成本要增加1000美元。两位经济学家阿西莫格鲁（Acemoglu）和安格里斯特（Angrist）在2001年发表论文评析残疾人法的效果。他们通过分析法律出台前后残疾人的就业率、工作时间、税后收入等一系列数据，发现这部法律适得其反：残疾人的就业和税后收入都有不同程度的下降。

☆ 税收的效率成本

税收的效率指的是由税收引起的福利损失的多少，是关于整体经济这块"饼"的大小，不涉及这块"饼"是如何分配的。计算福利损失从理论上来说并不复杂，就是计算一个三角形的面积。一种税引起的福利损失越大，就越低效。从这个基础理论中可以得出三个推论。

第一，在本身就有市场扭曲的情况下，例如有最低工资要求，政府再征税就会更加低效。第二，个人所得税的边际税率随收入的增加而增加（progressive income tax），会导致税收更加低效，所以税率越平均越好。第三，税率在长时间内保持越均匀越好，即不突上突下。根据这个理论，在战争期间，国家筹措资金的最佳方式不是增加税收而是借款，把还债的压力比较均匀地分摊给不同时期甚至不同年代的人，这样眼下的人就不用勒紧腰带，牺牲太大。

但是，大多数人大多数时间根本就不注意税率的变化，就更不用说税率的变化在多大程度上会影响他们的行为选择了。如果把这种现象考虑进去，那么以上三个结论就应该完全逆转。已有的市场扭曲（或政府规定）并不妨碍政府再次加税，因为人们根本就不注意政府对税率的调节。同理，有钱人按更高的税率缴税也不会影响整个经济"饼"（GDP）的大小，或者影响得没有以前认为的那么大。税率也可以在不同时期有较大的变化，这种变化带来的福利损失没有以前认为的那么大。在战争情况下，政府可以"两条腿走路"：增加一部分税收，再借一部分钱，因为税收（税率）的变化没有那么可怕。

这三个结论无论正着说还是反着说，都有非常严谨的数学证明，关键问题在于它们的前提不一样，而前提不一样是因为对人们行为的假设不一样；对人们行为的假设不一样又是因为理论家对这个世界是如何运作的认知不一样，于是得出的结论完全相反。

很多理论的前提假设是隐含着的，非常不明确，没有经验的学生会折服于严谨的数学证明。要把隐含的假设和条件明确地指出来需要丰富的经验、怀疑一切的眼光和挑战约定俗成的勇气。盲目地相信任何理论、执行任何理论，都是危险的。

例如，我们时常会看到媒体报道说某种食品对抗癌有好处或对身体的其他方面有好处，过了一段时间，有新的研究发现这种食品不但对抗癌没有好处，反而对人体有些害处。那么，我们到底吃不吃这种食品呢？显然这已经不是科学范畴可以回答的问题了，而要上升到哲学领域了。有理论说，五谷杂粮（各种食品）都要吃，但要适度。这是根据科学呢，还是根据经验呢？什么叫"适度"？如果不能度量，只是一个模糊的概念，跟着感觉走，那是科学还是艺术？我们在仰慕聪明巧妙的新发现的同时，也不能忘记任何事情都不能绝对，没有绝对的真理。

☆ 测量福利损失

1992年，马萨诸塞理工学院的经济学家詹姆斯·波特巴（James Poterba）发表论文，量化了1986年税改对人们购房的影响。［他在2008年接替费尔德斯坦任国家经济研究局（National Bureau of Economic Research，NBER）主席。］美国的个人所得税政策一直允许100万美元以下的房屋贷款的利息部分用于减少上税的基数（tax deductible）。美国最高收入阶层的人，也就是每年按最高边际税率缴税的人，对每一美元的房贷利息只需要付60美分。这种税收政策鼓励人们买房而不是租房，而且只要贷款在100万美元以下，买的房子越大，贷款越多，省税就越多；越是有钱人，就越是如此。所以，这个政策偏向有钱人。

波特巴巧妙地计算了房贷利息减税所带来的福利损失。他想，拥有房子的成本就是把这个房子租出去的钱和房贷利息减税之差。税率越高，房贷减税就越高，拥有房子的成本就越低，福利损失就越大。1986年税改大幅降低了个人所得税的税率，增加了拥有房子的成本。波特巴计算出，这个政策变化使那些年收入25万美元以上的家庭买房的好处（对社会来说，就是福利损失）从1.2万美元降低到0.2万美元，但仍然不是零。所以，他主张完全取消房贷减税的政策。但那些有房产的人比租房住的流动人口在政治生活中更加积极踊跃，声音更大，不会支持那些损害自身利益的政策。

还有两位经济学家马里昂（Marion）和米勒格尔（Muehlegger）研究税收的执行力度对福利损失的影响。他们于2008年发表论文，揭示1993年实行柴油税改革的效果。美国对商业使用的柴油（例如卡车运输）征税，对家庭使用的柴油（例如取暖）免税。这种双轨制给偷税漏税创造了条件。美国政府从1993年起，在家庭使用的柴油中加一种红色的燃料以示区别。经济学家的计算结果显示，这次改革减少了25%的福利损失。这说明福利损失不仅与需求价格弹性有关，而且与税收的执行力度有关。

企业所得税和分红税对福利损失有什么影响呢？用标准的一次微分分析方法我们可以看出，分红税对公司的投资行为和分红多少没有任何影响，而企业所得税却会打击企业再投资的积极性，导致福利损失。这给那些主张提高分红税的政治家提供了理论根据。

但企业的行为是否和理论上的预测相符呢？经济学家众说不一。切蒂在2005年与塞斯合作发表论文，研究小布什政府在2003年把分红税从35%降低到15%对企业行为的影响，并有理论创新。通过跟踪3807家大公司的分红行为，他们发现，2003年税改以后，所有公司都大幅度增加分红，平均每年500亿美元；而且管理层拥有股份越多的，持有期权越少的，股东中机构投资者越多的，公司分红就越多。

他们的发现与理论大相径庭。他们的解释是：管理层的利益与股东的利益不完全吻合。股东希望的是利润最大化；而高管层想的是如何扩大公司规模，显示自己的重要性，坐公司的飞机到处飞，投资自己喜欢的项目。于是，切蒂和塞斯设计了一个模型：CEO可以把公司利润做有效投资，也可以投资在他自己喜欢但对公司基本无益的项目上，剩下的钱再分红。他的目的是，通过这两种投资最大限度地满足他自己的利益和虚荣心。

用标准的一次微分方法分析得出以下结论：分红税越高，CEO在自己喜欢的项目上投入越多，福利损失越大，但不影响有效投资的多少；企业所得税越高，CEO做有效投资就越少，但不影响他在自己喜欢项目上的投入。这个模型意味着，分红税和企业所得税一样，都会导致福利损失。

个人所得税对工资收入和劳动供给的影响，也是在研究福利损失时的一个重要话题，但一直没有定论。费尔德斯坦在1995年发表论文，说明个人所得税对两者的影响很大，但这以后的不少论文都说明影响没有那么大。如果前者是对的，那么政府在增加税率时就必须非常小心谨慎，因为很容易适得其反，增加税率反而会减少总税收。如果后者是对的，那么政府在增加税率时就不用那么担心。

切蒂和他的同事就此对丹麦1994年税改对丹麦劳动力供给的影响进行了深入全面的分析，并在2009年发表论文。他们选择这个案例是因为这次税改程度深，覆盖面广，更容易发现人们对税改的反应。他们总结道：第一，研究小税率变化对劳动收入和劳动供给的影响，很有可能低估了税率对人们行为的影响；第二，工会的存在会使员工更加注重税率和税收结构的变化，他们和公司讨价还价的过程和博弈的结果反映了税率和税收结构的重要性。

虽然切蒂没有深入讨论每一篇论文的数据来源、数据处理及分析模型，但是他对发表在经济学权威期刊上的一些论文的概述，让经济系的本科学生领略了公共财政理论在实际研究中的运用，以及对制定重要财政政策的深远影响。

第十六节

费尔德斯坦的总结课

　　5月1日是《美国经济政策》这门课的最后一堂课。费尔德斯坦并没有总结这门课的方方面面，而是重申了他在开学第一堂课上就讲过的对这次经济危机的理解，用最新数据说明自己对经济的判断。从2009年第一季度的GDP与2008年第四季度的GDP相比的变化中得知，美国经济在以6.1%的速度下滑。失业率8.5%意味着大约1300万想工作的人没有工作。费尔德斯坦认为经济还没有触底，只是下滑的增速在减小。

　　2008年的危机是由多种原因造成的。一方面，人们低估风险，过度借贷，高度杠杆化、证券化——分层切割打包，然后再分层，再切割，再打包，最后没有人知道包裹里是什么，更不知道这个包裹值多少钱；再加上信贷紧缩，市场流动性骤减，资产价格一落千丈。另一方面，美联储、货币监理署（财政部下面的Office of the Comptroller of the Currency）、直管"两房"［房利美（Fannie Mae）和房地美（Freddie Mac）］的联邦住房金融局（Federal Housing Finance Agency，FHFA）、各级联邦政府和州政府的监管机构同时失守，使危机一发不可收拾。

　　2008年的经济衰退与以往不同。它不是从美联储提高利率、紧缩银根开始的，而是从房地产市场开始的，涉及实体经济，所以仅仅放宽货币政策是不够的，还需要财政刺激政策才能把经济带出衰退。而且这次危机范围广、程度深，估计经济需要很长时间才能恢复，所以有时间让财政政策发挥效用。美国经济同时面临三重挑战。第一，总需求急速下跌。家庭总资产已经蒸发了大约12万亿美元，其中三分之二是由于股市巨额缩水，三分之一是由于房产贬值。第二，银行和信贷市场运转不灵。第三，房价仍然在下跌。虽然加州的房地产市场比较活跃，有买有卖，但有一半是银行拍卖强制收回的房产（foreclosure），拉低了普遍房价。

奥巴马政府已经提出相应对策，但在费尔德斯坦看来，还远远不够。2009年2月，国会通过的7870亿美元的财政刺激计划中，大约80%的钱计划在前两年花出去，20%的钱要在两年以后逐渐花出去。第一年花出去的钱大约只有2500亿美元，而费尔德斯坦预计2009年的总需求至少会下降7500亿美元，因为12万亿美元的财富蒸发会减少大约5500亿美元的消费，建筑业大约会缩水2000亿美元。

这样，奥巴马政府的财政刺激计划只能填补总需求空缺的三分之一，还有5000亿美元的漏洞没有着落。这还是保守的估计，因为还没有把"扩大效应"考虑进去。费尔德斯坦估计美国政府一次性的退税会增加个人可支配收入，使2009年第二季度的GDP数据看起来好很多，但这不能持续，所以经济在2009年恢复的可能性很小。"如果我们运气好的话，经济会在2010年恢复。"（事实是美国的经济在2009年第二季度触底，从第三季度开始回升。2009年，美国经济整体衰退2.8%，从2010年起为正增长。）

根据泰勒规则（其定义及公式见本章第二节和第三节），美联储现在的基准利率应该是负的5%，但因为利率不能小于零，所以美联储通过直接或间接地购买房贷抵押证券（mortgage backed securities）、信用卡证券（credit card securities）、商业票据（commercial papers）等来取代私营市场（private markets），提高市场流动性。美联储的总资产和总负债迅速膨胀。（美联储的总资产通过三次"量化宽松"增长了四倍，从2007年的8700亿美元增长到2014

年的44,000亿美元，在2017年年初仍然如此，基本没有变化。）

但这仍然是治标不治本的方法。解决问题的根本还在于理顺银行系统，活跃私营信贷市场。美国财政部通过两个办法来解决银行系统的问题。一方面对19家大银行进行"压力测试"，检查它们的资产在不同程度的严峻经济大形势下的承受能力（5月7日的结果是10家银行需要集资750亿美元）。美国政府在这中间的想法也是左右为难。如果财政部、美联储和联邦存款保险公司（Federal Deposit Insurance Corporation，FDIC）把"压力"加得太大（想象更坏的经济形势），把承担压力的标准定得太高，就会有太多的银行需要募集太多的资金，让银行系统显得太脆弱。那样做不仅不能稳定市场信心，反而会更加动摇市场信心。相反，如果"压力"不够大，标准不够高，所有大银行或绝大部分银行都通过"压力测试"，那么这个检验就失去了意义。所以，美国政府在这两个极端之间要拿捏分寸。

财政部治理银行系统的第二个办法是公私联手购买银行账面上价值5000亿美元的"有毒资产"，使银行的资产再次"健康"起来。具体做法是"公私联合投资计划"（Public-Private Investment Program，PPIP）：私人投资基金或机构与卖"有毒资产"的银行讨价还价，发现价格，然后自己出八分之一的钱，美国政府出八分之一的钱，四分之三是由国家担保（FDIC）的贷款。这个办法的好处是避免了银行国有化和暂时不用再去国会伸手要钱。

这个计划看起来顺理成章，各方的利益都有不同程度的满足，但这里面也有很多问题。首先，5000亿美元还远远不够，银行的有毒资产估计高达1万亿美元。其次，银行有可能不愿意卖，因为银行不想认输，不想承认自己到底输了多少钱；如果他们想要的价钱和买方的出价相差太远，他们宁肯不卖，扛着等机会，逼财政部再次让步，弥补他们的损失。

再次，这个方案仍然不能让房价停止下跌。只要房价继续下跌，就会有更多的人有更大的动力"把房子的钥匙交给银行"（foreclosure）。美国已经有大约30%的房子资不抵债了——银行的贷款低于房子的市场价值。奥巴马政府一直在努力给银行动力，让它们与那些已经或即将还不起房贷的家庭合作，改变合同，减轻它们的债务负担。但是，费尔德斯坦说，这种办法不适用于那些有能力偿付贷款，却选择"把房子的钥匙交给银行"（理性违约）的人，因为这是他们的理性选择。

很多事情都是"双刃剑"，没有十全十美的，经济政策更是如此。奥巴马政府的高官和智囊们夜以继日地分析问题，想方设法地解决问题，推出的方案看上去即使再顺理成章，也不可避免地留有隐患。费尔德斯坦担心美联储在资本市场流动性很小的情况下，大胆主动地出击——直接进入商业票据、房贷抵押证券、信用卡证券等一系列非国债的债券市场——在缓解市场流动性的同时，也承担了一定的风险，而且导致了商业银行在美联储的储备急剧增加，增大了货币供给的基数和今后通货膨胀的压力。（事实是在2009年之后的几年，美国的通胀一直很低。这也是美联储一直到2015年12月才第一次加息25个基点的一个主要原因。在2016年12月第二次加息25个基点。2017年年初，基础利率在0.5%~0.75%之间。这仍然是政策利率很低的区间。）

费尔德斯坦还预计税率会普遍上升。个人所得税的最高边际税率、企业所得税、分红税、资本利得税都会升高。奥巴马政府在积极推动碳交易体系和拍卖碳排放许可证，其实质就是变相地征税。小布什政府在2001年减少的遗产税几乎可以肯定会被逆转。美国政府债台高筑，奥巴马总统不得不命令手下想办法为国库节流增收。即使如此，美国在2009年占GDP40%的（公众流通领域中的）国债（不包括美联储和其他政府机构持有的联邦政府的国债）仍然会在今后10年翻一倍。（这个数字在2016年大约是60%。联邦政府赤字是GDP的3.2%。）

费尔德斯坦说，他没有时间综述美国在社会保障体制和医疗体制方面面临的巨大挑战，总之，他越来越担心美国的经济。他希望今后的事实证明他过分悲观了。最后，对在座的年轻学生，他说："我希望你们能够提供现在经济最需要的活力和创新精神，今后的经济发展要靠你们。当然，那是从长远来说，从眼下来说，你们还要准备紧张的复习考试。祝你们好运。"费尔德斯坦照例言简意赅。在200多名学生的掌声中，他提起一个老式的公文箱，走下了讲台。

哈佛大学经济课
NOTES FROM HARVARD ECONOMICS COURSES

HARVARD
ECONOMICS

第四章

有关奥巴马医改的
政治与经济

　　美国的医疗体系一方面费用高昂，医疗费用高于其他发达国家，另一方面治疗效果好坏不均，质量各异；一方面有六分之一的美国人没有医疗保险，消费不起，另一方面六分之五有医疗保险的美国人过度消费，浪费资源，这就造成了"冰火两重天"的局面。奥巴马总统在2009年9月9日晚黄金时间就医疗体制改革所做的演讲中，晓之以理，动之以情；深谙世故，又超世脱俗，决心改变现状。但是，他面临的政治方面的、体制方面的、预算方面的限制太多。无论现实多么不合理，改变现状都困难重重。本章的前三节（第一节至第三节）记述了2009年医改前夕的争论，中间七节（第四节至第十节）以曾经参与策划医改的哈佛大学经济系教授卡特勒在2010年秋季开设的一门经济学课程为线索，展开阐述为什么美国医疗改革举步维艰。然后，用两节（第十一节至第十二节）记述了2012年奥巴马医改法案在最高法院一波三折的命运，突出了全民医疗的美好愿望与冷冰冰的法律之间的矛盾。最后一节（第十三节）跟踪了新总统特朗普即将改革的方向。

美国医疗体制现状

2009年秋季，国会山辩论的主要议题之一是医疗体制改革。美国医疗体制中的问题非常棘手，也非常紧迫。棘手是因为很难平衡多方面的利益，无论怎么改，都会有人抱怨。紧迫是因为医疗费用在无节制地增长，其中政府承担的部分（Medicare和Medicaid）在迅速侵蚀大量财政收入。奥巴马总统在9月9日晚黄金时间对国会山的所有议员就医疗改革发表公开演讲。他把医疗问题视作美国国债问题。他说，如果我们让医疗费用一如既往地发展下去，那么政府在这方面的花费很快就会比在所有其他方面花销的总和还要多。

美国政府承担两类人的医疗费用：Medicare承担65岁以上老人的费用，Medicaid承担低收入人群的费用。这两个国家医疗项目的费用在1966年是政府总花销的1%，2008年是20%，而且迅速上涨，挤压政府在其他方面的预算。（2014年，这部分费用占联邦政府预算的23%。）从2000年到2008年，美国经济增长了4.4万亿美元，其中四分之一都花在了医疗方面。国会预算办公室预计医疗方面的花销会从2008年GDP的16%上涨到2035年GDP的30%。（2015年，这个比例是18%。）

Medicare和Medicaid覆盖面以外的人群一般是通过雇主提供的集体医疗保险

（employer provided group health care plan）保障医疗需求，这些保险是私营保险（private health care plans）；Medicare和Medicaid是国家对老人和穷人提供的公费医疗。它们各占所有医疗费用的一半。

雇主把在医疗保险方面的花销，像其他花销一样，从营业额中减去，然后计算利润，再根据这个利润缴税。也就是说，雇主给员工买医疗保险用的是税前收入。而员工个人也不为工资收入以外的医疗保险和其他福利缴税。国家为了鼓励人们有医疗保险，损失了这部分税收。这样的税制鼓励雇主少付工资，多提供福利。所以，雇主提供的集体医疗保险一般来说太宽松、太丰厚，病人自己负担的部分太少。

多数经济学家认为这个1954年通过的法案早就应该被取缔，国家应该对雇主提供的医疗保险征税。但有组织的工会反对这个建议，担心这样做会损害美国中产阶层的利益。而白宫曾经保证过，不会对中产阶层提高税收。反对工会的人指责，工会就是利用税收法律的缺欠，向雇主要求非常宽松、丰厚的医疗保险计划，然后向员工证明自己存在的价值；他们有意忽略"羊毛出在羊身上"的道理：从公司的角度说，员工成本是工资加福利，一方面多了，另一方面就会少。

2009年，虽然美国GDP的16%都花在医疗方面（2015年是18%），但效果并不好，还有15%以上的人（大约4000万人）没有医疗保险。2008年9月金融危机以来的12个月中，没有医疗保险的人数又增加了600万。2009年9月的数据表明，贫困率是20世纪90年代初以来最高的。相比之下，法国医疗方面的花销是GDP的11%，而所有法国人都有医疗保险。而且，美国医疗服务的质量不好，治疗效果好坏不均，价格几乎没有客观标准。人口老龄化只会使问题更加严重。

没有医疗保险的美国人是那些既不符合Medicare和Medicaid的标准（即不够老也不够穷的人），也没有雇主提供医疗保险的人。他们或者失业，或者是个体户（self-employed），或者是小公司的雇员。小公司往往没有能力提供医疗保险，它们的员工的唯一选择就是买个人医疗保险。而这样的私人保险因为逆向选择的缘故，往往价格昂贵（个人医疗保险的价格是集体医疗保险价格的三倍以上），他们无法承受，于是成了医疗体制外的游民。只有因为突发事件，他们进入大医院的急救室的时候，他们才不必担心医疗费用。

美国医疗费用连年攀升的另一个原因是国会为保护病人利益制定法律（medical malpractice laws）。病人有权利根据这些法律为医疗事故上诉医生（医院），如果胜诉，医生（医院）要负法律责任。医生为了避免这些责任，一方面购买医疗职业保险（medical malpractice insurance），一方面要求病人做过多的检查、测试，采取保守治疗。从他们的角度说，所有成本反正都是由病人的保险公司承担，医生不在乎，病人也不在乎。这就导致保险公司不得不提高保险的价格。即使是雇主提供的集体医疗保险计划，一家四口人每年的保险费用也在13,000美元以上，个人保险价格就更高了，那些小公司和失业人员根本无法承受。

在如何降低私营医疗保险价格的讨论中，保险市场是否是一个充分竞争的市场是其中一个焦点。在美国的34个州（共50个州）里，75%的保险市场被控制在5家甚至更少的保险公司手中。在亚拉巴马州，一家保险公司控制了将近90%的市场份额。一种增加竞争的办法是允许保险公司跨州营业；另一种办法是国家创建公立的保险机构，与私营保险公司竞争，以降低产品价格，提高服务质量。共和党人士一般倾向前一种方案，民主党人士大多倾向后一种方案。

美国医疗体制改革的核心问题在于如何一方面控制医疗成本，一方面扩大医疗保险的覆盖面，而且还要给医务人员动力，提高服务质量和治疗效果，同时还要鼓励研发人员创新的积极性。如何把这些看起来相互矛盾的目标协调统一起来，就是医疗体制改革的挑战。

第二节

奥巴马政府的医改思路

奥巴马在2009年9月9日晚黄金时间的演讲中，明确指出极左派的想法、极右派的想法和他自己的主张的区别。极左派希望国家主导医疗体系，效仿加拿大样本，给每个人都上保险，承担绝大部分费用，严格限制私营医疗保险。极右派希望取消雇主用税前收入购买集体医疗保险的制度，扯平集体保险价格和个人保险价格的相距，让医疗像其他物品和服务一样受市场竞争的制约，减少甚至取消人为的市场扭曲。也就是说，他们想取消大公司雇员与个体户之间在购买医疗保险时的不平等。奥巴马说，双方的立场都有道理，但是都会对现有的体制造成严重的冲击。他主张利用现有体制，"取其精华，去其糟粕"——保留其优势，改变其缺欠。

他希望把没有保险的美国人包括进医疗体系。他相信，美国这样的发达国家不应该让那些没有医疗保险的中产阶层家庭因为医疗费用而倾家荡产，我们不应该眼看着那些已有疾病的患者（pre-existing conditions）被私营医疗保险公司排除在外，也不应该允许那些保险公司在接到病人的账单后找各种理由拒绝付账。

奥巴马曾经主张创建国有医疗保险机构，与私营医疗保险公司竞争，降低保险价格，吸纳上千万没有医疗保险的人。但共和党议员强烈反对，认为这些举措是政府完全掌管医疗体系的第一步，与他们倡导的高效运营的私有经济理念背道而驰。

所以，奥巴马在演讲中变换了表述方式。他说，要用四年的时间创建一个新的医疗保险市场（a new insurance exchange），为小公司和个人提供非常有竞争力的保险价格。如果他们还付不起这样的价格，那么政府会通过减税的办法鼓励他们上保险。在这个新的医疗保险市场，为了让私营保险公司更加"诚实"，政府会设立一个非营利性医疗保险机构，供没有医疗保险的人选择。

为了争取共和党派议员的支持，奥巴马有意吸取重要共和党人的想法。对那些私营保险公司不愿意接受的已有疾病的人，奥巴马采纳共和党前总统候选人麦凯恩的建议，由政府提供低价格的保险。为了减少故意讹诈医院（医生）的诉讼案件，奥巴马命令卫生部部长采用小布什政府时期的想法，对那些在这方面努力试点的州政府提供资金支持。例如，一些州政府鼓励医院及早承认医疗过失，赔礼道歉；一些州政府特意提高病人（病人家属）控告医生的门槛（要求第三方医疗鉴定等）。

奥巴马政府预计这次医改在今后10年中的成本是9000亿美元。钱从哪儿来？奥巴马在演讲中保证，他不会在任何增加财政赤字的医改方案上签字。他要求"羊毛出在羊身上"：用医疗改革中节省出来的钱偿付改革费用。少花钱，甚至不花钱，还要多办事，谈何容易！

很多改革方案都需要眼下增加投入，以后才可能见到好处。而且这仅仅是一种可能，能否实现还要看落实情况。一种省钱的办法是剔除Medicare花销中的大量浪费，通过改进医疗系统的信息设备和流程，减少重复劳动和行政成本。但是，改进计算机系统本身就需要资金投入。65岁以上的老人担心，减少Medicare花销是否会影响他们的医疗福利。奥巴马决定成立由医生和医疗系统专业人士组成的独立调查小组，调查可以避免的浪费，推广最佳管理体系（一些州的医疗质量和医疗成本明显比其他州控制得好）。

奥巴马还提议，取消房屋贷款利息部分免税（tax deductibility of mortgage interest）的制度，以及限制对社会公益事业捐款减税的最高税率（cap the highest tax bracket for charitable contributions）。但国会议员对这两项提议都非常冷淡。

右派经济学家的异议：应该"国退民进"，而不是"国进民退"

哈佛大学经济系教授费尔德斯坦和曼昆分别撰文指责奥巴马政府医改思路中的问题：大搞医疗平均主义，打击医疗科技创新，等等。他们更倾向用"国退民进"的方法来应对美国医疗体系中的各种挑战。

在比比皆是的反对声中，很难区分哪些是政府提案中真正的不足；哪些是既得利益者在为自己的利益说话；哪些是因为党派或个人原因，根本就不愿意看到奥巴马入主白宫，于是鸡蛋里挑骨头，政府的提案再完美，动机再真诚，也是不好的。但有一点可以肯定，人有不同的信仰，有人更相信政府，有人更相信市场。相信市场的人看到的是相信政府的人看到的种种弊端。

哈佛经济系教授马丁·费尔德斯坦分别在7月28日和8月18日就医改问题在《华尔街日报》上发表评论员文章，指责奥巴马为了15%的人的利益，牺牲85%的人的利益。奥巴马医疗改革的整体思路在他看来是错的——奥巴马在追求医疗方面的平均主义。奥巴马增加医疗保险覆盖面的办法不仅仅是建立在减少

Medicare支出的基础上，还建立在要减少所有人医疗支出的基础上。费尔德斯坦怀疑，这会降低医疗服务的总体数量和质量，影响人们的健康。他认为，解决医疗问题的办法不应该是"国进民退"，而应该是"国退民进"。

他说，奥巴马这次改革的首要目的是为低收入人群谋福利。政府通过Medicaid项目每年为低收入人群承担的医疗费用已经将近3000亿美元（2015年达到5451亿美元），还要再为这些人在今后的10年中多花9000亿美元。这是不是有些过头了？其实奥巴马所说的"低收入人群"指的是较低收入人群，是泛指，这些人在奥巴马的定义中是美国中产阶层，真正的低收入人群已经包括在Medicaid中了。

费尔德斯坦说，即使要提高这些人的福利，我们也应该想出更经济实惠、更高效的办法。奥巴马用增加最高收入人群个人所得税来填补财政短缺的办法不会奏效。经验告诉我们，把最高收入人群35%的边际税率提高到45%，只会打击他们工作的积极性，减少他们的收入，进而减少从这些人那里收上来的税，增加财政赤字。

奥巴马医疗改革的第二个目的是减缓政府医疗开支的增长。费尔德斯坦认为，控制成本不是高高在上的官僚用一刀切的指令就可以解决的，市场才是控制成本最好的机制。"国退民进"意味着减少政府在医疗费用领域的份额。他说，增加病人负担费用比例的最简单的办法是提高Medicare和Medicaid付账的上限：规定多少钱以下的费用由病人自己承担，国家只承担大额医疗费用。他还建议提高病人每次看医生的费用（co-payment，2009年是15美元左右，2016年是30美元，由病人自己负担），这样病人在与医生预约之前会更加慎重，仔细考虑有没有必要为小病看医生。

现在的问题是，有医疗保险的人动不动就去看医生，医生知道病人有国家医疗保险（Medicare和Medicaid）或私营医疗保险，就随意要求病人做各种测试；测试越多，他们的收入就越多。这就造成了美国医疗业"冰火两重天"的局面：一方面有保险的85%的人医疗消费过剩，有大量浪费；另一方面个人医疗保险价格太贵，门槛太高，有15%的人买不起保险，几乎完全没有医疗消费。

费尔德斯坦认为，控制医疗费用增长的更长远、更根本的办法是鼓励人们建立"医疗储蓄账户"（health savings account），鼓励他们储蓄税前收入的一部分，为年老以后的医疗花费做准备。这和他主张建立个人退休储蓄账户（personal retirement savings account）的思想一脉相承（详见第三章）。他的主要目的是要每个人为自己的行为负责——承担自己的医疗费用和退休费用，而不是依赖政府解决这些问题。这样做的好处是每个人可以酌情而定，而不是政府用"一刀切"的方式替人们做决定。

设计政府医改方案的人员指出，医院花销的一半都是人们临终前最后一年的医护费用。他们打算通过"成本效率研究"（cost-effectiveness research，CER）得出结论，哪些治疗是花销相对小、效果相对大的，是国家和私人医疗保险应付的花销；哪些是得不偿失的治疗，是不必要的浪费。奥巴马在2009年2月通过的财政刺激方案中已经为CER提供了100多万美元的创建资金。

费尔德斯坦认为，CER的规定根本无法从病人的具体情况出发，会"一刀切"，不够尊重病人个人的意愿，还会打击医药创新的积极性，因为科研人员会担心，如果他们的新发现"太贵了"，CER可能不会给病人报销使用新药的费用。费尔德斯坦主张，允许私营保险公司跨州营业以增加竞争，降低加入保险的门槛；没有必要创建国有保险机构（或医疗方案），因为那样只会导致国家成为整个医疗体系的最终付款人。

虽然医疗费用连年增长，但费尔德斯坦认为，GDP也会连年增长，我们负担得起；我们不能让"国进民退"抑制了美国医疗体系中最好的部分。85%有医疗保险的人过度消费也有好的一面：分散的市场机制使美国拥有最先进的技术治疗疑难病症，很多有保险的其他发达国家的病人到美国来看病就是最好的证明。

格里高利·曼昆在9月20日的《纽约时报》上发表评论员文章，指出医疗费用增长的主要原因是医疗技术的更新换代；医疗系统中有浪费，但不是主要原因。他认为，医疗技术方面的创新即使价格昂贵，也是好事，比没有创新要强。

他说，把所有人都纳入医疗保险系统听起来充满人道主义情怀，很有魅力，但现实是严峻的，每个人和每个国家都面临预算限制，而且医疗成本越来越高，我们没有办法两全其美。经济资源的不平等是自由社会不诱人的特点，但这是自然而然的。在医疗成本占整体经济比例日益增长的今天，我们必须决定，我们愿意失去多少自由，限制多少自然的经济资源的不平等来换取所谓的"公平"。

民主制度下，精英治国就是聪明人在制约聪明人，谁也不服谁，谁也不能走极端。民主党在100名议员的参议院中占57个席位。另外还有两名独立议员既不是民主党也不是共和党，他们在这个问题上估计会站在民主党一边。民主党还需要说服至少一名共和党议员，才能拿到60票赞成票，才能阻止共和党的拖延策略。国会博弈的产物自然是某种程度的折中，折中的程度如何还需拭目以待。

模拟联合国峰会：联合国千年发展目标可行吗？

2010年秋季，戴维·卡特勒教授为本科生讲授有关健康的商务与政治（Business and Politics of Health）的课程。卡特勒是哈佛大学经济系在医疗体系方面唯一的专家。他的才干在1987年刚从哈佛大学本科毕业时就显露出来：他的毕业论文经过修改被主流专业期刊刊载，经常被引用（详见第三章第十五节《公共财政领域里的前沿性研究》）。卡特勒因此获经济系最高荣誉奖。1991年，他在马萨诸塞理工学院获经济学博士学位，随后在哈佛大学任讲师，1997年晋升为终身教授。

卡特勒与波士顿各大医院、哈佛公共卫生学院、哈佛肯尼迪政府学院都关系密切。1993年到1995年，他还是哈佛大学讲师的时候就服务于克林顿政府的经济顾问委员会和国家经济委员会，参与医疗改革和社会保障体系方面的研究。进入新世纪以来，卡特勒加入过民主党总统候选人的智囊团，但小布什成功连任两届总统，他的努力付诸东流。

政治风水轮流转。当2008年民主党总统候选人奥巴马独树一帜的时候，卡特勒加入奥巴马的团队，进而在奥巴马入主白宫之后成为2010年3月23日通过国会的美国医疗改革法案的主要策划者之一。为了能在医疗政策方面提出洞见，卡特勒还与医疗技术领域保持联系。他是医学研究所（Institute of Medicine）的成员，也是老龄化研究联盟（Alliance for Aging Research）的技术顾问组的成员。

2010年9月整整一个月，卡特勒都在讲关于健康的宏观形势，解释大量跨时间、跨地域的数据图表。例如，健康如何定义、如何度量？是不是国家越富有，人们越长寿？诸如此类的问题。答案很多时候与人们的直觉相吻合，但也不乏洞见。健康并不仅仅指一个人是否有明显的疾病，还包括心理和生理等各方面不同程度的健康。因为健康包括的内容太广，很难度量，所以研究者一般用死亡率、预期寿命等容易统计的数据作为衡量一个人群健康程度的宏观指标。

一个国家的经济发展水平当然不是影响健康的唯一因素。在古巴、朝鲜和20世纪的中国，人们的寿命较长，国家却相对贫穷；而美国人的寿命相对高收入的经济水平来说是比较短的。这里判断的标准是从回归分析而来（横轴是人均GDP，纵轴是预期寿命，把所有国家的数据都放进去，通过回归分析，找到最适合的曲线，然后看一个国家的数据点是在这条曲线之上还是之下）。

纵观人类健康历史：人的平均寿命从18世纪开始缓慢增加，从20世纪初开始迅猛增加。可想而知，18、19世纪的工业革命对经济发展的促进作用，20世纪初公共卫生体系的建立（例如，清洁用水、上下水道、室内厕所等公共工程）和20世纪中期医药技术的突飞猛进（例如，消炎药和各种疫苗的发明）都是延长人们的寿命的基本原因。这其中有洞见的问题是：如何排列这么多因素的轻重缓急？这个问题的答案意味着：我们在治理贫困国家，努力提高人们健康程度的时候，应该如何分配有限的资源，同时又能取得最大的成效。

☆ 模拟联合国峰会

直到10月5日，卡特勒组织了一次别开生面的模拟联合国峰会，他的授课意图才清晰可见，前一个月那些数据分析突然显得有用而系统。他要学生把自己放在国家和世界卫生医疗体系的设计者的位置上，在了解问题复杂性的前提下提出自己的政见。出色的学生要有全局观、时代感和责任感。

卡特勒把学生分成八个小组，分别代表博茨瓦纳大学（University of Botswana）医学院、南非政府、美国外交部、中国政府、世界银行、联合国儿童基金会（UNICEF）、艾滋病服务组织国际委员会（International Council of AIDS Service Organizations，ICASO）以及美国医药研究和生产厂商行会（Pharmaceutical Research and Manufacturers of America，PhRMA）。学生用一周时间准备在联合国峰会上的发言：想象你自己就是这些组织的代表，你在联合国峰会上会怎么说？联合国在2000年采纳的千年发展目标能否在2015年按计划实现，尤其是其中三项与健康有关的目标？每个小组选两至三名代表到讲台上演讲6~7分钟。

准备这个发言需要一定的背景知识和材料。学生首先要了解联合国千年发展目标的具体内容。联合国在1970年就提倡发达国家每年为贫困国家提供相当于各自国民生产总值（GNI）的0.7%的国际援助（Overseas Development Assistance），包括美国在内的部分发达国家一直没有达到这个标准。（2014年，发达国家从总体上来说仅仅提供了它们国民生产总值的0.3%的国际援助。只有丹麦、卢森堡、挪威、瑞典和英国达到了0.7%的标准。）

联合国在2000年采纳了千年发展目标，敦促各国在2015年以前在以下八个方面"达标"：（1）斩除贫困和饥饿；（2）普及初级教育；（3）加强妇女的力量（使妇女变得强大，empower women），鼓励男女平等；（4）降低儿童死亡率（child mortality）；（5）增强母亲的健康；（6）与艾滋病、疟疾、肺炎和其他疾病做斗争，减少疾病传播；（7）确保环境的可持续性；（8）在全球范围寻求伙伴关系，以求共同发展。这八项内容都有各自的量化指标。其中，第四、第五和第六条都与健康有关。学生还要了解各自所代表的国家或组织的宗旨，以及它们在与健康有关的这些目标中所做过的各种努力。这些信息很容易搜集，只要找到这些组织在互联网上的网页就能掌握基本情况，做出漂亮的PPT演示。

学生面临的挑战是要设身处地地站在这些国家或组织的立场上为今后做计划、做承诺。卡特勒曾经讲过艾滋病在世界范围的迅速蔓延，举例说明一些国家的成功策略（例如泰国对商业妓女设立的行为规范）和存在的问题。博茨瓦纳和南非都是艾滋病蔓延的主要地区，大约四分之一的人口都有不同程度的性病。它们的研究性大学、它们的政府应该采取什么立场、什么措施、什么手段，才能扭转恶性循环的态势？美国作为发达国家的代表，对世界上的疾病蔓延和贫困国家应尽怎样的义务？如何才能最有效地花美国纳税人的钱？美国对迅速崛起的发展中国家有什么期望和要求？［例如，代表美国外交部的学生要求中国政府在特定的扶贫项目上与美国在资金方面有1∶1的承诺（one-to-one matching funds），即拿出同等数额的资金。］中国作为发展中国家的代表，有哪些责任和义务？如何既承担应有的责任和义务，又不是打肿脸充胖子，身体力行的同时也量力而行？各种国际组织如何才能促进联合国千年发展目标的实现？医药研究制造商的企业行会怎样才能既帮助贫困国家，又保护自己的知识产权和一定的经济利益？

☆ 思考问题

在"代表们"展示各自的PPT之前，卡特勒让观众席上的学生思考以下问题：你们要边听边想，他们有哪些领域没有提到，而这些领域又是应该提到的？我们是否有足够的资源、足够的能力、足够的决心在2015年以前实现联合国千年发展目标？我们是否能在如何采取行动的问题上达成一致意见？如果答案是否定的，我们应该怎样重新设计蓝图？

你也许在想：我这么一个年轻人初出茅庐，人微言轻，哪能帮助联合国设计蓝图？或者想：我这么一个平头百姓、小人物，自己的事情还管不过来呢，哪里管得了远在天边的非洲难民或艾滋病患者？其实不然。如果你只想"管理好自己的事情"，就不必上大学，上中专或技术学校就够了——既不浪费自己的时间精力，也不浪费别人的时间精力。学一种实用的技能，不用为找工作发愁，可以生活得很好，一个正式管道工的收入比大多数本科毕业生甚至很多研究生的收入都高很多。在大学里滥竽充数、敷衍了事，既骗别人也骗自己，何必呢？

如果你选择上大学，选择接受博雅教育（或通识教育），你的目标就不仅仅是个人生活得好坏的问题，而是你能不能使别人生活得更好。你不但要成为一个能辨别是非、有主见的公民，还要成为国家的"栋梁之材"，以天下为己任，有全局观，有时代感和责任感。如果只为自己求生存、谋出路，就不需要上大学。即使上大学，你也很难把自己放在国家和社会体系设计者的位置上思考问题。

☆ 总结发言

在八组代表结束演讲之后，卡特勒提问观众席上的学生：你们觉得哪组代表的演讲最有说服力？哪组代表的说服力最弱？假如你是联合国秘书长，你会怎么做？联合国应该起到怎样的作用？当然，你会持之以恒地办教育、办职业培训，加强妇女的力量，加大宣传力度，理顺信息传播流程，扩建服务设施，培训医护人员，等等。

最后，卡特勒即席调研：相信联合国千年发展目标在2015年之前实现有50%以上可能性的同学请举手，有25%以上可能性的同学请举手，有10%以上可能性的同学请举手。结果显示，绝大多数人对实现这些目标的可能性持悲观态度。卡特勒说，即使今天所有代表的承诺都付诸实施，改变人们的行为和地区文化也需要相当长的时间。

卡特勒反问：如果你（联合国高管层）明明知道你提出的目标实现不了，

为什么还要提出呢？卡特勒自问自答，或许提出目标本身就会帮助我们明确目的，统一路径，协调行动。那么，再想想，十年以后的形势又会怎样？卡特勒清晰地意识到任务的艰巨性，言谈中流露出倾向于扩建医疗服务设施、扩大培训医护人员这条途径。"明知不可为而为之"似乎是具有远大抱负的人的共同特点。〔未完成的联合国千年发展目标在2015年年末被囊括到下一个15年（2016—2030）的发展目标中，目标数量从8项扩展到17项，名字从"千年发展目标"改为"可持续发展目标"（Sustainable Development Goals）。〕

西方医疗体系的横向比较与历史演变

10月中旬期中考试以后，卡特勒开始了他的"拿手好戏"——讲解医疗体系。一个国家医疗体系的运作太复杂了。一些专家用来解释这个体系的图示看起来像一团乱麻，无从下手。卡特勒让学生从医疗体系最基本的社会功能入手，思考这个体系的三个基本组成部分及相互关系：需要医疗服务的病人、提供医疗服务的医护人员和医疗保险（私营保险或国家保险）。保险公司从客户（病人和健康的人）那里根据条件收取保险金，即保险的价格，提供保险计划和覆盖面，再根据付款规则付给医护人员费用；医护人员根据一定的就医原则接纳病人。

一个理想的医疗体系应该既平等又高效，又鼓励发明创造和使用先进医疗技术。"平等"意味着所有人只要有病，就应该受到同等质量的治疗；"高效"意味着没有过多或不足，或错误地使用医疗资源；但"平均主义"的医疗体系往往不利于发明创造最新技术。高效率与保护隐私权有时也不能兼得。例如，把所有病人的病历都放在网络上，所有人随时可以查询，虽然高效，但侵犯了病人的隐私权。正因为医疗体系的理想目标本身就是相互矛盾的，所以没有任何一个国家的医疗体系完美无缺。我们都生活在矛盾中，而在这些矛盾中的不同选择体现了一个社会的价值取向。

☆ 西方医疗体系之间的横向比较

美国的医疗体系与加拿大、日本和一些西欧国家相比，更加市场化，更加不平等。加拿大、法国和英国都是国家通过税收垄断医疗，成为支付医疗费用的唯一主体，这样所有公民无一例外，都平等地纳入国家医疗体系。在加拿大，各个州政府充当这一角色，医生的收入大约只是美国医生收入的一半。

这样做的问题是医疗供给受到限制：挂号难，排长队，有的重病患者等不及排队，只能到美国来动手术。医生下意识地"节约"手术，手术是医生不得已而为之的最后策略。结果是，加拿大人动手术的概率小、总数少，健康程度根据各种指标却比美国人高。相比之下，美国人动不动就采取手术治疗，效果并不好。现在美国在医疗方面的花费是GDP的16%（2015年是18%），而加拿大的医疗花费是GDP的11%。因为英国距离美国更远，所以英国人没有加拿大人来美国看病那么便利。有经济能力的英国人可以付高价，正当地迅速见到医生，不用排队或者少排队。加拿大没有这个合法渠道，有钱没钱都一样，医疗体系一视同仁，所以经常有加拿大人来美国看病。

日本也非常注重平等就医，把病人承担的成本部分（co-pay）压缩得很小，医生的利润很薄。那日本医生有什么对策呢？他们的对策是一方面提高周转率，几分钟就看一个病人，紧接着就看下一个；另一方面多开药，以药补医。结果是，日本人是吃药最多的、拍片子最多的、做各种检查测试最多的。所以有人说，日本的人均寿命最长与日本的医疗体系毫无关系。

美国相对其他主要发达国家的优势在于医疗技术更新快，发明创造多。美国的医疗费用从1960年GDP的2%增长到2009年16%的部分原因是现代治疗思想和手段与20世纪50年代截然不同。20世纪50年代，医生对心脏病人的建议经常是吃止疼药和卧床休息，这当然也是最便宜的治疗方法，完全没有现在的高科技手段。当新的更有效的医疗技术、设备和药品被发明出来时，新的问题也产生了：成本和价格太高导致了不平等和公平与否的问题。因为美国不搞平均主义，高成本、高价格自然而然就把很多人排斥在外了。

☆ 西方医疗体系的演变过程

第二次世界大战以来，西方医疗体系基本经历了四个阶段。20世纪五六十年代，英国成为全民医疗的"领头羊"。全民医疗是指所有人向政府缴纳医疗保险，政府用这些保险费来承担所有医疗成本。1945年，工党领袖克莱门特·艾德礼（Clement Attlee，1883—1967）击败保守党领袖丘吉尔，成为英国首相。他决定按照自由主义经济学家、社会改良家威廉·贝弗里奇（William Beveridge，1879—1963）在1942年写的著名报告《社会保险与服务》（*Social Insurance and Allied Services*）创建社会保障体系。贝弗里奇的理念是，所有生病的人——无论富有还是贫穷——都能够就医，而且都能够得到同样质量的治疗；价格不应该是任何人的障碍。

这样做的问题是，当所有人都能享受宽厚、人道的服务，不受价格的限制时，人们的倾向就是过度消费，使医疗供给显得供不应求，成为"瓶颈"。20世纪七八十年代，医疗领域改革的主旋律是控制成本。70年代的两次石油危机使美国经济进入滞胀阶段。80年代初，美国经济衰退，政府赤字开始膨胀，医疗体系感受到成本的压力。每当经济衰退的时候，国家主导医疗支出的政府就不得不削减医疗开支。

最近20年，医疗体系主要以增加竞争为手段来控制成本。加拿大、法国、意大利和日本都增加了病人承担医疗成本的比例。保险公司和医疗组织之间都增加了竞争。这些策略在一段时间内起到了一定的作用，但不久新问题又出现了。医疗组织（医院、医生）开始不同形式的合并，以提高讨价还价的能力。1999年，英国建立国家医疗质量研究所（National Institute for Clinical Excellence），主要任务是评估新医药技术的成本与效益。这与美国医改中被共和党指责的"死亡裁决委员会"（death panel）的意思类似。

接下来，第四阶段的医疗改革的方向应该是什么呢？美国医疗体系面临的主要问题是连年递增的医疗成本；不均匀的医疗质量；大约六分之一的美国人没有医疗保险（在正规医疗体系之外），不能平等就医，消费不起；与此同时，另外六分之五有医疗保险的人过度消费医疗资源，造成浪费。卡特勒倾向的答案是：医疗供给统筹管理，改革付账体系，增加病人承担医疗成本的比例，增加预防疾病、健康宣传等方面的投资。

美国医疗体系的演变过程

　　有几届美国总统曾经都有"国家主导""全民医疗"的愿望，但面对强大的反对势力，他们的努力大多不了了之，收效甚微。2010年3月通过国会的《患者保护与平价医疗法案》（Patient Protection and Affordable Care Act, PPACA）在"全民医疗"方面迈出了重要一步。

　　任何体系的重大改革都有自己的历史。美国的医疗改革并不是最近两三年才引人注目的，它有大约一个世纪的历史。20世纪初，西奥多·罗斯福（Theodore Roosevelt）总统就承诺要建立国家医疗保险，但他在1908年的竞选中输给了民主党竞选对手。20世纪30年代经济大萧条，失业率在20%以上，富兰克林·罗斯福总统考虑了国家医疗保险，但没敢向国会正式提出议案，因为他在1935年已经倡议并签署了极富争议的《社会保障法案》[Social Security Act，这个法案通过设立专门税收（工资税）来发放退休金、失业金、残疾保险等（详见第三章第八节《美国社会保障制度的挑战与出路》），是"罗斯福新政"的一部分]，他不想再引出医疗保险的问题火上浇油。第二次世界大战后，杜鲁门总统再次积极倡议国家医疗保险，但被美国医学会（American

Medical Association，AMA）组织的社会舆论击败。

1954年，美国税务局（Internal Revenue Services，IRS）规定，雇主为雇员购买的医疗保险可以作为营业成本，从利润中扣除，然后计算营业税的基数，于是医疗保险和给职工的其他福利都变成可以减税的花费（tax deductible）。这个规定使雇人单位采取"增加职工福利，降低职工工资"的雇人策略，私有医疗保险也随之迅速扩张。以至于现在，当公司主管与工会讨价还价时，公司主管开诚布公地说："我们明年只能给你们增加3%的收入，你们自己决定在福利和工资之间如何分配这3%。"言下之意是，羊毛出在羊身上，员工收入增长的总幅度是一定的，反正公司的利益不能损害。正是因为这个税收政策，大公司的医疗保险（和其他福利待遇）愈加宽厚，有些保险还包括每年两次或三次的例行洗牙费用。

1962年，肯尼迪总统在国家医疗保险方面的努力遭到了和杜鲁门总统一样的阻碍。20世纪60年代，大约三分之一的美国老人的收入在贫困线以下，与现在截然相反。现在生活在贫困线以下的主要是儿童。1965年，Medicare和Medicaid国家项目应运而生——Medicare承担65岁以上老年人的医疗花费，Medicaid承担收入在一定水平以下的穷人的医疗花费。左派抱怨，这样的覆盖面还不够大；右派抱怨，支出太大，国家负担太重。这是一个永恒的矛盾。1976年，卡特总统再次主张国家医疗保险，再次遭到挫败。他指责当时的马萨诸塞州参议员特德·肯尼迪（Ted Kennedy）煽动国会，反对他的主张。

20世纪八九十年代，社会福利的覆盖面逐渐扩大。不但老人有社会退休金（Social Security）和Medicare，穷人有Medicaid，孩子、孕妇和其他有困难的妇女都被囊括到社会保障体系中。只要人们发现一类值得同情的人，国会政客就有理由把他们加进来。这些类别的人一旦享有国家福利，政治家就休想再减少这些福利。如果他们在国会倡议要减少某类人的福利，那么他们回到自己州的时候，不但会遭到这些人的强烈指责，还会受到一定程度的迫害。把鸡蛋砸到他们私人汽车的门窗上等类似的新闻屡见不鲜。

1993年，第一夫人希拉里·克林顿牵头再次起草国家医疗保险的议案。卡特勒作为经济顾问委员会的成员，也参与其中。各种反对声音震耳欲聋，最后克林顿夫人意识到国会投票无望，不得不撤回长达24万字的议案。1997年国会通过的"国家儿童医疗保险计划"（State Children's Health Insurance Program, SCHIP）使国家税收承担的儿童医疗保险的覆盖面扩大到几乎包括了所有儿童。从2003年起，Medicare开始负担病人处方药（prescription drugs）的费用。这样，国家承担医疗保险的比例越来越大。

2009年12月，参议院以60∶39的多数票通过《患者保护与平价医疗法案》。2010年3月21日，众议院以219∶212的微弱优势通过这个法案，两天后由奥巴马总统正式签署为法律。这部法律要在今后四年中逐步实施，意在继续扩大国家医疗保险的覆盖面，让人们更健康，有更多经济安全感，同时通过提高运作效率减少长期国债。国会预算办公室预计这个法案会使3000万没有医疗保险的美国人被纳入保险；在今后10年，国家要承担9380亿美元的医疗费用，但同时减少国债1380亿美元。这个法案通过之前的情况，见本章前三节。（到2016年，2000万没有医疗保险的人因为这个法案已经被纳入了保险。）

第七节

美国最新一轮的医疗改革

这一轮的美国医改具有里程碑式的重大意义，但也因此备受争议。卡特勒作为这次医改的策划者之一，深入其中，将故事娓娓道来。

卡特勒在2009—2010年间是奥巴马政府医疗改革的主要策划者之一。为此，他声明，他要尽量客观，不戴有色眼镜看问题。卡特勒在2006年就接到当时还是参议员的奥巴马办公室工作人员的电话，邀请他为奥巴马出谋划策。当时加入奥巴马医疗改革智囊团的还有其他经济学家和医疗专家。卡特勒说，为政治家做类似的政策咨询都是义工，"你不想从中获得任何经济报酬，因为政治角逐最忌讳金钱利益导向；除非这位政客在今后的总统竞选中顺利成为总统，你随之进入政府，正式领政府工资，那就是另外一个情形了"。

卡特勒简单介绍了总统候选人的竞选班子：竞选经理统筹管理日程安排部门、对外关系部门和政策内容部门的主管。政策内容部门又分为社会政策、经济政策和国防政策三大部分。社会政策再分为医疗政策和教育政策。卡特勒是奥巴马医疗政策团队中的主力成员。他说，在给总统候选人提供政策建议时，要让候选人清楚政策方向和改革动力，但要尽量少说政策细节——一方面要减少其他总统候选人攻击的可能性，另一方面也要考虑，今后他一旦成为总统，他愿意有更多政策回旋余地。

这一轮医疗改革主要有三个目的：第一，让"几乎"所有人都有医疗保险。卡特勒解释，这里"几乎"这个词的意思主要是指把非法移民排除在外。从人道主义说，他们也应该被包括进来，但是"让所有人都有医疗保险"这个议题本身就已经非常有争议了，如果移民问题再夹杂进来，问题就会更复杂，更不可能通过国会。第二，改善就医规则，让人们知道去哪里看医生，并且价格合理，可以承受。第三，改革付账系统，真正使公共医疗体系运作通畅。

如果看病价格太高，政府就要给予穷人补贴。美国有两个州基本实现了全民医疗的体制：东部的马萨诸塞州和中部的犹他州。卡特勒接着上网操作，即席演示马萨诸塞州州政府的医疗网站是如何运作的。它把人们分门别类，通过价格补贴向穷人和弱势群体提供政策倾斜，鼓励他们购买医疗保险。

一般来说，美国家庭医疗保险平均价格是每年13,000美元，占平均家庭收入的四分之一。如果雇主不提供保险，一般家庭很难承受。美国个人医疗保险平均价格是5000美元。很多没有正式工作的年轻人，或者在不提供保险的小公司打工的人，即使买得起医疗保险，也选择不买，他们宁肯扛着，赌"自己身体永远健康"，或者赌"自己每年省下的保险金足够自己在大病中的医疗费"。数据显示，有些年收入在75,000美元以上的美国人也属于这个类别。他们是什么样的人呢？卡特勒解释，他们是到你家来修理管道的管道工。有经验的房主都知道雇用管道工是多么昂贵。

美国医疗成本高昂有多方面原因：（1）美国医疗中高科技含量大，手术频率高。（2）目前的付款规则是医生按程序收费（pay for service），这种规则鼓励医生给病人多检查、多化验、多手术。表面上看，病人接受很多治疗，多多益善；实际上，除了浪费以外，效果不佳。如果医生按工资拿钱，那么医生就有消极怠工的嫌疑。（3）临终前医疗成本直线上升。人一生中医疗花费的绝大部分都用在临终前的最后几个月，甚至最后几天。（4）美国医疗体系中行政工作量太大，行政成本远远高于加拿大等其他发达国家。有漫画讽刺付款规则和程序复杂至极，以至于医院里的行政人员看起来比医护人员还忙，他们在文件成堆的办公室里用电话同时联系各个部门。这幅漫画称医院的付款办公室为"intensive billing unit"，与医院里的"intensive care unit"（ICU，即重症监护室）相呼应。

卡特勒对问题的诊断是：医生对收入模式非常敏感。按程序收费的机制只会降低医生治愈病人的动力。要提高医疗系统的效率，就必须改变这种激励机制。卡特勒主张按照病人的整体经历、治疗效果付账，而不是按照医疗程序付账。但他没有细说这一思想如何落实在医护人员的人头或小组上。

以卡特勒为代表的左派经济学家倾向压低医生的利润，以提高医疗系统的整体效率。卡特勒在2008年被各大杂志转载的名言是："不错，这样做医生肯定会生气，但他们又能怎么样呢？难道他们能转行成为职业篮球运动员吗？"言下之意是，他们受了那么多年的医学训练，已经不可能改行了。此外，卡特勒还主张投资医疗体系中的电脑系统，分享数据库，改变并简化付账程序。奥巴马在总统竞选中为此承诺500亿美元，后来在2009年2月通过国会的财政刺激计划中落实了300亿美元。

2010年正式通过的《患者保护与平价医疗法案》为了增加医疗保险的覆盖面，降低了符合Medicaid项目的条件，同时继续缩小"面包圈中间的漏洞"（donut hole）。所谓"面包圈中间的漏洞"是指一种现象：穷人的花费由国家承担，富人自己有钱，只有中间阶层的人感觉力不从心；或者从保险公司的角度说，小费用覆盖了，巨额费用也覆盖了，但中间级别的花费还没有着落。这种中间区域没有被政府或保险公司覆盖的现象被称为"面包圈中间的漏洞"。

这部法律（PPACA）鼓励企业为职工提供医疗保险，鼓励医药研究及创新，建立医疗保险交易市场（establish health insurance exchanges，卡特勒即席在网上演示的马萨诸塞州保险交易市场就属于这一类）；要求保险公司不能因为入保申请人的已有病情而把他们拒之门外；根据加入保险计划的人群的健康程度对保险公司提供不同程度的补贴。为了减少美国联邦政府的财政负担，这部法律还包括各种增收节流的措施：增加高收入人群的边际税率，增加医药公司和医疗设备公司为国家缴纳的各种费用；所有公民都必须有医疗保险，否则要罚款，除非他们收入极低或有其他特殊原因。

卡特勒有意没有提及这次立法中争议最大的"死亡裁决委员会"的提议，共和党称其为"death panel"，非常引人注目。这是针对临终前医疗成本太大而想出的措施。当一个人奄奄一息的时候，昂贵的仪器或药物可以使他的生命延长几天，或者几个小时。问题是，这样做值得不值得？卡特勒在以前的课程中回答学生的问题时，曾经说："我会很高兴成为这个委员会的成员。你能想象这个委员会的工作有多么有意思吗？"事实上，为了使这个法案能顺利通过国会，所有与死亡裁决委员会有关的提议都被删除了。

即便如此，由卡特勒主导策划的这个医疗改革法案在众议院的投票中也仅仅是险胜（219：212），票数接近显示了有关这个法案的巨大分歧。它面临来自左派和右派两方面的指责。主张国家应该"大包大揽"统筹医疗的左派人士认为，这次改革的步伐还不够大，离全民医疗还有很大距离。极端自由主义者（共和党中的极右派）认为，国家主导成分太多，有向"社会主义"迈进的趋势，要求"每个人都必须有医疗保险"本身就限制了消费者的选择，而且成本太大，扭曲了劳动力市场自然的供需平衡（关于福利对劳动力市场供给的影响，详见第三章第十五节《公共财政领域里的前沿性研究》）。生活中本来就有很多不可调和的矛盾，在公共领域里更是如此。

医疗保险中的"道德风险"和"逆向选择"问题

美国法律要求，医院急诊室对所有病人——无论有保险还是没保险——都来者不拒，一视同仁。这样的规定有什么问题？购买医疗保险与购买其他消费品有什么本质上的不同？这个区别给政府管理医疗保险业带来怎样的挑战？

人一旦有病，医疗费用高昂，一般人难以承受。为了使有病和没病时的花费差不多（也就是把巨额医疗费用平均摊在每个月），人们购买医疗保险。保险公司通过对健康人和病人都征收同样的保险金，即保险价格，来分散风险，把人们不可预计的不确定性变为可预计的已知的月供保险金，从而提供有价值的服务。

☆ 医疗保险中的"道德风险"问题：右派的担心

任何保险都有两个问题：道德风险和逆向选择。道德风险在医疗保险中体现在两个方面：第一，买保险的人可以不那么注重保持健康，疏忽大意。他们会想：反正生病了会有保险公司为看病付钱。第二，医生对有保险的病人也可能会多测试、多治疗。医生会想：反正病人不介意费用，都由保险公司承担。这导致医护人员做很多无用功。例如，让可住院也可不住院的病人住院治疗，没完没了地拍片子、化验，过多地咨询，等等——效果不明，浪费资源。保险公司的付账原则使医护人员没有动力采取有价值但低成本的治疗方案。

20世纪90年代，美国联邦政府立法，要求所有医院的急诊室接纳所有病人——无论有没有保险都来者不拒、一视同仁。这样做使社会保障体系看起来更宽厚仁慈，但也使道德风险问题更加突出，人们主动掏腰包买保险的动力随之减小。那些时有工作、时无工作，或者只有非正式工作，或者没有雇主负担医疗保险的年轻人，就更愿意扛着不买保险，反正有紧急情况，他们就可以进急诊室得到治疗。急诊室的成本要被社会化，也就是说，从缴纳保险的人身上出。这就造成了没有医疗保险的人想"搭便车"的道德风险。

有保险既有好处，又有成本，那么就有一个最佳保险程度的问题。理论上说，当分散风险的边际好处等于道德风险的边际成本时，保险程度最好，不多也不少。以费尔德斯坦为代表的右派经济学家担心过度保险带来的道德风险，主张取消公司通过为员工购买医疗保险，为员工提供福利，而在税收上享受的优惠政策。这不但使大公司员工、小公司员工、个体户和临时工在劳动力市场上不平等，扭曲了劳动力市场的供需平衡，而且导致了一部分有保险的人过度消费医疗资源，一部分没有保险的人根本消费不起的不平等。右派经济学家建议，提高病人看病付账的比例或者提高保险公司的报销门槛（保险公司不报销低于一定额度的医疗费用，即小额花销由病人自己承担）。

以卡特勒为代表的左派经济学家则主张改变医生收费体系，不让他们觉得测试治疗程序多多益善。几乎所有医生都觉得自己比别的医生高明，自己的治疗方案是最佳的。癌症患者是应该手术还是化疗？手术医生会告诉他应该手术，化疗医生会告诉他应该化疗。这并不是因为他们根据自身利益有意误导病人，而是因为有些反馈是下意识的。这就如同在田野调查中，你会发现有四分之三的人认为自己的开车技术高于平均水平。这是人的心理因素在作怪。

☆ 医疗保险中的"逆向选择"问题：左派的担心

买保险与买其他商品不同，有逆向选择的问题。卡特勒在PPT中写出两句话，让学生判断是否正确。第一句话是："让保险公司及其产品充分竞争，让消费者有选择，这对消费者有好处。"第二句话是："相互竞争的保险公司必然为消费者提供更多的价值。"这两句话看似合理，却不适合医疗保险领域。例如，生产一辆汽车的成本与谁买这辆汽车无关，但医疗保险的成本与谁买保险息息相关。因为这个区别，一些看起来是常识的结论不适用于医疗保险领域。

让我们把想买医疗保险的人简单地分为病人和健康人两个客户群。保险公司的基本运作模式是用健康人的保险金来补贴病人的巨额花费。保险公司根据预计的医疗费用、行政成本和5%左右的利润，计算出所有加入保险的人每人应该付的保险金。那么，健康人的比例越大，病人的比例越小，保险公司计算出来的月供就越低。Medicare和Medicaid因为是国家主导的医疗保险，属于非营利性质，不需要市场宣传等成本，所以比私营保险公司的运营成本低，从税收中征收的保险金也相对低廉。

因为这个运作模式，健康人不愿意与病人买同样的保险产品，他们愿意买价格低（月供低）的健康保险产品，这是在情理之中的。保险公司为了迎合健康人的需求，就设计保险价格低的产品，但他们仍然要保证一定的利润，于是只能缩小医疗覆盖面：允许报销的内容少，报销程序严格等。不愿意买医疗保险覆盖面小的产品的病人只能停留在保险金价格较高的产品上。价格较高的产品因为病人比例高、健康人比例小而入不敷出，不得不提高对每个客户的保险金价格，导致比较健康的人再次流出，买更便宜的保险。久而久之，这个价格高、覆盖面大的产品就只剩下最严重的病人。这个保险产品恶性循环，最终关闭。竞争的结果是，市场上只剩下保险价格最低、覆盖面最小，只适合健康人的保险产品，而最需要保险的病人却无处可去。

针对这个问题，政府该怎么办呢？一种办法是通过立法制定规章制度，不允许保险公司这样或那样做，一旦违反，就要罚款或接受其他处罚。一种办法是以保罗·克鲁格曼为代表的左派经济学家倡导的国家大包大揽的全民保险和全民医疗。克鲁格曼说："自由竞争的市场在医疗保险领域根本行不通。"这次立法（PPACA）采取了一种折中的办法：政府根据某个医疗保险产品的客户群的健康程度（例如年龄、性别等数据）对这个产品给予补贴，这样保险公司就没有甩掉病人这个包袱的动力了。同样，对心理健康（mental health）的需求也很特殊，很多保险产品因为人们对心理健康的需求量大，效果不明显，而不愿意覆盖这方面的花销，政府就把这一项单列出来，专门补贴；客户的其他医疗需求由正常的保险产品负责。

在左派经济学家的策划下，为了避免保险公司的"逆向选择"问题，这次立法采取"三管齐下"的措施：一方面降低私营保险的门槛（降低保险价格），一方面扩大国家医疗保险（Medicare和Medicaid）的覆盖面，一方面要求所有人（贫困线以下等特例除外）都有医疗保险。如果国家不能要求"所有人都有保险"，那么前两方面都会导致经济损失，使保险公司无法维持，所以第三方面至关重要。但是极右派指责，这个硬性规定是限制人身自由，违反美国宪法。目前，佛罗里达州州政府已经为此在联邦法院系统中的区级法院上诉美国卫生和公共服务部（United States Department of Health and Human Services）。如果败诉，他们会层层上告，直到美国最高法院。

第九节

模拟美国国会投票：
为什么医改举步维艰？

11月9日，卡特勒教授第二次组织学生进行模拟表演。这次是模拟美国国会对医疗体系改革的投票。学生在课下被分为四组，分别代表众议院共和党议员、众议院民主党议员、共和党州长协会（Republican Governors Association）会长和保险公司主席或首席执行官。然后，每组派两名代表在课上到台上演讲，也是表演——想象你自己就是政治家或保险公司利益的代言人，你会怎么说？

☆ 共和党的声音

11月初的全国选举使共和党在众议院成为多数党，其党魁约翰·博纳（John Boehner）即将在2011年1月成为众议院发言人。学生模拟他的思路，就2010年3月由奥巴马签署为法律的医疗体系改革方案（PPACA）发表政见。

首先，我们要把小公司、小企业的利益放在前位。美国经济主体由中小企业组成，如果它们购买医疗保险的价格因为入保人数少、分散风险的规模小而高于大公司为雇员买医疗保险的价格，那么小公司和大公司就不是在同一起跑线上竞争。我们主张，按照小公司的类别，例如建筑业、修理业等，让它们各自形成购买医疗保险的团体，增加它们的入保规模，这样保险公司就不能在价格上区别对待；就能减少小公司的运营成本，提高它们的竞争力。

其次，我们反对扩大政府医疗保险的覆盖面，主张建立私人医疗储蓄账户，让每个人对自己的身体健康和医疗成本负责。这种账户的运作类似于一些养老储蓄金账户［IRA和401（K）等］，主要目的是鼓励人们把一部分税前收入放进这个账户。无论就业还是失业，无论换多少工作，这个账户都跟随个人；一旦生病，专款专用。有这种账户的人不用为这些收入缴税，有动力存款。这是鼓励储蓄、抑制消费，尤其是减少人们依靠国家医疗保障的好方法。

此外，我们还主张允许保险公司跨州竞争，增加消费者选择，降低保险价格；对医疗花费高于一定额度的自费部分，国家要免去对这部分收入的税收，减少一次性巨额医疗费用对一般家庭的负担。

☆ 民主党的声音

模仿众议院民主党议员的学生的思路与卡特勒上课的思路如出一辙。卡特勒是民主党奥巴马从总统竞选到入主白宫过程中经济政策的智囊之一，也是PPACA议案的主要策划人之一。民主党对美国医疗体系的分析和攻击矛头主要指向体系中的低效率、高浪费、高价格、行政机构臃肿、付账体系繁杂、激励机制适得其反等问题。他们认为，其中最重要的问题是，美国还有大约六分之一的人没有医疗保险。民主党想通过提高医疗体系运作效率、减少浪费的办法来解决这些人的医疗保险问题。

美国GDP的16%花在医疗方面，但整个医疗体系不尽如人意。各种抽样调查显示，人们的满意程度很低。没有医疗保险的人中，有很大一部分是年轻人；他们不在大公司工作，没有公司提供的固定福利，也不愿意自费购买医疗保险，凭借身体健康、年富力强选择待在医疗体系之外。对于这些人，民主党主张专门策划一种保险产品，叫"青年医疗"（Youth Care），让他们买得起医疗保险。让这部分人有着落的另一个办法是：让家庭医疗保险覆盖26岁以下的直系亲属，也就是说，这些人仍然可以停留在他们父母的医疗保险上，推迟成为"独立成年人"的年龄。没有医疗保险的另一部分人是年龄较大、体弱多病的人。这部分人最需要健康保险，也最没有经济实力购买保险。他们是私营保险公司最想甩掉的包袱，也是最想拒之门外的客户。只有依靠国家财政的支持，他们才能被纳入医疗保险体系。

民主党并不想削减国家医疗保险（Medicare和Medicaid）的覆盖面和条件，只是想把国家医疗保险资源运作得更加高效，例如提高医疗保险中的不报销的额度（低于这个上限就算是小额医疗费用，医疗保险不报销），不用为报销小额花销耗费行政资源。民主党主张提高医疗质量，降低医疗成本和价格，增加加入医疗保险的人数。他们还建议，通过鼓励疾病预防、加强关于身体健康的公共宣传等措施来降低医疗费用。

☆ 共和党州长协会的声音

模仿共和党州长协会会长的学生主张增加市场竞争，避免浪费，尊重州政府的权利。2010年3月通过的法律（PPACA）要求所有人都必须有医疗保险。这个硬性法规已经受到一些州（佛罗里达州和弗吉尼亚州）司法部部长的质疑，他们认为这个强制性规定侵犯了人权，不符合宪法；他们要层层上告，直到最高法院。

这个硬性法规成为PPACA中一条主要内容的原因是：法律制定者想通过把健康人囊括进来的办法降低医疗保险价格。而共和党提倡的办法是把这个想法颠倒过来：通过降低医疗保险价格来吸引更多的人加入保险。增加市场竞争是降低保险价格的一种手段，允许、鼓励使用非品牌药物（generic drugs，主要医疗成分和作用都一样，只是没有品牌）是另一种手段。共和党州长协会会长说，每个州都应该有自己决定自己事务的权利；我们必须倾听选民的心声，然后找到提高运作效率的共同点。

我们认为，国家为穷人提供医疗保险的项目（Medicaid）占用了联邦财政收入的10%，覆盖面太大，其中浪费约占总费用的三分之一。我们要严格审查申请这个项目的人的资格，面对面地会谈，看看他们是否符合申请条件。同时，我们也要重视疾病预防，做宣传工作的成本比生病后的治疗成本要小得多。

这个州长协会会长是密西西比州人。学生模仿他的经历和心态，介绍密西西比州在降低医疗成本上的成功经验，鼓励其他州如法炮制。密西西比州改革了医疗方面的法律，使控告医生的诉讼案件减少了大约一半。原来，医生非常担心病人或病人家属制造理由控告医生，于是采取两种办法。一方面，他们谨小慎微，多做检查、化验分析等工作，尽可能地减少自己的责任；另一方面，他们购买诉讼保险以防万一。无论哪种办法，都大大增加了医疗体系的成本。"羊毛出在羊身上"，这些花费最终都会落到病人身上。即使暂时落到病人的保险公司身上，保险公司也会将这些成本转换为更高的保险价格。保险价格越高，选择不加入保险的人就越多，保险公司分散风险的能力就越差，然后保险价格就会更高，恶性循环。现在，关于诉讼医生的法律更加严格，故意敲诈医生的可能性减小了，一切有关成本都随之减少。

☆ 医疗保险公司的声音

模仿医疗保险公司首席执行官的学生把私营保险公司的视角表演得淋漓尽致——任何场合都可能成为他们游说政客的机会。

首先，我们需要税收政策的支持。对那些买不起私营保险，又不符合Medicare和Medicaid国家医疗保险条件的人来说，我们希望国会允许他们用税前收入购买医疗保险，也就是说，国家给予税收补贴。其次，我们需要政府对购买医疗保险的企业、组织和个人都予以不同程度的税收补贴。最后，我们需要州政府立法规定，所有人都必须有医疗保险。如果联邦政府的硬性规定被最高法院判决为违反宪法，那么我们希望各个州政府能对自己州的民众有这样的硬性规定，就像马萨诸塞州一样，否则我们会处于两难境地：一方面，法律规定我们不能因为申请人的已有病情而拒绝接受他们加入保险；另一方面，身强力壮的年轻人选择不加入保险。这样的结果只能是：加入保险的病人比例越高，健康人比例越小，保险的价格就会越高，然后恶性循环，以至于保险公司本身入不敷出，最终垮台。

总之，我们需要税收政策的支持和倾斜。只有这样，我们才能降低保险价格，吸引更多的个体户和小企业加入保险；才能有更多的人生活在医疗保险覆盖面之内。"如果你们支持自由竞争的市场经济，你们就必须支持我们、帮助我们，否则自由竞争的医疗保险市场本身就不会存在。"这句结束语看起来自相矛盾，其实不然，它符合医疗保险的市场运作规律（详见本章第八节中的"医疗保险中的'逆向选择'问题"）。

☆ 为什么美国医疗改革举步维艰？

无论是复杂的医疗体系问题，还是其他任何什么问题，只要你仔细倾听，都会发现"公说公有理，婆说婆有理"。那么，到底哪一方的理由更充分或更有道理呢？这里有两种决策情形。一种是有绝对权威的领导，他说了算。在这种情形下，答案取决于领导对未来的愿景和他的价值理念：符合他的价值理念的、对他的未来愿景有利的一方会占上风。当然，如果纯粹靠个人和领导的私人关系来占上风，那就是腐败了。另一种决策情形是没有绝对的领导，完全民主。在这种情形下，答案取决于双方的博弈。美国国会的决策情形就属于后一种。

卡特勒用后半堂课的时间总结各种提案，并通过提问启发学生进一步思考未来前景。目前，佛罗里达州州政府已经在联邦法院系统中的区级法院上诉美国卫生和公共服务部，认为PPACA法律中，联邦政府要求所有人都必须有医疗保险的硬性规定违反宪法。如果败诉，他们会层层上告，直到美国最高法院。

如果原告胜诉，那么支持PPACA立法的民主党议员该怎么办呢？首先，我们要思考这个硬性规定意味着什么。硬性规定的意思是，如果你没有医疗保险，那么联邦政府有权力罚款。这和"人人都必须纳税"的硬性规定是一样的意思：如果你不按规定纳税，你就必须交罚款。美国宪法规定，国会有权力和责任制定税收政策。如果把这种罚款叫作一种"税"，那么最高法院就没有理由判决联邦政府的硬性要求违宪。问题是，如果真的把这种罚款叫作"税"，那么修正过的PPACA能否再次通过国会？要知道，共和党执掌的众议院几乎人人"谈税色变"。

美国宪法还规定，联邦政府有权为跨州贸易制定政策。联邦政府司法部部长可以在最高法庭为政府争辩，既然保险公司可以跨州竞争，那么保险业就是跨州贸易。由此而生的问题是："所有人都必须有医疗保险"的规定是不是政府适当地使用宪法赋予的这个权力？如果不是，那么联邦政府会败诉而归，"人人都必须有医疗保险"的硬性规定最终会从法律中取消。如果这种情形发生，后果又会怎样？

民主党人担心，医疗保险产业会从此走向衰败，因为选择不买医疗保险的大部分人是身体健康的人；医疗保险中病人的比例会增加，保险价格会升高，比较健康的人会逐渐退出保险，然后保险中病人的比例会更高，由此恶性循环，最终瓦解医疗保险产业（详见本章第八节中的"医疗保险中的'逆向选择'问题"）。共和党人不那么担心"逆向选择"问题。他们相信医疗保险的卖方和买方都有应变能力：这些公司会自由组合，由小变大、变强；同时，购买医疗保险的企业和个人也会用不同的方式联合起来，扩大入保规模，增加讨价还价的能力，所以取消"人人都必须有医疗保险"的硬性规定对保险业不会有什么严重影响。

卡特勒说，经济学家中，认为医疗保险产业中"逆向选择"问题至关重要的人大约占四分之三；认为不那么重要的经济学家是少数，大约占四分之一。如果这个问题真的像大多数专家认为的那样重要，那么在没有"人人都必须有保险"的硬性规定的情况下，为了让私营医疗保险业能够正常运营，政府就要根据加入某个医疗保险计划的人群的平均健康程度对其提供更加宽厚的税收补贴。因为只有这样，保险公司才不会把"已知病情的病人"拒之门外，也不会有意把体弱多病的人群像"甩包袱"一样留给社会。当然，即使美国最高法院判决联邦政府没有规定"人人都必须有医疗保险"的权力，我们还可以寄希望于各个州的政府确立这样的硬性规定。

在11月初的国会议员大选中，民主党败给共和党。众议院中，共和党成为多数党。参议院中，民主党由绝对多数（100个席位中的58个席位，加上2个独立议员——他们既不是民主党，也不是共和党，当他们的立场与民主党一致时，民主党就有60票的绝对多数票）变成微弱多数（52个席位），基本不可能阻止共和党对民主党提案的阻挠（除非共和党议员支持民主党的主张，这种可能性在目前的政治气候中几乎不存在）。共和党的声音有变强的趋势。他们反对扩大医疗保险的覆盖面，有意让2010年3月通过的法律（PPACA）走回头路。

卡特勒预计，共和党会利用审批2011年政府预算的机会阻挠PPACA的执行，至少会"偷工减料"，克扣执行PPACA的预算。民主党不会轻易认输，即使他们没有足够的票数在国会阻止共和党的议案。当共和党主导的议案到了民主党总统奥巴马的桌子上时，奥巴马也不会签署，不会使其成为法律。

从11月初的议员大选到2011年1月初新议员正式到华盛顿组成新国会的两个月是国会即将换届的时期，即将被替换的议员离任的日期近在咫尺，他们也没有动力主宰任何事情。但是，重要的财政、外交政策的决策性事务不管这些人事变动，仍然接踵而至，而且层层叠加、迫在眉睫。如果没有国会新的投票，小布什总统在2001年和2003年的两次减税政策就会在12月31日过期，税率会恢复到减税之前的水平，包括100万美元以上的遗产税会从2010年的零税率恢复到以前的55%。国会还要对另外12项政府预算投票表决，否则联邦政府无法正常运转；参议院还要对美俄战略武器裁减条约进行表决。此外，国会还要决定移民法改革和税收改革等一系列方案。

国会的日程早已安排得满满当当，而且每一项议案都争议非凡，进退两

难。所以，卡特勒预计，国会在2011年春季会吵得不可开交，没有任何一方会
轻易妥协；僵持不下的结果是延迟政府整体预算的通过，甚至导致联邦政府像
1995年和1996年那样暂时关闭运营。卡特勒对佛罗里达州对PPACA的法律挑战
也显得忧心忡忡。他透露，他已经应邀组织专家组在佛罗里达的法庭上提供证
词，说明这个硬性规定为什么必不可少。

第十节

州政府控告联邦政府

所有证据似乎都归结到一个问题上：国会有没有权力对公民不参与跨州商务做出规定。"人人都必须有医疗保险"的硬性规定是不是国家侵犯公民自由，违反宪法？如果联邦政府败诉，对医疗产业、对政府本身、对每个公民都意味着什么？

11月23日，卡特勒在上课伊始就告诉学生，他已经在上周五（11月19日）通过法律程序向佛罗里达法院递交了由众多经济学家签字的证词。证词非常正式，长达16页。卡特勒分别概述佛罗里达州州政府的理由和经济学家支持被告的理由。

原告方说，虽然宪法规定联邦政府有权力规范跨州贸易，但这个权力只能用于规定贸易的某一方不许干什么，不能用于规定贸易的某一方必须干什么；如果联邦政府跨越了这个权限，就是违宪，因为美国宪法明确规定：凡是宪法里没有点明的联邦政府应有的权利完全属于州政府。如果这次法庭判决联邦政府的做法是符合宪法的，那么这个案例的逻辑也可以被联邦政府作为先例，用在其他地方。比如，美国人必须购买某个美国厂家生产的汽车以保护国家经济利益，美国人必须购买绿色食品以保护环境等，这不是可笑吗？

卡特勒组织的经济学家支持被告方——美国卫生和公共服务部。他们在证词中主要说明医疗产业的特殊性，而且每个人都不可能逃脱这个医疗市场。即使你自己选择生活在这个体系之外，我们这个社会作为一个整体也已经做了悲天悯人的道德选择，不允许你自生自灭。当你因为天灾人祸而不得不进入医院的急救室的时候，无论你有没有保险，有没有能力付账，我们这个社会都会为你承担治疗成本。也就是说，没有保险的人在急救室的治疗成本被社会化了，平均摊在所有纳税人头上。

健康不同于其他产品，还因为它的不确定性太高，一旦有病，花费太大；如果没有保险，很少有人承受得起这么多的费用。这与汽车、食品等物品完全不能相提并论。卡特勒说，他对宪法的很多细节不是很清楚，不能预计这场官司的结果，但他可以肯定自己在经济方面的逻辑推理和数据运用是无可非议的。

☆ 2010年12月的进展

2010年12月中旬，弗吉尼亚州司法部部长控告联邦政府的结果揭晓。法官亨利·赫德森（Henry Hudson）比较保守，倾向保护州政府的权利。他说，所有证据似乎都归结到一个问题上：国会有没有权力对公民不参与跨州商务做出规定。他的答案是否定的。尽管以前联邦司法系统一度倾向允许联邦政府利用税收的手段管理跨州商务，但赫德森把PPACA的问题看作公民自由问题，判决弗吉尼亚州胜诉。但他拒绝全盘否定PPACA的立法，也没有阻止PPACA的执行。

支持"人人都必须有医疗保险"这个硬性规定的人仍不死心。他们说，这个硬性规定按照PPACA的措辞直到2014年才生效。他们有足够的时间反驳第一判决，坚持上告，直到最高法院。在这期间，他们要努力执行PPACA的其他部分：建立保险交易平台（insurance exchanges），便于人们购买保险，禁止私营保险公司"甩包袱"的行为，等等。他们要给选民造成一种印象：PPACA势不可当，势在必行。事实上，这个判决会加强国会中反对派共和党的声音。他们会利用这个判决，利用审批政府预算的机会，克扣执行PPACA的经费，想方设法阻挠PPACA的落实。

如果美国最高法院最终否定"人人都必须有医疗保险"的硬性规定，同时允许PPACA的其他部分继续执行，那么由于"逆向选择"的问题，私营保险公司和国家医疗保险就有破产的危险。共和党也不会喜欢这个结局。到那时，如果他们与民主党合作，设计一套"胡萝卜加大棒"的方案来取代这个硬性规定，就可以绕开"违宪"的指控。

"胡萝卜加大棒"的策略可以有多种实施方法。例如，国会可以选择给所有买保险的人税收补贴，对没有医疗保险的人没有补贴，而且可以限制买保险的时间：如果你拒绝在这段时间里购买医疗保险，你就不会有政府补贴，不能享受某些政府福利待遇，等等。重新修改立法的问题是：排队等待时间长（因为国会的议事日程太满），讨论时间长，一旦讨论起来，其他有关医疗体系的问题也会被夹杂进来，议而不决的可能性太大，PPACA就会走回头路，最终胎死腹中。

如果共和党到那时仍然拒绝与民主党合作，一意孤行，那么六分之一没有医疗保险的美国人就仍然不能被纳入医疗体系，一切努力付诸东流，美国历史上通过规范私营保险行业来实现全民医疗保险的一次伟大尝试就会彻底失败。这样的结果只能说明：国家大包大揽，作为唯一付账人，是实现全民医疗的唯一途径。

☆ 2011年2月的进展

据2011年2月3日的《金融时报》报道，佛罗里达州区法官（Florida District Judge）罗杰·文森（Roger Vinson）已经裁决PPACA的这项硬性规定违宪。理由与上类似：如果联邦政府能够要求"人人都必须买健康保险"，那么是不是联邦政府也能要求人人都吃绿菜花呢？美国联邦司法部不服，决定继续上告。

预计这场官司2012年会进入美国联邦最高法院，最终结果取决于九位最高法官的政治理念。有人分析，法官安东尼·肯尼迪（Anthony Kennedy）的意见至关重要，因为他在有的案件上与保守派联盟，在有的案件上与自由派联盟，无法估计；而且近年来，最高法院的裁决大多以5：4的投票结果告终。还有人比较乐观，认为除了两位非常保守的法官［安东宁·斯卡利亚（Antonin Scalia）和克拉伦斯·托马斯（Clarence Thomas）］以外，其他七位法官都会支持PPACA。

联邦政府的某个部门（这次是卫生和公共服务部）被告上法庭并不稀奇。美国环保局就面临13个州的诉讼。在没有国会山制定的更强大的法律保护的情况下，州政府挑战美国环保局限制各个州碳排放的权力。得克萨斯州的司法部部长就指责这些环保规定提高了他们的生产成本，损害了他们的就业率。在华盛顿国会山的各派议员议而不决的情况下，很多州不愿意等待，干脆在保护环境方面自立门户，各搞一套。加州就准备在2012年开始实施自己的配额交换制（详见第三章第十四节《比较征收污染税与配额交换制度》）。还有很多州自由结合，建立各自区域的减排机制。区域温室气体减排行动（Regional Greenhouse Gas Initiative）、中西部温室气体减排协议（Midwestern Greenhouse Gas Reduction Accord）、西部气候行动（Western Climate Initiative）都属于这一类。

再回到医疗改革的话题。更麻烦的事是：在双方争执期间，州政府是否应该执行PPACA的其他部分？佛罗里达州州政府不愿意在这方面继续花时间和精力，想等最高法院的裁决。联邦政府坚持，佛罗里达州州政府已经收到了联邦政府为执行PPACA的部分拨款，他们应该执行。在这种情况下，也没有任何明确的法律条文做指导，怎么办呢？

哈佛大学医疗法专家西达·斯考切波（Theda Skocpol）教授说，这些法律和政治上的争执让人们的视线误入歧途。PPACA的真正意义在于：联邦政府让医疗保险价格变得可以让人承受，让穷人也纳入医疗保险体系。即使最高法院判决"人人都必须有健康保险"的硬性规定违宪，只要奥巴马仍然主掌白宫，PPACA中其他更重要的部分仍然会得以实施。

第十一节

奥巴马医改法案在最高法院的命运

2010年3月，《患者保护与平价医疗法案》以微弱多数在国会通过，由奥巴马总统签字，正式成为美国最新医疗改革法。本章前十节内容详细阐述了其中的周折及意义。这个法案是奥巴马政府除了在2009年为挽救金融危机而通过国会的财政刺激政策之外最主要的政绩。而就是这部旨在囊括六分之一没有医疗保险的美国人（4000多万人）、降低每个人的医疗成本和价格、看上去合情合理的法律却受到一半以上的州（26个州）的挑战。它们联合起来，把联邦政府告上法庭。

☆ 全民医疗的美好愿望与冷冰冰的法律之间的矛盾

2012年3月26日到28日，美国联邦最高法院连续三天审理PPACA是否违宪。当一个案子被告到法庭时，被告方的所作所为是否合乎情理已经不重要了，重要的是其法律依据。法庭上辩论的焦点在于：国会在通过每人都必须买医疗保险，否则将被罚款的硬性规定时，是否超越了宪法授予联邦政府的权限，侵犯了州政府的权利。

事实上，争论的根源与法庭上辩论的焦点又有所不同。即使州政府有这样的硬性规定，反对奥巴马医改的保守派也会以违背"契约自由"（liberty of contract）为由把州政府告上法庭。根据宪法第十四修正案，州政府也必须保证美国公民的权利，包括人身自由——想做什么和不想做什么的个人权利。也就是说，联邦政府赋予美国公民的权利凌驾于州政府的法律之上。这虽然是保守派反对医改最本质、最核心的理由，但是他们预计这个理由不会得到最高法院保守派法官的充分支持，所以在法庭上避而不谈个人自由问题。

在各种反对派上交的书面材料中，只有主张极端自由化的极右派智库国家司法研究所（National Institute of Justice，倾向把"个人权利和自由神圣不可侵犯"绝对化的机构）明确反对"被迫进入合同"。其他反对材料都是从不同角度说明联邦政府越权。反对派知道，联邦政府会利用宪法中联邦政府有权规范跨州贸易的条款来保护自己，于是他们决定将计就计，集中精力在这个条款上大做文章。

这是实现全民医疗的美好愿望与冷冰冰的法律之间的尖锐矛盾。法庭上的极端理性的推理、类比，概念上的偷梁换柱，定义上的吹毛求疵，甚至是强词夺理的文字游戏，与奥巴马政府的主观愿望、普通人的常识形成强烈反差，令人诧异。这场大辩论显示了法治社会走向极端以后的扭曲和变异。

☆ 第一天法庭辩论：这个案子有无审理的必要？

第一天的辩论议题是这个案子有没有被最高法院审理的必要。最高法院指定的辩护律师罗伯特·朗（Robert Long）（法庭有权指派律师，代表没人代表的立场或利益）引用1867年鲜为人知的《反禁令法》（Anti-Injunction Act）为先例，说明原告方根本没有理由控告PPACA违宪。根据PPACA，如果美国公民在2015年以后还没有医疗保险，才会被联邦政府罚款。也就是说，在2015年以前，罚款条例还没有实施，没有任何人损失任何利益，所以原告方无从告起，根本没有立案的必要。只有纳税人先交罚款，受了损失之后，才有官司可打。

他说，如果最高法院受理这个案件，那么任何反对联邦政府即将实施的税收政策的人都有可能在最高法院挑战联邦政府。在联邦上诉法院（appellate court）审理这个案子的时候，确实有一个中级法院以此为依据，拒绝审理。

这次在最高法院的法庭上，法官似乎并没有被说服。其实，推延审理（到2015年以后）是原告方和被告方都不主张的立场，但最高法院单独安排一天听取主张这个立场，不免令人费解。这对解决纠纷显然没有帮助。唯一的解释只能是，最高法院有意通过兼听则明，在法理上尽量做到严谨公正。

☆ 第二天法庭辩论：原告、被告针锋相对

第二天，代表美国联邦政府的首席律师唐纳德·韦里利（Donald Verrilli）与代表26个州州政府的辩护律师保罗·克莱门特（Paul Clement）先后登台，分别向法官申辩各自立场，批驳对方立场。这两位律师都是宪法高手，经验丰富，但辩论效果差别很大。观察家在辩论结束后随即发表评论："从今天的情形看，政府的处境太糟糕了，这对政府来说简直是最坏的结果。"

这到底是因为政府在法律上理亏，从根本上占据弱势，还是因为代表政府的首席律师韦里利表现不佳，辩论不力，没能充分争得法官的理解？这当然很难区分，但责备韦里利的声音接连不断，致使白宫发言人觉得有必要公开肯定他的表现和能力，表示对他充满信心。

这天两小时的辩论记录长达110页，主要包含以下五个焦点问题。第一，所谓的"相关市场"在这个案子中到底应该怎么定义？联邦政府选择广义定义，定义为医疗服务。既然每个人迟早都需要医疗服务，那么每个人都在这个市场里，不存在强迫进入市场的问题。目前，美国的急诊室对没有保险又无能力付款的病人是免费服务的。韦里利说，我们这个社会已经做了这个道德选择，而这样做的成本被平均摊在有保险的人和纳税人的身上，间接地提高了医疗保险的价格。原告方律师选择狭义定义，定义为医疗保险。既然很多人没有医疗保险，那么他们就不在这个市场里，他们被PPACA强迫进入市场。

第二，转移支付与医保覆盖面。原告方的立场是：让年轻健康的人购买用于补贴别人的产品本身就是强迫。这是一种转移支付，不是年轻健康的人真正需要的。这些人真正需要的是对急诊和大病大灾的保险，而PPACA所提供的却是保健性的基本医疗服务。再说，每个人需要的医保项目不同。男性永远不会需要有关生育的医疗服务，没有孩子的人永远不需要小儿科的服务，他们为什么必须购买覆盖这些服务的医疗保险？

联邦政府的立场是：所有人都需要医疗服务；虽然我们不知道何时、何地需要怎样的医疗服务，但这正是保险的意义——避免不确定的风险。当那些没有医保的人付不起医疗账单的时候，那些有医保的人就要因此付更多的钱（保险价格就要涨）。如果用经济学术语描述这个现象，就是"不买医保有强烈的负外部性"。PPACA中的硬性规定就是要纠正这个负外部性。

第三，为什么宪法中联邦政府有权管理跨州贸易的条款适用？联邦政府的立场是，我们在规范医疗服务市场的一个侧面：如何为医疗服务付款。因为医疗费用超出绝大多数人的承受能力，所以医疗保险成为必需。医疗保险是明显的跨州业务，我们有权规范这个行业。原告方的立场是，跨州贸易条款的意思是，联邦政府有权规范已经存在的跨州贸易，不是要制造跨州贸易；而没有保险的人根本就没有进入交易，所以没有任何不适当的行为可以规范。

第四，跨州贸易条款的适用范围。原告方追问，如果联邦政府认为，因为医疗保险对医疗服务有很大影响，所以联邦政府就可以在跨州贸易条款下冠冕堂皇地规范这个行业，包括那些目前没有保险的人，那么联邦政府是否可以命令每人都必须吃绿菜花等健康食品？是否可以要求每人都买健身房会员卡？因为健康饮食和锻炼身体都会降低整体医疗服务的成本，进而降低所有人购买医保的价格。如果这个逻辑成立，那么还有什么能限制联邦政府的权利呢？还有什么能保护不愿意购买保险的人、不愿意吃绿菜花的人、不愿意买健身房会员卡的人自由选择的权利？

律师克莱门特把这个逻辑从医疗服务业推而广之。联邦政府是否有权要求每人必须购买符合一定环保要求的汽车呢？如果我坐在家里，选择不买汽车，根据供需关系常识，我就会导致汽车价格升高，甚至有人在汽车城底特律失业。政府是否有权命令我必须进入交易呢？对于生活中必不可少，又与跨州贸易有关联的交易，联邦政府是否有权另行规定？

对此，被告方辩护律师的回答显得苍白。他强调医疗对每个生命的重要性和特殊性。医疗与其他产品和服务有本质区别，联邦政府没有任何强迫个人购买其他产品的企图。美国95%以上的法律都是州政府和地方政府的法律。联邦政府尊重宪法赋予州政府的权利。

第五，在2015年以后，联邦政府对没有医保的人的罚款是不是一种征税？这里面的变换和说法太多了。在2010年年初国会辩论PPACA的时候，民主党认为，这个罚款不是税收，因为它的目的不是要增加国库收入，而是要给每个人动力买保险。反对派共和党认为，这是变相的税收，奥巴马总统违背了自己对全国人民的诺言——新医改法不会增加任何公民的纳税额。

但是，在准备法庭辩论的过程中，双方的立场都变了。联邦政府说，这是一种税收；联邦政府根据宪法有权征税。原告方说，这不是税收，联邦政府没有权力这么做；除了宪法中明确指出的联邦政府有数的和有限的权利以外，其他权利都属于州政府（宪法第十修正案）。在最高法院的辩论会上，联邦政府的立场又变了：这个罚款不是普通意义上的税收，但我们在使用我们征税的权力。

为了应对法律上的条条框框，防范对方的攻击，联邦政府被迫走向通常意义上的自相矛盾。而保守派原告方为了赢得最高法院对PPACA的否决，避重就轻，基本不谈个人自由问题，只谈联邦政府超越权限，在跨州贸易条款上大做文章。这是律师为了胜诉，在法庭上避实就虚的充分表现。

法官问原告："那么，面对4000多万没有医疗保险的美国人，联邦政府在解决他们的医疗付款问题时，有什么合法的、不超越权限的办法吗？"原告回答，联邦政府可以大包大揽，通过增加税收实现完全由政府资助的全民医保。而这正是奥巴马的初衷！绕了一个大圈，费了无数周折和精力，又回到了原点！因为这个原始的想法是合法的，不会受到法律上的挑战。但政治上的挑战使这个想法从一开始就无法推动。

奥巴马深知，如果他这样设计医改法案，相信市场原教旨主义的保守派肯定会在国会极力反对。为了使医改法案通过国会，奥巴马不得不向保守派妥协，仍然依靠私有医疗保险市场的运作实现全民医疗。又为了避免私有医疗保险公司的"逆向选择"问题（详见本章第八节《医疗保险中的"道德风险"和"逆向选择"问题》），奥巴马的医疗政策班子才不得不加上"每人都必须有保险"的硬性规定。

谁知奥巴马向保守派的妥协竟成为他的医改法案违宪的根源！如果他不妥协，坚持由国家主持全民医疗，他的法案就不会违宪。但是，那样的议案几乎不可能通过国会，也就根本不会成为法律。那么，4000多万没有医保的美国人仍然没有希望。"存在的就是合理的"，这句话听起来太悲观，可要想使"合理的就存在"，太难了。

☆ 第三天法庭辩论：奥巴马的医改法案还能保留多少？

法官在职业生涯中表现出的意识形态是旁观者猜测判决结果的主要依据。另外，他们在法庭上的一言一行也被观察家用于推测最终的判决结果。在审判医改法案是否违宪的最高法庭上，法官的评论和提问带有明显的倾向性。在被告律师陈述理由的时候，保守派法官是主要提问者。在原告律师陈述理由的时候，自由派法官是主要提问者。

在最高法院的九位法官中，保守派与自由派势均力敌。法官安东尼·肯尼迪的一票被认为是决定性的一票。他在1988年被里根总统任命为最高法院法官，在20多年的判案生涯中，他有出人意料的判决。在这个案件中，他说："这个硬性规定会从根本上改变联邦政府与个人的关系。美国政府必须说明为什么这样的法律是合乎宪法的，摆事实讲道理的解释工作要由美国政府来做。"这句话使自由派担心肯尼迪会站在保守派的立场上，形成5：4的微弱多数，最终否决PPACA。

第三天辩论的主题是：如果每人都必须买保险的要求被判决为违宪，那么PPACA这个法案还能保留多少？法官埃琳娜·卡根（Elena Kagan）和露丝·巴德·金斯伯格（Ruth Bader Ginsburg）认为，保留一部分总比全盘否定要好。在2015年这个硬性规定实施以前，PPACA的其他部分已经开始实施，目前运作得不错。奥巴马总统在2009年任命的法官索尼娅·索托马约尔（Sonia Sotomayor）说，PPACA里除了这个硬性规定以外，还有其他削减成本的规定，而这些规定有可能让这部法律在经济上可以持续。

原告方律师克莱门特要求完全推翻这部法律，给国会一个重新打鼓另开张的机会："如果没有这个硬性规定，那么这部法律就只剩下一个空壳了。"保守派法官安东宁·斯卡利亚显示出支持的倾向，他说："把一个人的心脏拿出去以后，这个人就不存在了。"

以韦里利为代表的奥巴马政府选择了"赌一把"的高风险立场。韦里利把这个硬性规定与PPACA中一些广受欢迎的特性捆绑在一起，让法官们在断案的时候不能轻易把这个硬性规定从PPACA中分解出来。韦里利说，虽然这部法律即使没有这个硬性规定，也有存活的价值，但那些最受欢迎的部分——剔除保险公司逆向选择的动机、实现全民医疗保险——需要囊括那些年轻健康、目前没有医保的人，才能从经济上有所保证。

法官们进一步设想，如果没有这个硬性规定，国会在2010年会不会通过这部法律？也就是说，这个规定和这部法律的其他部分在多大程度上是一个有机的整体？法庭辩论是文字游戏和逻辑推理最集中、最极端的表现形式之一。

第三天法庭审理的最后一个小时被安排用在辩论救济穷人的社会医保（Medicaid）是否应该扩大覆盖面这个问题上。Medicaid是在1965年开始实行的、由联邦政府和州政府共同出资的医保项目，负责覆盖低收入人群的医疗保险。PPACA要求Medicaid从2014年起在原有基础上再增加覆盖1600万较低收入人口。由此新增加的成本在最初几年完全由联邦政府承担，然后联邦政府承担的部分逐渐减少，州政府承担的部分逐渐增加，但联邦政府仍然承担一大部分，州政府相对来说只承担一小部分。

　　这样看起来合情合理的成本分担架构却遭到26个州州政府的集体反对。他们的理由是：联邦政府目前财政赤字太大，债务如山；冰冻三尺，非一日之寒。联邦政府正在努力开源节流，但仍然有变卦的可能；万一联邦政府哪天不能履行诺言，1600万人的医疗成本就要完全落在州政府肩上。州政府盘算，与其到那时有不可推卸的巨大责任，还不如现在就不接受PPACA的新规定。更何况支付现有低收入人群的医保成本已经使州政府不堪重负，即使联邦政府承担大部分新增加的成本，州政府也不想再扩大符合Medicaid条件的低收入人群。

　　原告方律师团的一位律师说，如果无论有没有（长期慢性）病的人都有保险，如果再扩大穷人社会医疗的覆盖面，那么很多州都会像佛罗里达州一样入不敷出，增加几亿美元的债务。"这是强迫别人（州政府）购买别人不想要的产品（为更多的穷人提供医保），是典型的巧取豪夺。"法官埃琳娜·卡根当即反驳说，这个理论牵强附会，州政府是愿意让满足社会医保条件的人享有医保好处的。卡根是奥巴马总统在2010年任命的法官。在这之前，她是哈佛法学院院长，后来被奥巴马总统任命为司法部副总检察长。因为她与奥巴马政府的关系，有人认为她在这个案件上有利益冲突，有要求她自动避嫌的呼声。

　　其实，救济穷人的社保项目（Medicaid）在1965年启动后，不断扩大弱势人群的覆盖面，尤其是儿童的医疗保险，但从未遭到法律上的挑战。这次借着控告联邦政府"每人都必须有保险"的硬性规定的机会，扩大Medicaid的覆盖面也遭到了州政府的反对。

　　根据美国宪法，联邦政府不能命令州政府做什么、不做什么，但联邦政府有权利用财政激励手段促使州政府做一些事情，以达到联邦政府的宏观目的。例如，联邦政府要求州政府立法，将最低喝酒年龄提高到21岁，否则就不发放维护高速公路的配套资金。1987年，这场联邦政府与州政府的斗争以联邦政府在最高法院胜诉而告终。这意味着，联邦政府在决定如何使用自己的财政收入时，有权设置条件和门槛。

　　现在26个州指责，联邦政府让州政府扩大Medicaid的覆盖面是强迫。从法律上说，州政府可以选择完全退出Medicaid项目，自己解决本州穷人的问题。但他们不愿意失去联邦政府通过Medicaid为本州穷人提供的配套资金，所以不可能完全退出这个项目。同时，他们又不愿意增加这个项目的覆盖面，于是就联合起来，集体控告联邦政府因强迫而越权。

美国宪法规定，国会（联邦政府）有权决定财政收入的用途和用法。正是这个条款保证了联邦政府建立许多现代社会规则的权利，例如失业保险、保护残疾人法案、清洁空气法案、高等教育中禁止性别歧视的法规，等等。如果最高法院同意原告的立场，那么以上这些法规都有可能被推翻。

原告方律师强调PPACA与其他法规的区别。他们说，联邦政府在设计Medicaid项目的时候，可以使用自己决定财政支出的权力，包括设置所有自己想要的条件和门槛，然后让州政府选择是否愿意参加这个项目。可现在的问题是，州政府早就选择了参加Medicaid这个项目（20世纪60年代后期），联邦政府现在却要在半路上改变这个项目的规则。这种"先引人上钩，再改变戏路"的做法是PPACA与其他法案的本质区别。

最高法院的判决结果预计要到6月下旬才会揭晓。人们担心最坏的结果：如果法院宣判硬性规定违宪，那么PPACA所规定的医疗体系的经济命脉就不可持续。保险公司在不能根据客户的身体状况逆向选择客户，对有疾病的人的入保价格又不能超过联邦政府限制的上限，同时又没有足够年轻健康的人买保险的情况下，会入不敷出。

在精英们喋喋不休、吹毛求疵地争辩的同时，普通民众的想法却相去甚远。抽样民意调查显示，很多人反对这个硬性规定，但是一半以上的人都欢迎PPACA的好处。大多数选民还不懂"没有免费的午餐"的道理——没有不付代价的好处。在奥巴马的医改法案中，保险交易平台、小公司可用医保花费抵税、让更多穷人享受国家医保、让家庭医疗保险包括年龄较大的孩子（26岁以下）等规定仍然很受欢迎。问题是，没有这个硬性规定，谁为这些好处负担成本？选民意见的自相矛盾说明，普及性大众教育是多么迫在眉睫。

最高法院出人意料的判决

2012年6月28日，美国最高法院对奥巴马医改法案的判决结果终于揭晓。这个法案在2010年3月通过国会成为法律后，一直被保护州政府和个人权利的保守派和争取联邦政府权利、保护最大多数人的身体健康和医疗利益的自由派争执不休，并在2012年3月被最高法院连续审理三天。

由于最高法院的九名大法官中有五名是由共和党总统任命，被普遍认为是保守派法官，而且代表美国联邦政府的首席律师唐纳德·韦里利在法庭上辩护不利，人们猜测奥巴马政府胜算的可能性很小。

但天有不测风云，绝大部分在法庭上争执的法案议题，尤其是"人人都必须有医疗保险"的核心条款，被最高法院出人意料地判决为符合宪法。只有一小部分关于联邦政府利用财政补贴强迫州政府扩大穷人医保项目（Medicaid）覆盖面的议题被最高法庭判决为违宪。

即使是最高法院的判决，也充满不可思议、不完全顺理成章的成分。3月26日，在第一天的法庭辩论会上，律师朗主张，因为目前还没有任何人因为这部法律（PPACA）而有任何损失（因为没有医保而被罚款），所以法庭根本不应该受理这个案件。最高法院仍然继续审理并判决本身就说明，这个罚款不是一种税收，因此法院不受《反禁令法》的限制。但是，在法庭微弱多数（5∶4）的判决中，法庭认为这个罚款是一种税收，根据国会有权征税的宪法条款判决"人人都必须有医保"符合宪法。

在法官中支持方和反对方势均力敌的情况下，首席大法官约翰·罗伯茨（John Roberts）的立场至关重要。一方面，他同意保守派立场——联邦政府利用跨州贸易条款说明"人人都必须有医保"的硬性规定符合宪法是不成立的。这个条款只能限制人们不能做什么，但不能限制人们什么都不做（inaction）。另一方面，他与自由派法官站在一起，认为对没有医保的人的罚款是一种税收，因为国会有征税的权力，所以符合宪法。

他这样解释他的立场：因为首席大法官是被政府任命的，不是被人民直接选举的，在一个宪法条款否定政府法律，另一个宪法条款肯定政府法律的情况下，最高法院应该选择最谨慎的、不颠覆通过国会的法律的立场。这是他最崇拜的美国历史上有名的首席大法官约翰·马歇尔（John Marshall，1755—1835）的原则。马歇尔在1801年到1835年任最高法院首席大法官期间，对宪法中规定的联邦政府的权利做了扩张性解释，奠定了最高法院的实际权利，使最高法院有效地成为美国政坛三权分立中的一极。罗伯茨愿意遵循马歇尔的做法。

奥巴马医改法案历时两年多的争论，就这样被首席大法官罗伯茨一锤定音了。

新总统特朗普要逆转奥巴马医改?

在2016年11月的美国总统大选中,毫无从政经验的纽约地产大亨、共和党候选人唐纳德·特朗普出人意料地击败了政坛老手前第一夫人、前国务卿希拉里·克林顿,成为美国第45任总统。从2017年1月20日入主白宫以来,特朗普一直在践行他竞选时的诺言,取缔所有——或绝大部分——奥巴马的政治遗产,以实现他自己的政治愿景。这包括使美国撤出包括12个国家的《跨太平洋伙伴关系协定》(Trans-Pacific Partnership Agreement,TPPA)。这个协定是奥巴马"重返亚洲"的主要政策工具,还没上交国会批准就流产了。特朗普还要为从1994年就开始实施的《北美自由贸易协定》(North American Free Trade Agreement,NAFTA)与墨西哥重新谈判。他认为,美国从中得到的利益太少,墨西哥得到的利益太多,"不公平"。

更重要的是,特朗普要取缔并置换奥巴马的医疗改革法案(PPACA)。在白宫开始工作的第一天,他就签署了一系列总统行政命令(executive order)。其中包括命令有关政府部门停止或推延PPACA中"给个人或保险公司或企业带来负担,增加运营成本或花销的条款"。这条命令使人们担心,如果年轻人或身体健康的人被允许不买医疗保险,那么保险市场中老弱病残者的比例就会增大，保险公司就会面临入不敷出的风险。

因为国家依靠追求盈利的私营保险公司为绝大部分美国人提供医疗保险，所以这些私营保险公司永远在找理由、找机会提高产品价格。在总统大选之前，他们就已经开始提高价格，使医疗保险市场动荡不安，加剧了原本有健康保险的消费者（他们不想改变现状）和原本就反对奥巴马医疗改革的共和党人的抱怨和攻击。反对奥巴马医改的人指出，医保价格从2015年到2016年不降反升，平均增长25%。

在大选之前，特朗普指责PPACA是"完全彻底的失败"，声称要取缔PPACA。对别人主导的改革指手画脚、挑毛病很容易，当自己唱主角时，就难了，因为面临的条件和挑战几乎是一样的：要同时照顾到多方面的利益，又不能增加财政赤字，还不能完全得罪那2000万刚刚有医保的人。

在成为总统之后，特朗普承认他希望每个人都有医疗保险，他也喜欢PPACA中的两项规定：26岁以下的年轻人的保险可以包括在他们父母的医疗保险里，禁止保险公司拒绝卖保险给已经有病的人。但如果保留这两项广受欢迎的规定，就意味着医疗保险价格还会升高。在私有经济主导下，"没有免费的午餐"。

奥巴马医改的反对派（以共和党人士为主）希望通过增加保险公司之间的竞争，增加消费者对医保计划的选择，来降低医保价格，吸引人们入保，而不是硬性规定"所有人必须入保"。这个硬性规定既是奥巴马医改最主要的社会成就，也是取缔奥巴马医改最主要的原因，是"同一枚硬币的两面"。它一方面增加了美国有医保的人数（增加2000万人），另一方面在一定程度上限制了个人不买医保的自由。这个规定在奥巴马医改中的实施办法是：如果你没有医保，就必须付罚款。仅2015年一年，就有1920万美国人选择由于各种困难（hardship exemption）或宁肯付罚款也不买医保。

2017年3月初，国会审议一个新的"取代"（实际上是部分保留，部分取代）奥巴马医改的方案。这个有特朗普政府支持的新提案至少有三个特点。

第一，取消每人必须有医保的硬性规定。但是，如果你在奥巴马医改的执行过程中有了医保，过期后没有继续交医保费，那么你再想加入医保，就要交罚款。这被反对派认为是在为年轻的、身体好的人设置重新加入医保的门槛，会导致保险价格升高。《华尔街日报》预计，如果这项提案通过国会，可能会有1000万人失去医保。也有人预计会有2400万人失去医保。

第二，奥巴马医改要让负责低收入人群的医保项目Medicaid扩大覆盖1600万人，新提案要在2020年停止扩大覆盖人群。对那些已经加入的人可以保留，但要对每个人的医疗花销设置上限。反对派认为，设置上限会使老弱病残者的医疗需求得不到满足。

第三，奥巴马医改采取对这些人在事前提供税收支持（tax subsidies）的办法，新提案是采取在事后给予抵消部分税收（tax credit）的办法。所以，补贴的形式不同，对不同人群的补贴程度不同（例如，对60岁以上的老人的补贴可以是年轻人的两倍，从2000美元到4000美元不等），对美国联邦政府总体税收的影响就不同。但目前谁也说不清到底有多大影响，甚至对总税收是正面影响还是负面影响也没有共识。

为了使这个提案能通过众议院，特朗普积极和很多共和党众议员沟通。他甚至威胁说："这是（共和党）能做到的最好的医改方案，不可能有更好的了。"虽然大选以后，国会两院都被共和党把持［共和党与民主党在参议院和众议院的比例分别是52∶46（外加两名独立人士）和241∶194（没有独立人士）］，但共和党内部对这个新提案有分歧。以"自由党团"（Freedom Caucus）为代表的极右派认为，这个新提案中保留奥巴马医改的成分太多，取代的成分不够，称这个版本为"奥巴马医改2.0"。这个集团大约有40人。因为没有民主党议员会支持取代奥巴马医改的方案，所以众议院支持与反对的票数会非常接近。3月23日，特朗普在他的推特上简短声明："我在努力工作着。今天是医改的重要一天！"

3月24日，就在众议院要为这个提案投票的当天，共和党领袖保罗·瑞安（Paul Ryan）决定取消这个议程，因为他预计没有足够的支持票能使这个提案获得通过，即使投票也没用。就这样，这个提案胎死腹中。

医改方案还会死灰复燃吗？国会议员说，不无可能。会在什么时候？没人知道。其实无论怎么改，都利弊皆存，经济学是比较利弊得失的学问。在利弊皆有且无法精确量化的情况下，就要看领袖的意志、愿景和目标的优先次序，以及这些政治精英在国会博弈的情况了。

HARVARD
ECONOMICS

附录一
关于气候变化

第一节

对后《哥本哈根协议》的两种思路：
斯塔温斯的期待与库珀的预言

对2009年12月在哥本哈根举行的世界气候大会，至少有两种截然不同的预期和判断。一种看法认为：虽然国际合作困难重重，《哥本哈根协议》（Copenhagen Accord）没有国际约束力，但无论如何，这是艰难旅途中的一步，具有积极意义。另一种看法认为：关于气候变化的国际谈判从根本上就是在错误的路径上前行，哥本哈根会谈的失败不是偶然，而是必然。肯尼迪政府学院主管环境与资源项目的经济学教授罗伯特·斯塔温斯代表前者，哈佛大学经济系教授理查德·库珀代表后者。

☆ 斯塔温斯的期待

2009年11月17日中午，斯塔温斯就后《京都议定书》（post-Kyoto Protocol）的气候变化问题在哈佛大学发表公开演讲。他说，"环境经济学"这个名词在有些人眼里似乎是自相矛盾的：如果是关于环境问题的，就不会经济；如果是关于经济学的，就不会涉及环境问题。其实，在治理环境的过程中，我们会用到很多经济学的思想和分析框架，因为我们要用最经济实惠的方法，最大限度地解决环境问题。最近几年，气候变化问题已经从一个边缘学科成为一个主流学科，受到主流媒体的关注，以气候变化为题材的封面文章、头条消息屡见不鲜。

《京都议定书》在1997年签订，从2005年2月开始实施，到2012年结束，仅仅包括除美国外的37个发达国家。斯塔温斯说，即使克林顿政府在1997年签署这个条约，这个条约对减缓气候变暖的效果也微乎其微；即将在哥本哈根召开的国际气候变化大会（2009年12月7日到18日）就是要讨论《京都议定书》结束后的国际合作框架。他预计，众多国家不会在短短两周内达成任何实质性协议，但他认为，这并不一定是坏事，这比签署一个漏洞百出、草草了事的协议要好得多。

斯塔温斯承认，达成一个包括发展中国家在内的可行的国际性协议非常艰难。气候是一个"公共产品"，具有公共产品的各种特征和挑战。其中最大的挑战就是"搭便车"问题：自己不承担减少排放温室气体的成本，但享受别人减少排放的好处。所以，任何有实质意义的国际协议都应该包括所有国家，尤其是那些经济发展迅速的主要发展中国家。斯塔温斯说，达成协议非常困难本身也说明各个国家对气候变暖问题越来越严肃认真，不愿轻举妄动。

《京都议定书》一方面不包括任何发展中国家，另一方面对签约的发达国家制定了非常严格的减排目标，要求它们在短期内大量减排。面对减排的艰巨任务，国际社会有两种选择。一种是在短期内努力减排，减排的数量很大，然后随着时间的推移，减排的努力逐渐减少，减排的数量减速增长（increases at decreasing rate）。另一种选择是在短期内缓慢增加减排的数量，然后随着时间的推移，持续增加减排的努力，使减排的数量加速增长（increases at increasing rate）。虽然这两种途径最终的减排数量差不多，但是减排成本相去甚远。有研究表明，第二种减排途径会节省大量成本。这说明"心急吃不了热豆腐"，渐进式的、经久不息的努力才是最经济实惠的。

通过市场手段减排有两种办法：一种是对排放中的碳含量征税，即碳税；另一种是设置减排目标，进而控制可排放的总量，政府将这个总量向企业免费发放或拍卖排放许可，私营企业通过市场交换许可配额（cap-and-trade），最终达到减排目的。斯塔温斯认为，碳税在美国国会的阻力太大，不可行，所以他倾向可交易排放许可制度。在2011年之前，各主要国家的配额交易制度会基本建立起来。下一步的问题是如何协调各个国家的配额交易制度，并且允许以开发清洁能源的努力抵消部分配额限制。协调配额交易制度的目标和结果是：各个国家配额里隐含着的排放价格会日益接近，最终完全一致，达到整体系统平衡。

配额交易制度要受很多政治因素的限制。达成国际协议的过程是政治性很强的过程，技术方面的信息和结论只是为这个决议过程提供参考。这时，斯塔温斯简短地介绍了杰弗里·弗兰克尔（Jeffrey Frankel）在这方面的最新论文。弗兰克尔从各种现实的政治条件限制出发，兼顾效率与公平，推导出达成国际协议的可能途径。《联合国气候变化框架公约》（UN Framework Convention on Climate Change，UNFCCC）也要兼顾效率与公平，即所有国家都有"共同但有区别的责任"（common but differentiated responsibilities）。

弗兰克尔首先考虑公平问题：越富裕的国家，即人均GDP越高的国家，承担的减排成本不但应该越高，而且应该按照人均GDP高出的幅度递增。其次，他考虑到全面性问题：国际协议不但要包括发达国家，也要包括主要发展中国家，否则一些国家勒紧腰带减排的数量就会被另一些国家增加的排放量全部抵消。再次，他把长期目标设置为：人均GDP相同的国家的人均减排量是一样的。最终，弗兰克尔推导出减排公式，这样各个国家不是在遵循人为制定的减排目标，而是把各自的情况带入公式，计算出的结果就是每个国家的减排目标，也就是它应该为缓解气候变暖做的贡献。

最后，斯塔温斯强调，各国首脑在哥本哈根要做的最重要的事情不是签署什么所谓的协议，更不是合影留念，而是要通过这个国际平台，促使各个国家

"走上正路"。在他眼里，"正路"就是"建立有效的机制和机构"，以缓解全球气候变暖。

在问答时间里，有人问：发展中国家有什么动力要加入这个体系？经济发展越迅速的国家越不愿意受减排的限制，那些打算快速发展经济的国家也不会愿意接受这些限制。

斯塔温斯回答，韩国、墨西哥这样的国家已经决定加入这个体系；对像中国这样的经济快速发展的国家来说，气候变化直接影响当地空气的污染程度，保护环境也是保护它们自身的利益。即将召开的哥本哈根会议有两个任务：一是要决定签署《京都议定书》的37个国家在《京都议定书》结束以后要怎么办；二是要设计一套整体方案，适用于所有国家。他领导的哈佛环境项目就是要为这些决策提供技术支持和参考资料，说服各个国家——他们减缓气候变暖，保护环境，就是在保护他们自己的利益。"我把我们的研究成果寄给各个国家的谈判小组，希望影响他们对问题的理解和决策的过程。当我在机场遇到谈判人员都拿着我们出版的书籍和发表的文章，还标上各种颜色的标签时，我觉得非常欣喜。没有什么比这更让我高兴了。"

☆ 库珀的预言

2010年1月15日晚，理查德·库珀在塞浦路斯（Cyprus）的中央银行就气候变化发表公开演讲。可容纳200多人的礼堂座无虚席。或许是因为年龄和经历的关系，他的演讲带有历史的厚重感（关于他的专业背景和对国际问题的看法，详见本附录第四节《不信偏见的经济学家》）。他首先解释这次哥本哈根会议的历史渊源。

这次会议的全称是《联合国气候变化框架公约》第15次缔约方会议（Conference of the Parties，COP15）。该公约诞生于1992年在巴西里约热内卢举行的联合国环境与发展会议（UN Conference on Environment and Development），而这个会议又是建立在1972年在瑞典首都斯德哥尔摩举行的联合国人类环境会议（UN Conference on the Human Environment）的基础上。气候变化在1992年被认为是人类面临的主要挑战之一，于是缔约方于1994年开始组织关于气候变化的年会。2009年12月在哥本哈根举行的会议是例行年会。

这次年会之所以与众不同、备受瞩目，主要原因是：2007年在印度尼西亚巴厘岛举行的第13次缔约方会议决定，要在两年以后的《联合国气候变化框架公约》第15次缔约方会议上，即在哥本哈根会议上，达成"有法律约束力"的国际协议。按照这个标准衡量，在哥本哈根举行的第15次缔约方会议毫无疑问是失败的。《哥本哈根协议》是在会议最后几小时里形成的由美国、中国、印度和南非支持的书面文件，是会议彻底失败的掩饰，完全没有法律效力。"如果不是因为这次会议的议题本身非常重要的话，那么这次会议简直就是一个笑话。"

接着，库珀列举哥本哈根会议程序上的缺欠。伊朗、委内瑞拉、玻利维亚的代表利用这个国际舆论平台，大肆攻击否定资本主义。任何一个小国家都可以利用"平等"发言的机会阻止会议日程，有一个小国家让整个会议浪费了半天的时间。不知为什么，G77（77国集团）竟然选了一个苏丹代表作为其发言人。无论这位苏丹外交官的素质和经历多么出色，仅仅是苏丹经济体在世界经济中的作用和地位、排放温室气体的数量以及苏丹忽视人权的记录，就足以使他不胜任这个职位。众多程序上的欠缺令人们怀疑这个为期两周的、代表192个国家和地区的几百名谈判代表参加的国际会议是否能够真正达成任何实质性协议。

库珀质疑这次会议的成果的原因不仅仅是会议的程序和形式存在欠缺，更重要的是他认为关于气候变化的国际谈判途径——配额交易制度——从根本上就是错的。他说，他不但在两年前就预计哥本哈根会议会失败，而且预计2010年12月将在墨西哥举行的第16次缔约方会议也会失败。

其中最主要的原因就是以中国为代表的经济发展迅猛的发展中国家，包括印度等新兴国家，没有理由接受任何阻碍它们经济发展的量化减排目标，而这些发展中国家又必须被包括进来。库珀说，这些国家不愿意也不应该在牺牲经济发展的基础上减少排放温室气体。在他看来，减少贫困（或发展经济）比缓解大气变暖更应该成为发展中国家的首要目标。所以，在有关配额交易制度的国际谈判中就会发生这样的尴尬情况：发展中国家不会签署牺牲自己经济利益的条约；而他们签署的条约不会损失自己的经济利益，也就无法真正达到全球减排的目的。

其次，污染许可证和配额本身是政府制定和分配的。这就意味着政府在经济生活中有更大的权力和"寻租"空间。几乎可以肯定，腐败在所难免。再次，无论如何谨慎地制定配额制度，最终结果都会有无数漏洞，政府防不胜防，很难达到减排的目的。例如，"碳抵消"（carbon offset）的定义和标准就非常含糊不清，企业可以在其他国家重新部署排碳量很大的生产，或者声明在其他国家保护了多少森林，政府很难跟踪核实。而且，配额交易制度会造成一批新的利益集团和既得利益者。例如，华尔街主管贸易、交易的投资银行正在建立庞大的游说团，宣传这个制度的优越性。正是这些人会从这个体制中得到巨大的生意和利益。

作为经济学家，库珀当然不喜欢通过行政命令的方式减排，而倾向另一种市场途径——国际协调的碳税（harmonized carbon tax）。通过价格变化达到减排的目的是最简单、最直接、最高效的途径。碳税的好处是建立在行为基础上（action-based），具有跨国界的一致性和统一性，谁也逃不掉；而且发展中国家也会更愿意加入进来，缓解类似"发达国家不让我们发展"的阴谋论等偏见。一些欧洲国家在配额交易制度上投入很大，已经实践了一段时间，但这并不妨碍实施碳税，而且可以与碳税结合起来，共同达到减排目的。

其实，库珀并不是唯一支持碳税的经济学家。哈佛大学经济学教授、经济学教科书编写者曼昆组织了一个非正式俱乐部，叫"庇古俱乐部"（Pigou Club）。庇古税是指矫正性税收，碳税就属于这个类别。曼昆到处搜集和累计支持碳税的经济学家、政治家和其他举足轻重的人物的名单，让他们成为这个名义俱乐部的成员。虽然这个俱乐部还不足以形成任何政治力量，但已经人数可观。

库珀当然知道"税"在政治生活中的敏感程度,所以称其为"碳费"(carbon charge),而不是"碳税"。他说:"即使是配额交易制度,其实质也是碳税。这是不可避免的,无论你如何叫这个词。"接下来的问题是:既然其实质是一种税,那么它会不会像其他税一样打击经济增长?(关于税收与经济增长的关系,详见第三章第七节《开放经济中的税收政策:猫鼠游戏》。)

库珀认为不一定,这取决于政府如何使用这项收入。"如果这种税收被用于支持农业科研,然后把研发成果在实践中实施推广,那么就会提高生产效率,刺激经济增长。"到底政府应该用这项税收减少其他制造福利损失的税收〔即扭曲性税收(distortionary taxes)〕,还是补贴穷人或实施其他福利政策,抑或是偿还国债,库珀没有"一刀切"的建议,而是建议各国政府酌情而定。

在问答时间里,有人怀疑碳税的可行性,因为碳税在美国政界几乎是"禁区":任何政客倡导碳税就等于"政治自杀",自己主动断送政治前途。对此,库珀幽默地回答:"一个民主社会意识到其他方案都行不通的时候,就会尝试这条路。而且我敢肯定,每个国家的财政部部长都会喜欢我的政策建议。"

还有人问:如果实施碳税,税率应该是多少?库珀没有给出具体数字,而是解释制定这个税率的原则。"这个税率应该大到引人注目的程度,但不应该大到导致经济衰退的程度;应该在这两者之间。不同国家在开始的时候,碳税率可以不同,但经过三到五年的时间,所有国家的碳税率应该基本达到一致,这样就不会给企业跨国界钻空子的机会。"(19世纪末和20世纪初的美国匹兹堡、20世纪50年代的英国伦敦、20世纪60年代的日本东京都曾经有重度空气污染,严重威胁人们的身体健康。但这些城市现在都干净漂亮,蓝天白云。有数据表明,除了加强环境法的制定与执行力度,这与它们开放贸易和投资,把重污染企业转移到其他污染环境成本低的地区或国家有密切关系。所以,协调跨国经济政策至关重要。)

会后，许多听众对库珀在演讲中的表现啧啧称赞。其中以色列国家科学院（Israel Academy of Sciences and Humanities）前院长（1986—1995）、特拉维夫大学（Tel Aviv University）化学教授乔舒亚·乔特纳（Joshua Jortner）的评价最为形象贴切："听库珀的演讲就像是在听莫扎特的钢琴曲，丝丝入扣，优雅动听。"

第二节

德班世界气候大会：
半瓶子满，还是半瓶子空？

很多事情都像"半瓶子水"——半瓶子空，半瓶子满，就看你强调的是哪一半。人们面对的事实和运用的逻辑推理都是一样的，为什么有些人看空，有些人看满呢？视角和思路的不同决定了人们对事物的判断迥然相异。在评价2011年12月德班世界气候大会的效果方面，肯尼迪政府学院的经济学教授斯塔温斯看的是"半瓶子满"，而哈佛大学国际经济教授库珀看的是"半瓶子空"。

2011年12月10日，《联合国气候变化框架公约》第17次缔约方会议在南非德班结束了。为了避免由190多个国家参加、为期近两周的会议彻底失败，会议代表们加时一天半时间，签署了语言蹩脚的、意思需要翻译才能明白的协议。这个协议挽救了各方的面子，其实际内容怎样呢？

☆ 德班气候大会的结果

德班会议的结果包括三项内容。第一，细化一年前的《坎昆协议》（Cancun Agreement，《联合国气候变化框架公约》第16次缔约方会议的结果）。各国设立自己的减排目标，并接受国际监督。发达国家用政府和私人的钱建立"绿色气候基金"（Green Climate Fund），通过技术转让，帮助发展中国家应对气候变化。

也就是说，发达国家把钱从自己的左手转到了右手——用自己的钱购买自己的技术——只是发达国家里出钱的人和卖技术的人不同而已。这样转化的目的是要发展中国家做发达国家想让他们做的事情。发展中国家为了得到资金和技术，同时也从自身发展的角度出发，需要保护环境，必须参与这个游戏。发展中国家要明确自己的减排目标，同意建立市场机制以保护各种自然资源。在两年前的哥本哈根会议（《联合国气候变化框架公约》第15次缔约方会议）上，主要排放国家已经做出公开承诺，递交了在2020年前各自减排的行动方案。

第二，将唯一有法律效力的《京都议定书》延续五年。《京都议定书》于1997年在日本京都由其附件一中的国家（即所谓的Annex 1 countries，以发达国家为主，但美国不在其中）签署，承诺以1990年各国的排放量为基准，在2008年到2012年间减少六种温室气体的排放量，2012年年底到期。德班会议是国际社会继两年前的哥本哈根会议和一年前的坎昆会议之后，第三次为《京都议定书》过期之后寻找有法律效力的国际框架的努力。

在德班会议上，发展中国家坚持，如果附件一中的国家不同意延续自己的承诺，那么发展中国家（包括金砖四国、韩国和墨西哥）就会一走了之，整个会议就只能以失败告终。在这场游戏中，谁缓解气候变化的愿望更迫切，谁更需要保留自己的面子，谁更惧怕会议的失败，谁就会首先做出让步。因为所有国家共享一个地球，所有国家的利益都在这里面，所以发展中国家也要对发达国家留有余地。这个余地的表现形式主要是让欧盟接受的减排目标不大于原来在它们内部就已经承诺的目标［欧盟排放交易体系（European Union Emission Trading Scheme，EU ETS）］；新西兰和澳大利亚也是如此。

很快，世界温室气体排放量的一半就会从没有法律约束的国家［即附件外的国家（non-Annex 1 countries）］排放出来，发展中国家也有责任减排。有50个《京都议定书》以外的国家的人均GDP高于部分签署《京都议定书》的穷国家。这显然不合理。

好在这些附件外的国家已经被说服——或者说为了取得西方的资金和技术支持，也为了保护自己的环境——主动申报减排目标，然后接受国际监督。这些附件外国家的减排目标是自下而上——各国上报国际组织——自愿设定的，没有任何国际法的要求。美国原来就在《京都议定书》之外，加拿大、日本和俄罗斯已经决定不再继续履行《京都议定书》的承诺。

第三，作为交换，发展中国家同意在2015年前达成在2020年开始履行、由所有国家都遵守、有法律效力的协议《德班增强行动平台》（Durban Platform for Enhanced Action），而2015年前是否能达成协议本身并没有法律效力。这里的"文字游戏"需要"翻译"才能清楚：并不是所有国家都必须在2015年前达成这项有法律效力的协议。如果能达成协议，那么这项协议必须包括所有国家，而且在2020年开始执行。如果成功，新协议会完全取消《京都议定书》附件内国家和附件外国家的区别，也取消发达国家和发展中国家的区别，所有国家被一视同仁。如果在2015年前不能达成这样的协议，没有任何法律惩罚。

☆ 斯塔温斯定义德班会议的"成功"标准

对于这样的会议结果，斯塔温斯表示谨慎乐观。他首先解释"成功"的定义。如果"成功"的标准是解决气候变化的问题，那德班会议当然没有成功。如果"成功"的标准是把世界放在一个能够解决气候变化问题的有效路径上，那么德班会议仍然不能算是成功的。但是，斯塔温斯坚持说："这样的定义对于解决像气候变化这样全球性的、长期的、异常棘手的国际问题是不适合的。"

他认为恰当的"成功"的定义是：德班会议是否比以前更有可能把这个世界放在一个从根本上解决这个长期的全球性问题的路径上？他的回答是肯定的，德班会议因为增加了这种可能性而对缓解气候变暖起了积极的促进作用。

除了最终语言蹩脚的协议以外，斯塔温斯的另一个理由是：德班会议和两年前的哥本哈根会议、一年前的坎昆会议一样，进一步让《京都议定书》附件外和附件内的两类国家的界限更加模糊。"共同但有区别的责任"的字样在斯塔温斯看来已经成为"发达国家努力减排，发展中国家随便"的代名词了。斯塔温斯反对任意的"双轨制"，认为"共同但有区别的责任"这个说法不在德班会议的谈判结果中，是德班会议的进步。

他倾向设置一种国际机制，或者说目标减排量的计算公式，而这种机制已经把发展中国家的经济实力、发展水平、目前排放量等因素考虑进去了。也就是说，这种机制既一视同仁，没有人为的随意性，又照顾到了发展中国家的特殊性。

☆ 库珀定义发展中国家的根本立场

哈佛大学国际经济教授理查德·库珀认为通过配额制来解决气候变暖问题从根本上行不通，即使建立配额交换等市场机制来控制总排放量，也会不可避免地漏洞百出。

配额制有两个最根本的问题。一是配额从哪里来？如何分配？配额来自国家政府在国际会议上的减排承诺，然后政府将配额或者无偿分配，或者拍卖到各个排放企业。在这个过程中，行政官员的权力大大增加，为腐败提供温床，从本质上说防不胜防。

二是在国际会议中，发展中国家为什么要以牺牲经济增长为代价来减少排放温室气体？温饱问题、追求小康的生活目标对他们来说比气候变暖重要得多。这就决定了国际会议上的尴尬——任何签署的协议都不可能有真正的约束力，任何有真正约束力的协议都不可能被签署。因此，国际会议中剩下的工作就是"文字游戏"和"表面文章"了——如何冠冕堂皇地挽救各方的面子，如何制造一层面纱来掩饰会议的彻底失败。文字游戏可以玩很长时间，但从根本上说，于事无补。

在德班会议上，中国的立场似乎也印证了库珀的预言。气候变化谈判中国代表团副团长苏伟说，中国不排除签署有法律效力的协议的可能性。但苏伟把协议的具体内容——减排的数量和时间表等更重要、更艰难的问题都留到今后。

气候变化谈判中国代表团团长、中国国家发展和改革委员会副主任解振华在德班阐明，中国可以接受2020年之后新的法律框架的五个先决条件，其中包括《京都议定书》第二承诺期；兑现每年100亿美元的绿色气候基金，落实资金、技术转让等问题；有透明度地监督执行和评估审核；坚持"共同但有区别的责任"原则，体现公平原则和各国能力的差异。这是解振华所坚持的"双轨制"，即加入《京都议定书》的国家在议定书下采取减排行动，没有加入议定书的国家在公约下做出有可比性的努力。但目前还没有任何文件替代《京都议定书》的法律效力，无法定义"有可比性的努力"，更没有国际组织能要求发展中国家必须怎样做。

这些先决条件在2015年之前能落实吗？库珀估计，在2015年前很有可能达不成任何协议；也可能达成形式上的协议，但没有真正的约束力。这就如同俄罗斯和乌克兰在《京都议定书》中的承诺——减排配额大到他们不需要采取任何行动的程度。这些国家不需要做任何牺牲，一切照旧就能完成任务。库珀认为，科技进步从理论上说可以使经济增长和温室气体减排不冲突，但除非发展中国家能够看到这些技术和资金对他们来说近在咫尺，否则他们是不会签署真正有约束力的国际协议的。

为此，库珀的建议是避开设立减排目标的途径，采取协调减排行动的途径，让所有国家采取一致的行动来达到共同目的。这样做还可以避免在国际贸易中，一些国家以"反补贴税"的形式来制裁另一些在他们看来没有囊括减排成本的国家。征收碳税——或者说得更好听一点是"碳费"——就是这样一种既容易理解又容易实施的行动。碳税和其他矫正性税收一样，会鼓励企业和个人减少排放温室气体，增加各国政府的财政收入。

库珀相信碳税的观点在经济学家中并不独特。无论"碳税"实施的可能性大小，很多经济学家都相信矫正性税收（或称"庇古税"）的矫正力量。哈佛大学经济系教授曼昆就非正式地成立了"庇古俱乐部"，专门收集为缓解气候变暖而支持"碳税"的政界和学界精英的名字。

从"碳税"这个渠道收集的财政收入，库珀说，既可以用在缓解气候变暖的研发项目上，也可以用在减少其他扭曲性税收上，还可以用于减少财政赤字——不少国家的债务已经到了不可持续的地步。各国可以酌情决定如何最好地利用由于碳税而增加的财政收入。因此，库珀主张，国际社会应该从设定减排目标的谈判转移到协调减排行动的谈判。

第三节

2015年的《巴黎协议》

现在让我们用时间来检验斯塔温斯和库珀的预言分别在多大程度上是对的。由2011年德班会议生成的工作小组（Working Group on the Durban Platform for Enhanced Action）的主要任务是讨论2020年以后的减排目标和工作计划，争取让这个目标和计划在2015年12月的巴黎会议（COP21）上通过。2012年在多哈举行的《联合国气候变化框架公约》第18次例行会议（COP18）决定把于2012年过期的《京都议定书》的基本形式延长到2020年。在2015年12月的巴黎会议上，195个国家的代表原则上同意了《巴黎协议》（Paris Agreement）。到2016年年底，有126个国家已经签署并批准执行这个协议。这个协议于2016年11月4日生效。

纵观12页的《巴黎协议》，斯塔温斯和库珀的预言都有对的成分。斯塔温斯会说，这是在量化减排、允许和鼓励国家间碳交易方面的又一次努力，同时使发达国家和发展中国家的界限模糊了。这些在他看来都是进步。库珀会说，这个协议之所以有100多个国家签署和参与，正是因为各个国家的减排目标都是自愿制定的，完全没有法律效力，仅仅是"自下而上"向UNFCCC汇报和备案而已，而不是联合国"自上而下"的规定或摊派的"任务"；如果不达成或达不成自己制定的目标，没有任何实质性的惩罚。

《巴黎协议》上的语言的确是没有约束力的。其主要内容是：为了减少气候变暖造成的副作用，成员国家同意"尽快地尽最大努力"减排温室气体，使全球气温保持在比工业革命之前的气温高2摄氏度之内；在不影响粮食生产的情况下，提高应对由气候变化造成的危害的能力，并使资金流动与这个目标相匹配。减排目标由各成员国主动自愿地设立［即国家自主贡献预案（intended nationally determined contributions，INDCs）］，即"自下而上"地设立，在UNFCCC秘书处备案。这个目标每五年重新评估一次，并呈递增趋势。国家之间可以相互协调这些目标。

《巴黎协议》与《京都议定书》最主要的区别是：《巴黎协议》是建立在共识的基础上的，没有法律效力，这些自愿设立的减排目标仅仅要求各成员国尽力而为，不够具体（例如，没有更具体的执行时间表），没有不达成目标的制裁措施。各成员国仅仅承诺向联合国备案并接受联合国专家组的检查。如果哪个国家不达成自己设置的目标，唯一的制裁就是通过联合国公开信息，让这个国家在世界上没面子。

正是因为《巴黎协议》没有法律效力，美国政府把它认定为"执行机构的协议"而不是国际条约（executive agreement rather than a treaty），不需要国会授权或批准。如果美国新总统特朗普要撤出这个协议，那么这个协议的效用就大大减弱了。如果将来有一小撮国家决定从这个协议中撤出，那就可能导致整个协议的崩溃。

《巴黎协议》与《京都议定书》的第二个区别是：《巴黎协议》虽然在字面上承认发达国家和发展中国家有"共同但有区别的责任"，但在程序上完全没有区别对待。这个协议里设置的机制叫"可持续发展机制"（sustainable development mechanism），基本上是《京都议定书》里的"清洁发展机制"在2020年以后的继续，对所有成员国一视同仁。这个机制的执行程序还要在今后的工作小组中产生，其目的是要克服以前在执行"清洁发展机制"时遇到的各种问题。

巴黎会议中一个新的进展是：在小岛国和最不发达国家联盟的要求下，会议承认气候变化带来的一些最严重的自然灾害可能无法用任何措施及时地弥补，但是发达国家不愿意承担额外的经济负担，所以协议中没有为特大自然灾害提供经济补偿的语句，仅仅沿袭了2013年华沙会议（COP19）上为此决定的华沙国际机制（Warsaw International Mechanism for Loss and Damage）。《巴黎协议》也没有提到以前年会上倡议的发达国家为缓解和适应气候变化，每年为发展中国家提供1000亿美元基金。

发达国家同意提供的配套资金显得微乎其微。代表发达国家的七国集团（G7）宣布要为成立"气候风险保险"（Climate Risk Insurance）和"气候风险与早期预警系统"（Climate Risk and Early Warning Systems）提供4.2亿美元。2016年3月，奥巴马政府为"绿色气候基金"提供了5亿美元。绿色气候基金已经有了100亿美元的承诺，但在气候变化的巨大挑战面前，仍然是杯水车薪。

《巴黎协议》允许成员国把它们在其他国家帮助减排的数量算作——即抵消——它们自己上报联合国的减排目标的一部分，并为此建立了一个"国际减排结果交换体系"（international transfer of mitigation outcomes，ITMOs）。这个体系旨在把国家间或地区间的碳交易系统连接起来，在统计减排数量方面避免重复计算。连接这些系统非常复杂，因为每个系统都不一样，各搞一套，在技术上对UNFCCC提出了更大的挑战。

预计在2018年的例行年会上，UNFCCC要根据每个成员国自愿报上来的减排目标重新衡量全局，看是否能达到在近期让全球碳排放总量达到峰值，在长期——21世纪后半期——达到净排放量为零的总体目标。再下一次衡量全局的工作将在2023年进行。衡量全局的结果会反过来用于评价所有成员国的自愿减排目标的总和是否足够，还是需要进一步加强。每五年一次的评估工作还包括重新审视与减缓气候变化相适应的配套资金的到位情况，充足与否，以及相应的技术转移的情况等。

总之，UNFCCC任重而道远——工作量大，技术性强，加上发达国家和发展中国家的利益、目标和动机都大不相同，众口难调。无论做任何事情都会有困难，更不用说像气候变化这样的全人类面临的巨大挑战了，关键问题是我们是否在正确的路上前行？遇到的这些技术和机制建设方面的困难是否值得花大量人力和物力克服？还是应该从根本上就走碳税这条简便的道路——每个国家都有现成的税收机制，不需要设计任何新机制，国际谈判只需要协调税率就行了（起初允许发达国家与发展中国家的碳税率不同，但在若干年后逐渐趋于一致）？还是"两条腿（同时）走路"，兼行不悖？

第四节

不信偏见的经济学家：
库珀解读热点经济问题

哈佛大学经济系教授理查德·库珀挑战经济领域的约定俗成。在许多热点问题上，库珀的观点大胆清新、融会贯通，在业内独树一帜。本节展开阐述他在这些问题上的看法：美国储蓄及公债，美国经常项目赤字的可持续性与全球不平衡，美元的国际地位与国际金融秩序，2008年金融危机爆发的原因，政府的危机对策，美国长期通胀前景，市场经济与计划经济的利弊分析，走出危机的途径，以及高管薪酬制改革策略。

经济领域和其他领域一样，都有一些大家基本公认的"事实"或专业中的约定俗成，而哈佛大学经济系有人挑战这些约定俗成。理查德·库珀1958年在伦敦政治经济学院（London School of Economics and Political Science）获经济学硕士学位，1962年在哈佛大学获经济学博士学位。他在华盛顿布鲁金斯学会（Brookings Institution）完成博士论文期间，被肯尼迪政府经济顾问委员会主席詹姆斯·托宾（James Tobin，1918—2002，1981年诺贝尔经济学奖得主）看重，27岁就成为经济顾问委员会中的高级业务人员，主管国际收支平衡及其他国际业务。肯尼迪总统开高层会议时，问身边的人："那个小孩在这个房间里干什么？"

此后，库珀多次服务于民主党政府，包括20世纪70年代末任卡特政府副国务卿，20世纪90年代中期任克林顿政府国家情报委员会（National Intelligence Council）主席。唯一的例外是20世纪70年代初他在耶鲁大学教书期间，兼职给国家安全顾问亨利·基辛格（Henry Kissinger）做经济顾问，频繁往返于耶鲁大学和华盛顿之间。由于基辛格的顶头上司是共和党总统尼克松，所以严格地说，他也曾供职于共和党政府。

虽然库珀深受凯恩斯思想的影响，强调政府在经济中有不可缺少、不可替代的作用，但在具体问题上，他的看法很难以党派甚至学派划线。即使是了解他的人，也很难预计他在具体问题上的看法。业界人士一般认为他的观点别具一格，思想博大精深而值得倾听。20世纪80年代末和90年代初，库珀分别担任美联储波士顿分行董事会副主席、主席。

他非常喜欢的哲学家之一是柏拉图的老师苏格拉底（Socrates，公元前469—公元前399），因为他刨根问底，不信偏见。库珀对经济学中的一些问题持少数派观点，但其观点大胆清新，说起来头头是道、融会贯通。因为他在业内独树一帜，他的观点值得转载。本节根据他发表的文章及一些公开演讲整理而成。

☆ 美国储蓄及公债

从宏观层面说，美国消费过高，储蓄不足，债台高筑（2016年美国联邦政府总体债务是GDP的105%，其中公共持有的债务，即美联储、社保基金等政府部门之外的部分，约是GDP的60%），这是众所周知的。大多数经济学家以此为基础建立自己的分析和理论框架，推导政策方向和具体措施。但库珀通过剖析这个大家公认的"既成事实"，具体说明哪一部分是成立的，哪一部分是不成立的，从而瓦解了以此为基础的一系列政策推论。

2004年2月20日，他在《金融时报》上发表评论员文章，反对指责美国储蓄不足的理由。他承认，美国个人可支配收入的储蓄（saving out of US disposable personal income）极低，即使加上公司的储蓄（corporate savings），私有储蓄（private savings）也很低；美国政府赤字在2008年金融危机之前就非常高了（公共持有的债务约是GDP的40%），这次金融危机迫使政府动用财政刺激政策（2009年2月在国会通过），给政府本来就庞大的赤字火上浇油。

但库珀支持2009年的财政刺激政策。他认为在经济普遍衰退的情况下，只有政府可以逆流而上，增加总需求，带动私有经济发展。他并不是一味地主张"大政府"，而是认为政府在经济生活中起着至关重要的作用。他指责，有些人下意识地把经济生活中的成功都归结于私有经济的功劳，把经济生活中的失败都归结于政府政策的错误和政府对私有经济的干预。他认为，这种思想是极其错误，也是极其危险的。没有政府提供的公平、透明、高效的运作平台，私有经济根本就不可能蒸蒸日上。而政府提供的这些必不可少的公共产品是需要强有力的税收支持的。

库珀曾经反对小布什政府在2001年和2003年的两次减税，认为那些支持减税的理由（降低边际税率会减少福利损失，提高税收效率）只是在抽象的逻辑中成立，在实际生活中的效果微不足道。他认为大多数人在决定是否接受下一个项目、下一份工作时会考虑很多因素，但自己的边际税率是多少几乎可以肯定不是考虑的主要因素。对那些热爱自己工作的人来说，边际税率就更不是一个考虑因素。他认为这两次减税只会使政府财政捉襟见肘。

为什么家庭和国家应该储蓄呢？家庭储蓄是为了供孩子读书，提供养老保险，以防万一（例如暂时失业等），或许给后代留下一些遗产。国家储蓄是为了投资，为了经济增长，为了今后有更高的收入。

对一个普通美国家庭来说，它的储蓄与我们从国家宏观统计账户（national accounts）里读出的数据非常不同。家庭房产的增值、购买的耐用品（例如汽车、冰箱等）、在孩子教育方面的花销都会增加这个家庭今后的收入，是一种投资，而我们从统计数据中算出来的储蓄完全不包括这些。美国人对未来的信心比其他发达国家的民众要大，所以消费更加大胆。虽然有不少家庭需要提高储蓄，但大多数美国家庭的储蓄决策，在库珀看来，基本上是对的。

那么，美国是否有足够的储蓄来确保持续的经济增长呢？库珀说，首先，经济增长的动力即使在古典经济学中也是技术革新，而不是纯粹的资本积累。诚然，不少新技术就包括在资本（机器）中了，但这说明高投资（总投资）是经济增长的必要条件。为了保持经济增长，我们的着眼点不应该是净储蓄，而应该是总投资。虽然美国国内储蓄很低，但美国得益于大量外资涌入，总投资情况一直很好。（这就是所谓的"吸引外资"，借别人的鸡下蛋。）

其次，资本产品的价格相对其他产品的价格在降低，而资本的质量在提高。同样多的储蓄现在可以买到更多更好的资本产品（例如家用电器和计算机等产品）。科学技术的进步使增加产出需要的新增资本在减少。（这是萨默斯担心长期投资需求在减少，长期均衡利率降低的部分原因。）所以，我们从统计中看到的用美元度量的新增资本低估了质量的提升。

再次，库珀继续刨根问底，我们为什么追求经济增长呢？如果美国的储蓄更高，美国的经济或许能够增长得更快。但经济增长更快对我们有什么好处？比起我们的祖辈，我们的生活已经富裕了无数倍。再要求我们的祖辈生活得更节俭，为了我们储蓄更多，是不道德的。除了小布什和他的朋友非常在乎给后代留下财产以外，大多数美国人并不想给后代留下很多财产，因为他们相信，每一代人都要对自己负责，创造自己的财富，不应该依靠祖辈的遗产。如果我们能够保持技术革新的良好势头，继续为后代提供足够的教育，在经济好转后减少财政赤字，那么即使我们不增加储蓄，我们的子孙后代也很有可能比我们更富裕。

☆ 美国经常项目赤字的可持续性与全球不平衡

美国经常项目赤字在2004—2006年高达GDP的6%，很多经济学家认为这是不可持续的，有必要制定经济政策逆转赤字。库珀反对这种观点。

首先，他区别全球不平衡（global imbalance）中的不平衡与经济模型中的不平衡（disequilibrium）。这两种不平衡有本质的不同。全球不平衡中的不平衡是很有可能可以持续的。至于这种不平衡是不是我们希望看到的，是不是我们喜欢的，那是另外一个问题，是一个价值判断。

其次，人们常说："美国经常项目赤字每年5000亿美元（2016年约为4700亿美元，是GDP的2.6%）意味着美国人平均每天从外国借债将近20亿美元。"库珀说这种解释是错的。经常项目的赤字（或盈余）等于资本账户的盈余（或赤字）。这是一个数学上的恒等式，并不意味着恒等式的左边导致了右边，或右边导致了左边，或谁管谁借钱。资本的流动在自由经济体系里其实是"周瑜打黄盖——愿打愿挨"，没有任何一方是被迫的。如果你不愿意承担可能的后果，完全可以选择不参加这个游戏。

库珀对这个恒等式的解释是：美国资本账户的盈余被用于填补支持经常项目的赤字，其中很大一部分被用在支持美国的巨额贸易赤字上了。在他看来，美国的巨额贸易赤字与其说是反映了美国的储蓄不足，还不如说是反映了其他国家的储蓄过剩，尤其是中国和日本。这些国家内部的投资环境没有美国这么好，投资机会没有美国这么多，没有办法吸纳这么多的储蓄［这也是美联储前主席伯南克说的"储蓄过剩"（savings glut）］，或者可以吸纳，但投资回报没有投资于美国的回报那么好。（中国的对外投资已经从2010年的590亿美元上升到2016年的1700亿美元。中国对美国的直接投资已经从2007年的30亿美元增长到2015年的620亿美元。2016年年末，中国福耀玻璃集团创始人兼董事长曹德旺要在美国投资建厂，引起舆论广泛关注。他给出的理由——美国总体税率较低，人工成本相对质量来说不高，企业经营环境好等——从一个侧面说明美国对国际资本来说仍然具有强大的吸引力。）

库珀认为，相对其他发达国家，美国有人口方面的优势：美国的自然生育率和相对宽容的移民法保证了美国的人口不会像日本和意大利那样萎缩。相对新兴市场，美国有制度和文化方面的优势：保护产权，鼓励创新，容忍失败，机制灵活，政治稳定。虽然美国政府债台高筑，但美国国债的市场广度、深度、流动性几乎无与伦比。

那些储蓄过多的国家应该把用不了的钱放在哪儿呢？投资在哪里能比投资在美国更好呢？即使那些国家的私人由于各种原因（例如资本账户不开放）不能投资美国，那些国家的政府也会把一部分外汇储备投资在美国。尤其是那些不想让自己的货币升值，以保护出口企业的国家，更会这样做。只要不走极端，他们的想法和做法不是没有道理的。

库珀在2004年11月1日的《金融时报》上发表评论员文章，具体分析美国国际净投资态势的可持续性及利弊关系。如果美国经常项目赤字继续增加，外国人在美国的净投资（外国人在美国的投资多于美国人在外国的投资的部分）继续增加，那么外国人就会拥有更多的美国资产，就会获得更多在美国投资的回报，美国生产总值的一部分就要给外国人，美国人的收入就会因为把"饼"的一部分分给外国人而减少。但是库珀指出，这种逻辑没有把外国在美国的投资为美国经济做的贡献考虑进去。如果没有外国人在美国的净投资，美国人生产的"饼"本身就会更小，除非美国人自己在国内的投资足够大，顶替了外国人在美国的净投资。["借别人的鸡下蛋"以后，"蛋"的一部分要作为回报给别人，但留下的部分还是比给别人的部分要多，所以还是利大于弊。2017年1月17日，中国国务院下发《关于扩大对外开放积极利用外资若干措施的通知》（国发5号），授权地方政府自行制定招商引资的优惠政策，放宽外资进入金融、证券、保险、电信、石油、石化、制造业、采矿业以及交通、水利等基础设施建设的准入限制。这对中国经济来说是重大利好消息。]

2008年夏，库珀在《经济展望杂志》上发表长篇论文《全球不平衡：全球化、人口变化趋势和可持续性》（*Global Imbalances: Globalization, Demography, and Sustainability*），综合阐述他在这方面的观点。日益全球化的金融市场意味着储蓄在全球范围内流动，寻找最佳投资机会，在本国投资的偏向（home bias）越来越小。加之美国的人口和制度优势，美国会继续吸引大量的全球投资。他预计，外国在美国的投资减去美国在外国的投资，即资本账户的盈余，仍然会持续很长一段时间，所以经常项目的赤字也会持续。

全球不平衡的主要原因不是美国的储蓄太少，而是其他国家的储蓄太多，又缺少国内投资条件。由于这些根本因素不可能在短期内消除，所以全球不平衡就不可能在短期内有所改变，即使长期也未必会改变。如果人为地制定政策，强迫改变这个趋势，库珀担心，世界经济会有全面衰退的危险。

☆ 美元的国际地位与国际金融秩序（international financial architecture）

基于对全球不平衡的理解和取代美元作为国际硬货币的门槛之高，库珀对美元未来的走势也持相对乐观态度。在金融危机席卷全球，美国政府债台高筑，怀疑美元的声音日益高涨的2009年，他的观点令人耳目一新。他不否认美国市场有各种各样的问题和这次危机对市场信任度的冲击，但他认为美国市场相对其他发达国家市场，美国的经济实力相对其他国家的经济实力，仍然是非常有竞争力的。［他在2015年第六期的《开放导报》上发表论文《人民币国际化的未来》，仍然持此观点。美元在2017年年初对其他货币的汇率再创新高，以至于特朗普总统的经济顾问彼得·纳瓦罗（Peter Navarro）指责欧元被低估，德国利用低汇率"剥削"其他欧洲国家和美国。］

美元成为国际"硬货币"不是任何人或任何政府特意设计的结果，正如英文成为国际交流的语言工具不是任何人、任何政府设计的一样。这些都是习惯成自然，从实践中逐渐演变而来，用的人越多，这种语言或这种货币就越有用，即网络的外部效应（network externalities）。国家间的贸易往来，业务结算大多涉及美元。美国的国债市场相对来说是低风险高回报的市场，而且其深度、广度及流动性没有任何一个国家的国债市场可以匹敌。

美元作为储蓄价值的手段是有缺欠的，因为它的实际购买力随汇率的变化和通胀的变化而变化。但是，任何货币作为国际货币都有同样的问题，这是不可避免的。在过去的半个世纪中，很少有国家的连续通胀率比美国的还低。美国的货币政策和财政政策从总体上来说是负责任的。如果美元相对其他货币持续贬值，那么它作为储蓄价值的作用和结算国际交易的作用就会受到影响。但是，世界经济、国际贸易从长期来看在增长（即使在短期内出现负增长），整个"饼"在增长，即使美元的相对作用在减小，使用美元的绝对数量也未必会减少。

取代美元有两个途径：利用现成的一种主要货币，或人为地制造一种新货币。库珀历数用欧元、英镑、日元和人民币作为国际货币的各种问题。使用欧元的资本市场是非常分散的。意大利政府债券的质量值得怀疑；德国政府债券的数量不太多，短期债券数量更少；法国、西班牙的国债市场也不太发达。英国国债的二级市场流动性相对很小，人们一般都让国债自然到期，而不是在到期之前就自由买卖。日元国债的数量很大，但是回报率极低。人民币还不能自由兑换，中国的资本账户还不够开放。所以在短期内，很难想象有任何现成的货币可以取代美元。［这些特点直到2017年仍然大致如此。为了使人民币成为第五个加入特别提款权（Special Drawing Right，SDR）的货币，中国资本账户的开放程度在最近几年有了长足进展，但在2016年的贬值压力和外汇储备剧减的情况下，又开始收紧。外汇储备从2014年中期的将近四万亿美元的峰值降到2016年年底的三万亿美元，引发是否应该消耗外储来抵御人民币贬值的压力的讨论。］

那么，人为地制造一种新货币的条件是否成熟呢？国际货币基金组织（IMF）的特别提款权自然是一个候选对象。2009年3月，中国人民银行（PBOC）行长周小川提出扩大SDR的用途，使之成为"硬货币"，以减少国家外汇储备因美元的贬值而受到的巨大冲击。

库珀于2009年5月撰文说，这并不是一个新的想法，只是中国现在这样说是新的。1978年通过的IMF章程第二修正案（the Second Amendment to the IMF Articles）就明确表示，使SDR成为"硬货币"是IMF的工作目标之一。但这个修正案一直没得到人们的重视，现在中国中央银行行长这样说，就会引起人们的重视。

创建SDR就是要满足世界经济增长对流动性的需求。要想使SDR具有生命力，必须克服几个实际操作中的困难。谁会印发这种货币？在什么情况下印发？印发多少？如果是IMF，那么IMF就需要有一些世界中央银行的功能。现在IMF每五年重新评估一次世界流动性，决定是否应该增加SDR的数量。评估的频率和标准都要随IMF功能的改变而改变。

影响SDR使用范围的一个很大障碍是：SDR仅仅在IMF与各个国家的中央银行之间流动，完全没有私人市场。个人和私有机构可以按照SDR每天的不同汇率把任何价格换算成SDR，但他们不能持有SDR，更不能用SDR结算任何交易。

如果人为地制造这种硬货币，那么每个国家外汇储备中的美元和其他主要货币怎么办呢？一种办法是逐步取缔。全世界大约有五万亿美元的国家外汇储备，自然而然的逐步取缔需要很长时间。另一种办法是在IMF人为地设置"替代账户"（substitution account）。被取代的美元和其他外汇储备都交给IMF（或为SDR成为硬货币而产生的国际机构）。然后，IMF仍然要决定如何处理这些美元。这些美元其实代表了其他国家对美国无限期的贷款，是美国对外国的负债。（美国消耗了外国的真实的物品和服务，外国得到的就是一堆纸钱。从这个意义上说，过多的外汇储备是一种浪费。）

这些实际问题并不是不能克服，只要有足够的政治决心，是可以设计机制解决的。但问题是，使SDR成为国际流通货币的好处是否足够大，是否值得克服这些阻力？要知道，SDR并不能防止通胀带来的贬值。SDR是美元、欧元、日元和英镑按照一定的比例制成的，每天的比价是按照这些组成货币的比价换算出来的。如果这些组成货币的国家有通胀，通胀就会按比例带入SDR，使SDR按比例贬值。完全避免通胀的国际体系是"金本位"（gold standard），但库珀认为那条思路有一系列问题，在现代社会完全不可取。

要使SDR成为国际流通的硬货币，还需要对国际资本流动和各个国家汇率管理等一系列的配套政策。这些配套政策涉及协调各个国家的货币政策和财政政策，这些国家会丧失一定的主权。在短期内，很难想象主要国家会达成这方面的协议。

但是，库珀并不反对改革国际金融体系。他在1984年和2005年分别提出更加极端的改革建议，就是制造一种新的货币〔单一货币（single currency）〕，完全取代美元、欧元、日元、英镑等主要货币，成为这个新的国际金融体系中的基石。这样可以完全消除汇率变化对国际贸易和投资的影响，还会减少货币投机商赚钱的机会。组成这个新货币体系的国家形成一个统一的中央银行，就像在德国法兰克福设立的统管欧元地区的欧洲中央银行。其他国家可以选择是否加入这个新货币，或以固定汇率与这个新货币连接。这个单一货币体系的一个副产品，就是可以解决中国人民银行担心的问题：中国大量的外汇储备不会因为一个国家不负责任的通胀而严重贬值。

库珀自知，他的想法在目前的政治气候下还是一个非常遥远的憧憬。有人提议，利用这次金融危机的冲击展开第二轮布雷顿会谈，建立新的国际经济（金融）秩序。但库珀认为，条件还不够成熟，因为经济学家对新的国际金融框架还没有基本的共识，还不能拿出一个框架性的草案供部长级会议讨论。他估计美元的国际地位在今后十年甚至十多年内，不会有本质性的变化（2017年，他仍然持此观点）。

☆ 解释2008年金融危机

2008年秋天在美国爆发的金融危机波及全球，其广度和深度出乎任何人的意料。这是否说明美国金融创新过头，政府监管不力，美国社会普遍借贷过多、储蓄不足，库珀的观点不再成立了呢？

库珀认为这次危机的发生有一定的偶然性和巧合。在他看来，产生这次危机主要有三个原因。第一，金融创新。金融创新本身是好事，它可以更加有效地调节经济中储蓄与投资的关系，使资本更加高效地运转。如果没有（或很少有）金融创新，资本的运作就会像死水一潭，没有活力。但金融创新过了头，就会引发像2007年次贷危机这样的灾难，把普通人的养老储蓄和房子都卷进去。

第二，长期利率在很长一段时间内低于历史平均水平。有人指责美联储前主席格林斯潘把利率压得太低的时间太长。库珀不同意这种看法，因为从全球角度来说，长期以来，储蓄大于投资（美国是例外），这些实体经济的因素决定了低通胀、高增长和较低的真实利率。这不是人为的。低利率本身是好事，有助于再投资、再增长，但同时也使房价持续攀高，助长了泡沫的形成。

第三，房贷条件降低及滥用。房贷条件降低本身是好事，因为它允许更多的人拥有自己的房屋，"居者有其屋"给人们更多的动力去努力工作，使人们更有可能成为这个经济体系中的利益相关者。问题是一些房地产销售人员为了赚取更多的佣金，想出各种办法诱使根本买不起房子的人买房，贷款程序松懈，种下了祸根。房地产原本是非常地方化的生意，但通过金融市场全球化波及全球。

其中前两个原因从长远来说都是好事，第三个原因也有一半是好事。问题是这三个原因同时发生，就酿成了这次危机。

库珀认为，这次危机与20世纪30年代的经济大萧条有很多不同。第一，30年代的世界，除中国以外，基本上是在"金本位"的机制下运转，现在不是。第二，政府在经济中的作用大大提高了。30年代，政府在经济（GDP）中的比例仅有10%，现在大约是30%。政府行为与市场行为非常不同，可以帮助稳定市场。第三，我们现在对经济运转的理解远远比30年代的理解深。我们管理宏观经济的经验丰富了许多，虽然现在的经济比那时更加开放，管理本国经济更加复杂。第四，对我们来说非常幸运的是，美联储主席伯南克本人就是研究30年代经济大萧条的学者。他比别人更理解货币政策在经济衰退中的重要性，更知道应该如何驾驭美联储的各种政策，渡过难关。

☆ 评价政府危机对策

这次危机是不是说明美国监管不力，金融市场过度放任自流？库珀说，很难说在监管过程中，哪一道程序是不力的，或者说当初应该做什么而没做，或者说应该有什么样的规定而没有，因为当时还没有危机发生，绝大多数人都是"事后诸葛亮"。在经济热火朝天、投资信心十足的时候，谁也不愿意给经济泼冷水。就像在晚会高潮时，谁也不愿意把装满酒水的器皿拿走一样。

成千上万的律师、会计师的工作就是帮助公司寻找政策的漏洞，"名正言顺"地钻空子。政策制定者即使知道这些空子，愿意弥补这些空子，也很难召集足够的政治力量去修改法律政策。这个系统需要一场危机去召集政治力量，去修改法律政策，弥补漏洞，校正规章制度中"矫枉过正"的一部分。于是，那些律师、会计师、金融工程师就会有新的工作，再次找漏洞，再次创新，如此循环往复。市场的金融创新和政府的规章制度就是"魔高一尺，道高一丈"的关系。从这个意义上说，危机是一件好事。

但有一个具体政策，库珀明确反对。克林顿政府末期取消了《格拉斯—斯蒂格尔法案》（Glass-Steagall Act），允许金融业混业经营。他说，取消这个法案的原因主要是金融机构的游说。这些说客的理由是，如果美国金融机构只能分业经营，与外国混业银行相比，美国的金融业就会缺少竞争力。

库珀认为，允许金融机构混业经营增加了业务之间的利益矛盾（conflict of interest），破坏了市场信任度。而市场信任一旦被破坏，需要很长时间甚至几十年才能重建。而且金融机构规模太大，过分使用杠杆工具，对市场形成威胁，一旦发生危机，政府不得不救。至于美国银行如何分业经营，同时又与外国金融机构竞争，库珀认为，这需要国家间政策和法律的协调。

库珀对美联储在这次危机中的表现持肯定态度。他认为，保持资本市场的正常运转比避免道德风险更重要。政府应该，也不得不救市。他赞扬美联储在这次危机中积极干预债务市场，制造流动性，不机械，不教条，富于想象力。

库珀对财政部在这次危机中的拯救政策也表示支持。在2008年秋天一次总统候选人的公开辩论中，主持人提问："美国政府的财政花销中必须减少或放弃什么才能筹措出7000亿美元救市？"奥巴马和麦凯恩都是重复各自的核心立场，根本没有回答这个问题。第二天，很多观众网上的评论都夸奖主持人的问题提得好，指责两位总统候选人回避实质问题。

其实，这个主持人的问题是错的。库珀指出，7000亿美元不是像打伊拉克那样纯粹的花销，而是政府在置换资产。只有在置换资产时付的价格超出"物有所值"的价格，政府才会有损失，这些损失才是政府"花销"的一部分。他说，虽然现在政府承担了一些风险，但置换资产不但不会增加政府开支，挤占私有投资，反而会对市场注入信心，带动私有投资。

有人说，美国政府早就资不抵债了，从技术角度说，已经破产了，这次拯救"两房"和AIG，还有7000亿美元的救市方案，只会使美国政府更加不堪重负，甚至导致信用危机。库珀反驳："从技术的角度说，美国政府破产主要是指社保基金对政府财政支出的压力，这种压力在所有发达国家都有，一些国家的情况比美国还要严重。消除这种压力的捷径是逐渐延长退休年龄和增加年轻的移民。"

他还说："这种套用家庭或公司模式来分析政府信用的方法是完全错误的，因为政府和家庭或公司在财务方面有本质的不同。政府可以通过两种方法偿还债务：提高税收和通货膨胀。虽然现今独立的中央银行会努力控制通胀，但通胀仍然是政府偿还债务的一种途径，这对家庭和公司来说是完全不具备的条件。除此之外，美国政府还拥有大量的土地和其他自然资源，这些都没有计算在政府的资产之内。另外，政府用7000亿美元买的坏账可能会缩水很多，但不会一钱不值。用这些钱买的资产在经济恢复以后还有可能升值，这不一定是赔钱的买卖。"

［到2017年1月，美国财政部卖出在2008年用TARP项目的钱买入的大银行和汽车公司——包括花旗银行、美洲银行、通用汽车、克莱斯勒集团（Chrysler Group）和AIG保险公司——的股份之后，政府用6225亿美元的投资挣回利润

758亿美元，8年的回报率约为12%。详见下表。]

项　目	投资/救助（亿美元）	比例（%）
银行和金融机构	2450	39.4
两房	1870	30.1
汽车公司	797	12.8
AIG保险公司	678	10.9
有毒资产	186	3.0
房贷、小额企业贷款等项目	244	3.8
共计投资	6225	100
总回报	6983	
利润	758	12.2

（来源：http://projects.propublica.org/bailout/ ）

☆ 美国长期通胀前景

大多数人都预计美国长期通胀率会因为这次金融危机和美国政府借债刺激经济的政策而升高。库珀说，不一定。长期通胀基本上是一个货币现象，而美联储的任务就是要在经济低迷、市场运作不畅通时注入流动性，等经济和市场恢复正常后，通过公开市场操作和减少对其他债券市场的干预来减少流动性。如果美联储掌握好这些操作的时机、程度和进度，就不会导致长期通胀。（事后看来，通胀一直都不是问题。美国经济复苏非常缓慢，以至于美联储分别在2008年11月、2010年11月和2012年9月三次运作"量化宽松"，给市场注入大量的流动性。美联储的资产总额从危机前的8000亿美元增长了4倍以上，到2014年10月的4.5万亿美元；2016年年底仍然在4万亿美元左右的高位。但核心消费者价格指数在2013年、2014年、2015年和2016年分别是1.5%、1.6%、1.4%和2.2%，仍然在合理区间。）

美国政府的大量举债从长期来看也很可能不是问题。历史上，总的来说，美国政府在财务方面还是一个负责任的政府，没有随意花钱、随意举债，至少还有国会的制衡。人们对政府借债的担心主要是因为政府借钱提高了利率，挤占了私有投资。这在理论上是成立的，但在实际生活中，政府的长期债对长期私有投资的挤占效应可能很小。政府也不可能故意制造通胀，使巨额债务贬值。首先，任何政府都不会有这个企图。其次，即使经济中真的发生高通胀，或人们预期高通胀，这种高通胀和对高通胀的预期也已经包括在政府举债的利息中了。政府不可能使新债务贬值，只能使已有的长期债务贬值。而人们在购买长期债券时，就知道要承担利率风险。

这次美国政府借债（2009年2月的财政刺激方案）刺激经济是经济周期所致，等经济复苏，美国政府税收大于支出时，例如克林顿政府末期，就应该偿还债务。美国联邦政府的债务虽然数额庞大，公共持有的债务是GDP的50%（2016年大约是GDP的60%），总体债务大约是GDP的三分之二（2016年大约是GDP的105%），但与其他发达国家相比还不错，日本和意大利更糟糕。库珀并不那么担心债务占GDP的比例，而更注重债务利息和政府总税收（收入）的比例。"只要我们有足够的能力按时付息，那么债务就不是问题。"（在2017年1月底，在美联储加息的大环境里，美国10年国债利率是2.45%，30年国债利率是3.06%，仍然很低，价格很高，说明美国国债不发愁卖不出去。）

他说："美元有可能在短期下跌，但长期未必如此。"（2015年到2016年，美元一直保持升值势头。）"美国并没有强迫任何国家的中央银行、任何企业和个人去买美国国债，是他们自己愿意的。为什么呢？因为他们都知道，美国的政府体制、政治制度是最稳定的，美国的国债市场是最大的，流动性是最强的，风险校正后的回报率是最高的。在这方面，没有任何一个国家可以相匹敌。"

"美国的股市和其他资产市场会低迷一段时间，但是不要忘记，价格在市场经济中会自动调节，美国的股票和其他资产的价格会低到足够吸引外国资本的程度，然后走出低谷。"

☆ 比较市场经济与计划经济

市场经济中，危机是不是不可避免？库珀说，从长远来看，在市场经济中，危机是不可避免的。不是这个危机就是那个危机；隔几年，总会有一个。原因有两个。

第一，任何体制都是很多因素的一个平衡，当任何一个因素走了极端，打破了这个平衡时，危机就会发生。也没有任何一个政治体系是完美无缺的，都会有这样或那样的漏洞。当这些漏洞大到一定程度，或"矫枉过正"到一定程度时，危机就会发生。这个体制会再调整，再平衡。这是一个动态过程。经济中管制太多了，就会一潭死水，没有活力，发展不起来。于是体制放开一些，发展经济。当体制放开太多的时候，人们就会大肆利用体制上的漏洞，导致危机四起。于是体制再收缩，加强监管，如此循环往复。政策的制定者既要鼓励人们创新，又要加强管理，这本身就是一个矛盾。他们要不断调整，不断平衡。

第二，人都有不同程度的健忘症。俗话说，好了伤疤忘了疼。而且，随着时间的推移，每年都有老人退出历史舞台，每年都有新人接班表演。即使新人再了解历史，他们的经验也不是直接的，而是间接的。他们总会在不同程度上重蹈覆辙，所以历史时常会显得"似曾相识"。危机会提醒人们重新审视这个体制，改变过度的因素，达到新的平衡。

这是不是说明社会主义的计划经济比资本主义的市场经济更有优越性？库珀说，如果你喜欢稳定，没有变化，计划经济是有优点的。但总的来说，即使危机是不可避免的，市场经济的优越性仍然大于计划经济，因为人的弹性和灵活性、经济的弹性和灵活性是很大的，只有市场经济能给人最大的空间和动力去创造最多的财富。而在计划经济中，一切事情都是一成不变的，生产者不会想方设法满足消费者，因为没有竞争，没有动力，没有创造。

库珀说，我们的挑战不是通过实行计划经济避免危机，而是当危机发生后，如何控制危机扩散，如何较快地度过危机。我们不能一年被蛇咬，十年怕井绳。金融创新本身是一件好事，在重新修改制定金融监管政策时，我们不能完全扼杀金融创新。

☆ 走出危机

为了走出危机，库珀指出两条路。对银行2500亿美元的注资是必要的，但不是充分的。银行即使有钱，也不一定愿意借出钱。只有当他们相信借他们钱的银行或公司或个人有能力还他们的钱时，他们才会愿意借出钱。如何建立这种信心呢？主要依靠有效的财政政策。

国家的减少税收或增大开支应该用于两方面的建设：一方面是由联邦政府拨款给州政府和地方政府。这种办法的好处是立竿见影，解州政府和地方政府的燃眉之急，钱会马上花出去，因为它们现在赤字增加，面临裁员、裁减服务的压力。另一方面是由联邦政府出资，有目的地帮助经济中的某一行业。例如，有人建议修理、新建公路和桥梁，帮助日渐萧条的建筑产业；还有人建议支持新能源行业（其中的问题详见附录二第三节《政府在支持新能源中的局限性》）。他的同事费尔德斯坦设计了一套减少房屋破产的方案（详见附录六《资本市场风云突变》）。还有人为稳定房价献计献策。这些都需要联邦政府出钱。

为什么金融衍生品杠杆工具风险如此之大，却仍然存在而且热销呢？库珀说，从金融角度来看，这些产品有存在的价值。从宏观角度看，交易员的作用就是发现市场的空子并快速消除它。虽然他们个人的目的是赚钱，但他们的社会贡献是使市场更加高效，通过改变供给使市场尽快达到均衡状态。当他们发现一个市场的空子，或者说赚钱的机会时，如果手里没有那么多钱，就需要借钱。如果他们的判断是正确的，那么借得越多，赚的就越多，市场就会越快地达到均衡状态。如果他们不能借钱，那么市场就没有那么高效。其他的金融衍生品也有存在的价值，例如帮助分散风险和使市场高效等。

"但问题是凡事都有一个度。一旦超越了这个度，那么一件事的弊端就会比优势更加明显地表现出来。现在的问题是杠杆率太高，放大效应太大，一旦判断失误，后果不堪设想，不仅对金融企业本身，对整个市场都影响太大。1998年的长期资本管理（Long-term Capital Management）公司引起的危机就是这样的典例，迫使政府处于救市的被动地位。"所以，库珀认为，政府对借钱的倍数和规模应该有所规定，也就是限定上限。这就引出新的问题：对冲基金是否应该在监管范围之内？这就需要调整相关的政策和法律。

☆ 高管薪酬制的改革策略

库珀强调，我们要借这次危机重新审视公司治理机制，其中CEO和主要执行官的薪酬待遇应该首先被审视。"这些人的薪酬比日本和欧洲企业同样位置的人的收入高好几倍。那么我们要问，如果他们在世界其他国家，是否也能创造出像在美国一样的价值？如果不能，就说明他们薪水中的一部分应该归功于企业以及美国总体的机制和文化。"

库珀以自己在一些企业董事会服务的经历说明为什么这些人的收入会异乎寻常地高："每个公司董事会的薪酬委员会都不愿意承认自己公司主管的薪水低于本行业的平均水平。如果人人的薪水都高于平均水平，那么这个平均水平只能无限制地上涨，而且与企业的效益关系不大。"

那么，如何为企业主管建立激励机制呢？"目前的激励机制主要是根据企业上一年或下一年的经营效益设置的，这种机制只能使主管们更加短视，经常在牺牲企业长期利益的基础上突出短期效益。企业主管也频繁换人，后来的主管会发现企业越来越难做，最终倒闭关门。我认为激励机制应该建立在企业三年到五年的平均效益的基础上，而不是短期效益，鼓励主管们高瞻远瞩，为企业的长远利益着想。"

现在的企业文化就是这样，任何一家公司想改变薪酬机制也改不了——谁愿意选择薪酬低于行业平均水平的主管？难道政府应该介入限定高管薪酬吗？共和党总统候选人麦凯恩主张，公司主管的薪水不应高于政府最高官员的薪水，即美国总统的年薪40万美元。

库珀反对政府对此做任何硬性规定，但提出三点建议，改革高管薪酬。第一，所有上市公司主管的薪水减少一半，是全行业、全市场的变化，这样就把平均薪水的参照值减少了一半，而且公司之间没有攀比效应。第二，做这件事的领头人应该是各行业的龙头企业，例如投资银行中的高盛、摩根士丹利等，这样就有示范效应。这就像哈佛大学带头全免家庭年收入六万美元以下的学生的学费一样，其他大学都如法炮制。第三，美国证监会（SEC）要放出风：准备从高管薪酬入手整顿企业内部管理机制，倡导良好的企业道德风范和行为，并设立具体条文。这就会使美国企业协会紧张起来，龙头企业就有可能带头执行这些条文。

这次危机的广度和深度使一些业界人士质疑充满贪婪、腐败的"华尔街模型"和资本市场，甚至市场经济。但库珀仍然相信亚当·斯密的"动物本能"和"看不见的手"的理论。"市场经济是让这些本能发挥出来的最好机制，即使这意味着危机时有发生，甚至不可避免。市场经济与其他经济模式相比，总体来说仍然利大于弊。"

HARVARD ECONOMICS

附录二

关于能源政策

第一节

如何改进美国的能源政策？

☆ 简历不简的多伊奇

2010年5月3日晚，马萨诸塞理工学院教授约翰·多伊奇（John Deutch）在肯尼迪政府学院以"改进能源政策"为题发表公开演讲。多伊奇有丰富的学术、教务和政府工作经验。他在开场白中打趣说："你的年龄越老，你的简历就越长，别人介绍你的时间就越长。"

多伊奇是克林顿政府时期主管国防技术的要员：从1993年到1994年，任国防部负责技术采购的副部长；从1994年到1995年，任国防部副部长；从1995年到1996年，任中央情报局局长。在20世纪70年代末卡特政府时期，他先后是能源部调研司司长和能源部副部长。在80年代，他多次服务于有关核安全、战略装备、科研技术、航空安全等总统设置的特别委员会。自1970年起，他开始在马萨诸塞理工学院任教，曾任化学系主任、科学院院长和教务长。在物理化学方面，他已经发表了120多篇技术性论文，在技术、国际安全等公共政策方面的论文更是数不胜数。

☆ 政府为什么没有能力改变现状？

多伊奇试图从制定政策程序的角度，解释美国能源政策为什么在过去40年里都不能把美国引到一个高能效、少进口、缓解气候变化、创新又多又快的路径上。阻碍政府做正确的政策选择的原因有很多：利益集团的游说、政治家受制于特殊利益集团、不同利益集团之间的博弈、公众的漠不关心，等等。多伊奇演讲的重点是制定政策的机制。他说："作为肯尼迪政府学院的学生，你们也要研究政府为什么没有能力改变现状。"

多伊奇归纳了四点原因。第一，自从20世纪70年代以来，美国政府的能源政策目标就一直不切实际。尼克松总统、卡特总统在这方面都说了许多非常不切实际的话。小布什总统在2003年的国情咨文中还说，在2025年之前，美国要将中东石油的进口量减少75%。而与此同时，美国政府在游说沙特阿拉伯，让他们提高石油产量以稳定石油价格。（2003年美国从中东进口的石油占石油总进口量的20%，2015年这个比例是16%。）多伊奇说，我们都希望有便宜的能源，而且减少进口依赖，这些都是可以理解的愿望，但是政府首脑不能不顾资源、时间、成本等各种限制，一厢情愿地开"空头支票"。也许因为每四年有一次总统大选，总统自己都看不到自己四年后的远景，就更不用说为长远着想了。

第二，美国能源政策的制定一直没有放在国际关系的框架中考虑。伊朗有每天300万桶石油的产量，美国还有不少盟友依赖从伊朗的进口。第三，美国政府的各种能源规划缺少认真的、严谨的量化分析，缺少各种量化模型，模拟一个政策在宏观和微观层面上的长期影响，这给私有能源企业的投资、运营造成很大的不确定性。第四，在能源技术方面，没有一个"神奇的弹头"（magic bullet）能够解决一切问题。寻找和期待这个"弹头"只是在做无用功，浪费时间和资源。只有大力鼓励创新，具体分析各种利弊，并推广新技术，我们才能有经久不衰的能源供给。

能源政策的制定是一个非常复杂、技术性很强的领域，涉及经济、社会、国际关系等各个方面。奥巴马总统让参议院和众议院制定能源法案，他们各自的版本分别长达1400多页和800多页，而且用到很多过于乐观的假设。关于气候变化方面的法案更是议而不决，决而不行，使私营电力和能源企业无所适从。

联邦政府层面的不确定性导致地方州政府各自出台不完整、不系统的能源政策，造成各地区标准不同，效率低下，为今后跨地区协调政策制造障碍。即使联邦政府通过行政手段规定能效、规范排放废气等方面的政策，也会造成低效问题（详见第三章第十三节《从经济学角度分析环境问题》），而且也蕴含着不稳定因素，因为新总统有可能走回头路，或者干脆弃旧立新，另搞一套。这些都是结构性问题，需要结构性改革。

☆ 多伊奇的建议

要改变政策，有两种途径。一种是通过国会立法。这样做的问题是能源方面的内容性质太复杂，国会程序太民主，很难通过。另一种途径是思考是什么导致了失败的政策，然后改变制定政策的程序。多伊奇推荐第二种途径。他说，如果没有这些程序上的变化，他将对美国未来的能源政策持怀疑态度。

在给出具体政策建议时，多伊奇有意回避结构重组和建立任何新机构。他说，他年轻的时候在政府工作时的顶头上司告诉他："即使有了不同的树，树上的猴子还是一样的。"他有三个建议。第一，创建协调国内、国际标准和努力的程序；第二，国会设立能源方面的两党联合委员会，注重长期效应，平衡联邦政府和州政府的各种利益；第三，重视科技突破，大力迅速地推广。

多伊奇没有解释如何让国会和所有涉及的人员都觉得他的建议势在必行。有的问题性质是，当危机到来的时候，人们不得不团结起来应对危机。有的问题性质是，当危机到来的时候，做任何事情都太晚了，防患于未然尤其重要。能源问题属于哪一种呢？多伊奇没有明确回答。

新技术对美国能源安全的影响

2011年12月12日，美国能源专家、剑桥能源研究协会（IHS Cambridge Energy Research Associates）董事会主席丹尼尔·耶金（Daniel Yergin）在《华尔街日报》上就美国能源安全问题发表文章。新技术引导的新发现使美国不再像以前那样那么强烈地依赖从意识形态不同、宗教信仰不同、政治不稳定的国家进口石油了。自从20世纪70年代尼克松总统倡议能源独立以来，每一届总统都有这个愿望，但事与愿违，美国的石油进口量直线上升，使美国愈加依赖石油储藏丰富的中东国家，直到科技进步改变了这个趋势。

美国石油进口在2005年达到顶峰——占国内消费的60%，从此开始呈下降趋势，现在已经降到了46%。耶金分析了这里面的多种原因。第一，石油需求减弱和能源使用效率提高。第二，自2008年以来，美国石油产量提高了18%，深水开采和地面开采的产量都大幅提高。

第三，更重要的原因是有了新的石油来源。人们发现可以从坚硬的岩石里提取石油［页岩油（tight oil）］。在2000年，从这个渠道生产的石油每天仅有20万桶，大约是美国石油产量的3%。现在每天的产量约为100万桶。预计到2020年，可以达到每天300万桶，约占美国目前每天石油总产量的一半以上。这使得北达科他州成为除得克萨斯州、阿拉斯加州和加利福尼亚州以外的美国第四大石油产地，这个州的失业率仅有3.5%。以石油为核心的产业链为俄亥俄州增加了很多下游的制造业工作，为加州增加了很多上游的信息技术类的工作。

开采这类石油使用的是和开采天然气一样的技术：横向开采和水力断裂（horizontal drilling and hydraulic fracturing）。这种技术使页岩气的供给猛增，占美国天然气总产量的34%。就在几年前，人们还担心进口天然气的花销会高达每年1000亿美元。现在不用担心了，而且开采这些资源会增加60万个就业机会。（2015年，美国天然气进口创1986年以来的新低，净进口约一万亿立方英尺。）

页岩气的大量开发在深刻地改变美国的能源分布。在2000年，页岩气仅占美国天然气供给的1%，到2011年已经增长到不可忽视的30%（到2013年，这个比例是40%）。这个可观的增长得益于一位得克萨斯州的希腊后裔乔治·P.米切尔（George P. Mitchell，1919—2013）和他的米切尔能源公司（Mitchell Energy）在20世纪八九十年代的技术创新。他们发明的横向开采和水力断裂法可以通过向地下深层注入水和化学药品，摧毁岩石，释放出岩石背后的天然气。

这种新技术已经在得克萨斯州、宾夕法尼亚州和俄亥俄州创造了几十万个就业机会，以后还会更多。现在已经探明，美国有足够100年使用的天然气储备，完全可以自给自足，而天然气是化石燃料（煤炭、石油和天然气）中最干净、释放温室气体最少的能源。广大消费者是新开采技术的最终受益者。现在天然气的价格还不到三年前价格的一半，电力的价格也有所缓和。相比之下，风能和太阳能等绿色能源显得更加不经济。

这样做的危险是，如果技术使用不当或施工马虎，大量化学药品会污染地下水源。在过去十年中，约有两万口井被开采，还没有发生过严重污染事故。但人们担心这种可能的后果，就像担心核能源的安全性一样。有人认为，只要政府适当规范这个行业的开采操作，就可以克服风险，至少可以使风险最小化。

　　戴维·布鲁克斯（David Brooks，《纽约时报》著名专栏作家）在2011年11月3日的《纽约时报》的专栏中指出，如果人们做全方位的利弊分析，这种技术是可行的。美国有这么多天然气资源，这是美国的福气，不应该因噎废食。但环保倡议者认为，这是世界末日即将到来的先兆，攻击丑化能源公司和与此关联的个人。这成为支持开采能源的共和党与同情环保主义者的民主党的又一个争辩议题。但能源开采新技术在一定程度上转变了美国石油生产的途径，抵消了部分中东的不稳定因素，提升了美国石油安全，还创造了大量就业。这是不容否认的事实。

政府在支持新能源中的局限性

　　未来的工作机会从哪儿来？几年前，人们对"绿色经济"寄予厚望——希望清洁能源能够同时解决环境污染问题和能源供给安全问题。奥巴马在2008年许诺在清洁能源领域创造500万个就业机会。但事实证明，如果宏观经济条件不变，支持清洁能源的产业政策并不一定能在中长期增加就业。布鲁克斯在2011年9月5日的《纽约时报》的专栏中列举了一系列政府花钱失败的例子。

　　联邦政府的投资可能确实刺激了技术创新，但也证明了政府完全不清楚如何创造私营经济的工作机会。加州从联邦政府那儿得到了1.86亿美元的财政刺激政策的钱，用于让家庭房屋更保暖、更高效地使用能源，但这么多钱只创造了538个就业机会。还有一家公司从联邦政府那儿得到了3亿美元的绿色资金，却只创造了150个就业机会，也就是平均200万美元创造一个就业岗位。

　　有些技术创新是减少就业的，例如，当查电表、水表、天然气表的工作被仪器代替时，成千上万的工作机会就消失了。追求清洁能源可能会增加对高技术人才的需求，但不会增加很多普通工人的工作机会，甚至会对他们已有的工作造成威胁。

　　有些绿色技术公司在得到政府几千万美元的支持后宣布破产。Evergreen

Solar公司就是这样一个例子，它把制造基地搬到中国以后不久，申请了破产保护。美国能源部为一家太阳能企业Solyndra在没有履行完整的正当程序的情况下，提供贷款担保5.35亿美元，但这家公司在2011年8月宣布停止运转，裁员1100人。美国能源部押宝押错了，浪费了纳税人几亿美元。

布鲁克斯澄清，这不是说政府不应该鼓励清洁能源，而是政府不擅长直接创造私营经济里的就业。政府不能人为地挑选受惠企业，更不能既当"裁判员"又当"运动员"。有商学院教授用实证说明，政府每一次促成私营企业的成功，都有一大箩筐在私营经济里失败的例子。政府的工作是为私营企业建立平台，营造公平透明的竞争环境，为基础研究提供资金，设立法律和各种规章制度，减轻赋税，而不是直接参与运作，人为地选择优胜劣汰。1980年美国国会通过的《拜杜法案》（Bayh-Dole Act）是鼓励科技创新的典例，它允许用联邦政府资金创造新技术的大学拥有产权。布鲁克斯称赞这是好事，但很少见。

我们见到的更多的情况是，政治家容易目光短浅、急功近利，想用产业政策直接影响市场活动，结果是浪费了大量纳税人的钱。布鲁克斯总结说，我们应该追求绿色创新，但政府不能直接参与市场活动并指望绿色能源带来我们急需的就业机会。

哈佛大学经济课

NOTES FROM HARVARD ECONOMICS COURSES

HARVARD ECONOMICS

附录三

关于2009年财政刺激政策的作用：萨默斯与泰勒的辩论

2012年2月28日下午，哈佛大学经济学家、奥巴马政府国家经济委员会主任（Director of the National Economic Council，2009—2011）劳伦斯·萨默斯与斯坦福大学经济学家、财政部负责国际事务的副部长（2001—2005）约翰·泰勒同台辩论2009年年初奥巴马总统7870亿美元的财政刺激政策是否对遏制经济危机、促进经济复苏起到了正面作用。主持这场辩论的是哈佛大学宏观经济学家费尔德斯坦。

费尔德斯坦首先说明财政刺激政策的影响非常不确定。经济衰退一般持续时间——经济从阶段性顶峰到谷底——只有十个月左右，而财政政策从酝酿到提议，到国会讨论，到通过，到执行，需要很长时间。这个时滞使财政政策不好使用，对政策效果不好预测。20世纪80年代以后，经济学界的一般共识是：只要经济衰退的程度不太深，时间不太长，货币政策因为没有时滞而且可以微量调控而更好使用，更有效果。财政政策是不得已而为之的下策。费尔德斯坦说："关于2009年财政政策的效果，没有比今天的演讲者更好的人选来评论这个问题了。"

☆ 萨默斯陈述正方观点

在十分钟的观点陈述时间里，萨默斯说，没有任何研究报告能够完全不带任何不确定性地回答这个问题，但大多数组织和研究人员对2009年财政政策效果的评价都是肯定的。政治倾向中立的国会预算办公室（CBO）、以支持财政紧缩政策著称的国际货币基金组织（IMF）、以斯坦福大学为基地的胡佛研究所（Hoover Institute）里的一些人，还有哈佛大学的费尔德斯坦等人都普遍支持这个财政刺激政策。美联储主席伯南克就更不用说了，他是促成这个政策的人之一。

关于这个刺激政策有很多争论：7870亿美元是否足够多？这些钱在增加政府花销和减税之间应该如何分配？在政府花销部分中，政府应该把钱用在哪儿？怎么花？在减税部分中，应该对哪些人减税？减少什么税？如何减税？这个刺激政策应该持续多长时间才能对恢复经济增长起到恰到好处的作用？萨默斯说，这些都是应有的、正当的、有意义的争论。但是，是否应该在总需求不足的经济形势下有类似的财政刺激政策应该是毫无疑问的。

接着，萨默斯按凯恩斯经济理论的思路来描述这个政策"逆经济周期"的正面作用。刺激政策的钱部分用于联邦政府的直接花销，例如公路、桥梁等基础设施建设；部分用于退税给那些需要用钱的人，其中一半以上的钱退给了年收入4万美元以下的人；还有一部分钱给了州政府和地方政府——他们在当时已经辞退了50万名员工，如果没有联邦政府的资助，他们会辞退更多员工，造成更多失业。

至于人们关心的财政刺激政策的"挤兑效应"（crowding out effect）——政府通过从资本市场借贷导致利率上升，挤兑了在原有利率上可能发生的私有投资——萨默斯认为，这完全不是问题。因为在2008年和2009年，美国的利率基本为零，不能再低了。美国当时面临的问题是产能过剩、需求疲软、资本市场流动性匮乏。这是典型的"流动性陷阱"。只有大力增加政府投入，刺激需求，让人们看到前景和希望，2008年年底经济自由落体式的下滑才能得到扼制。

萨默斯以反问的方式承上启下：为什么在联邦政府借贷的真实利率是负值，经济陷入严重衰退的情况下，联邦政府不应该主动出击，创造需求和就业，让经济恢复增长呢？"有关这个问题，我非常希望听到泰勒教授的解答。"这就自然而然地过渡到泰勒的反方立场。

☆ 泰勒陈述反方观点

泰勒开门见山：财政刺激政策不但对经济没有帮助，反而可能有害。凯恩斯"逆经济周期"的财政刺激政策在性质上是短期的、目标性很强的、对时间很敏感的（必须非常及时）。这需要在技术上有很多微调，而这些微调造成了政策上太大的不确定性。正是这些不确定性和不可预测性阻碍了私有经济的投资和消费。所有财政政策的调整——无论是2009年，还是2008年，还是2001年——都是如此。

在短期性、目标性和及时性方面，2009年的财政刺激政策都是不足的。正因为财政退税和政府暂时增大花销是短期行为，因此这对总体消费量的提高没什么作用。根据永久收入理论（permanent income theory），人们的消费是由长期收入水平决定的，短期收入变化对消费的影响微不足道。而且人们知道政府债台高筑，继续依靠赤字刺激消费只会迫使政府在今后提高税率，所以人们的长期收入并没有变化。政府自制的不确定性只会使人们看紧钱包，增加储蓄，以防今后的高税收。

在增加政府花销方面，其实联邦政府的直接花销部分非常小，对刺激经济的作用微乎其微。联邦政府给州政府和地方政府的钱是政府内部的转移支付，也就是说，政府把一个口袋里的钱转移到另一个口袋里，对凯恩斯理论中所谓的"政府支出"没有任何影响。更何况这个转移支付部分在很大程度上被地方政府"存"起来了，而不是像想象的那样被用于扩大就业。"存"的表现方式是偿还地方政府的债务，减少地方政府的财政赤字。这对经济不但没有刺激作用，反而有冷却作用。

在这次财政刺激政策的及时性方面，让我们更仔细地查看一下数据。美国零售销量和工厂新订单等数据都表明，经济在2008年12月和2009年1月间达到谷底，然后保持了一段时间。而财政刺激政策是在2009年2月才通过国会的，也就是说，刺激政策是在经济到达谷底好几个月之后才开始实施的。

一些预测凯恩斯政策效果的模型显示，财政刺激政策的乘数效应仅有1.5，也就是说，政府投入对经济的带动效率是50%，政府花一块钱，可以增加GDP一块五毛钱。新凯恩斯政策模型显示这个乘数效应就更小了，只有0.5，小于1。也就是说，政府投入小于产出，即不但对经济没有带动效应，反而浪费了一半的资源。

泰勒说，无论这些模型输出的乘数效应到底是多少，从本质上说，财政政策几乎都不起作用，即使有作用，也是负面作用。有些人甚至指责，这些模型的假设就隐含了结果，所以模型根本不能说明任何问题。现在我们撇开模型不谈，只谈凯恩斯理论的性质。

用凯恩斯理论说明财政政策的必要性在历史上有很多次：福特总统用的是这套说辞，卡特总统也是这套说辞，现在的说辞仍然一样。而诺贝尔经济学奖得主罗伯特·卢卡斯（Robert Lucas，1995年获奖）在20世纪70年代初就质疑凯恩斯主义经济学的有效性。另一位诺贝尔经济学奖得主托马斯·萨金特（Thomas Sargent，2011年获奖）在1977年发表论文设想后凯恩斯主义［《凯恩斯主义经济学是死胡同吗？》（*Is Keynesian Economics a Dead End?*）］。"我希望我们能真正从这样的论文中学到东西，不再重复以前的错误。"

☆ 双方辩论

接下来，费尔德斯坦主持双方辩论。对于在2009年收到退税的人到底花了多少、存了多少这个问题，萨默斯说，这要看什么样的人收到了退税。"你认为那些年薪四万美元以下的人会在思考永久收入理论后做长期消费计划吗？"关于财政政策的及时性，萨默斯指出另一组数据：美国股市在2009年1月奥巴马入主白宫的时候仍然继续下跌，一直到3月才到达谷底。

很多人都能成为事后诸葛亮，但在事前，"除非你是能预见未来的极少数人，在2009年1月和2月的时候，我们谁都不知道股市何时才能见底——资本市场流动性衰竭，资产价格崩溃，房市更糟糕。私有投资和消费剧跌，利率已经是零，没有下调的余地。在我们看来，经济已经进入恶性循环，呈现自由落体式下滑。在这种情况下，政府难道应该袖手旁观吗？"

泰勒没有针锋相对地回答萨默斯的这个问题。他完全可以重申他在2008年11月《华尔街日报》评论员文章中的观点。在那篇文章中，他建议：（1）永久性保持个人所得税税率不变；（2）对任何工作的人永久性保持工资收入的6.2%抵税，并设上限为8000美元；（3）把"自动稳定器"（例如失业金）作为财政政策的一部分；（4）任何短期的刺激政策应该与我们对经济的长期目标相吻合，以避免浪费和低效。他说，仅仅暂时地短期减税不是好的政策工具。在货币政策方面，他反对量化宽松，主张货币政策公式化、稳定化，基本按照所谓的"泰勒规则"制定（详见第三章第二节《费尔德斯坦讲货币政策：美联储的任务》）。从这些建议来看，显然泰勒更注重经济的长期走势和政策的长期效果。

对萨默斯的反问，泰勒选择再次强调政府行为制造的不确定性。政府一时看起来要挽救投资银行雷曼兄弟（Lehman Brothers），一时看起来又不想挽救，市场情绪随之摇摆不定。在增强财政刺激政策的目标性的同时，政府也使税率机制愈加复杂：对较穷的人减税两年，对较富的人减税一年；让一部分减税政策到期作废，同时又延长另一部分减税政策；允许公司投资折旧的速度也经常变化。总之，政策变来变去，越变越复杂，越来越让人不知所措，更不用说为长期投资和消费打算了。

这时，费尔德斯坦列举2009年《美国复苏与再投资法案》（American Recovery and Reinvestment Act，ARRA）中的措施，包括在基础设施、教育、医疗、新能源等方面的花销和扩大社会失业金等各种项目。他问泰勒对这些具体政策的效果怎么看。或许因为时间关系，泰勒没有一一评价，而是概括而论：这些项目对恢复GDP增长的作用微乎其微，而它们的副作用比比皆是；财政政策不是利用资源的最佳方式，甚至浪费了资源。从长期来看，除了更多的公债，我们得到了什么？这次经济复苏是最缓慢、最疲软的一次。

萨默斯回应，这次经济衰退不能与以往普通的衰退相比，而应该与日本20世纪90年代初房地产泡沫破灭之后引起的衰退相比。比起日本"失去的十年"来说，美国的经济复苏情况和前景比日本好得多。萨默斯区分两种不同的经济衰退。一种经济衰退是由于中央银行提升利率，导致泡沫破灭，迫使经济重新调整适应；在这种情况下，调整货币政策就会帮助经济复苏。另一种经济衰退是由于总需求不足，产能过剩，资不抵债，社会各阶层都在"去杠杆化"，经济进入流动性陷阱；在这种情况下，唯有财政政策才能帮助经济走出泥潭。

☆ 双方总结发言

最后，费尔德斯坦给泰勒和萨默斯各五分钟做总结发言。泰勒承认，在奥巴马入主白宫的时候，经济形势非常严峻。无论谁主持经济工作都会困难重重，他必须给奥巴马的团队应有的肯定。但泰勒不接受用"去杠杆化"来解释经济复苏缓慢、失业率居高不下的说法。他认为，真正妨碍经济复苏和发展的原因不在于私有经济本身的不稳定性或内在的失败，而在于政府在税收制度和游戏规则方面人为制造的不确定性，这种不确定性导致了、延长了甚至恶化了危机。

萨默斯在总结发言中强调这次经济衰退的特性——其严重性、持久性，以及导致衰退的原因和低利率的大环境都与20世纪70年代和80年代的经济衰退有本质区别。有数据显示，接受联邦政府转移支付越多的地方政府，创造的就业越多，经济复苏得越快。萨默斯的结束语铿锵有力："2009年1月奥巴马入主白宫时面临的挑战是超乎寻常的，我们采取的措施也是超乎寻常的。正是因为当时的措施得当，我们才得以力挽狂澜，今天的美国经济才有希望、有活力。"

费尔德斯坦也顺势而为，总结道："我们今天这场辩论也是超乎寻常的。虽然我们还有很多内容可以讨论，但是已经没有时间了。"整场辩论会正好60分钟，和校园里张贴的广告里预告的一样。

哈佛大学经济课
NOTES FROM HARVARD ECONOMICS COURSES

HARVARD ECONOMICS

附录四
资本市场风云突变

资本市场风云莫测，即使是建立模型的高手也无法预测明天会发生什么，也会对突如其来的危机感到措手不及。无论你如何判断一只股票，都会有和你想法不一样的人，于是就有了买方和卖方，有了交易，有了市场。无论你是买方还是卖方，你都会问："对方是不是有比我更多的信息？"其实，在今天的互联网时代，除了美国国防部的一些国家机密以外，绝大部分信息都是公开的，关键在于会不会采集，会不会解释和正确判断。于是，你又会问："对方会不会比我更聪明？"长时间与资本市场打交道，会觉得一切都是不确定的。"一加一等于二吗？不一定。只能说很有可能等于二。"一位投资人士如是说。

2008年9月，在经历了一周资本市场的大起大落之后，标普500的12个月前瞻性市盈率（P/E）创十多年来的新低。这是不是意味着现在是买入的好机会？一位波士顿资深投资人士说不肯定。他的理由是，虽然股票跌了很多，但企业今后的赢利能力有很大的不确定性。"美国疲软的股票市场会持续一段时间。虽然剔除食品和能源以后的核心通胀率有可能会保持在2.5%以内，但通胀的不确定性和风险回报率（即风险投资产品的回报率和安全投资产品的回报率之差）会大大增加。"（标普500指数在2008年秋季跌到700多点，不到800点，2017年1月约2200点。如果当时进入股市，8年以后的回报率约是190%，平均每年回报率是14%。）

最近美国财政部、美联储、联邦存款保险公司和其他政府机构连续出台的政策都是为了提高银行的资产质量，增加市场流动性和重建信心。经过复杂的内部讨论和横向咨询以后，财政部选择向银行注资和购买银行坏账。这位资深人士说："向银行注资实施起来比'制造市场价格'购买银行坏账更加简单、迅速。银行收到新的注资后也更有能力互相借贷，增加市场的流动性。市场的共识是很多银行会从财政部注资中得到好处，但2500亿美元还不够。自从这些政府举措出台后，美国国债和欧洲美元之间的利率差（the Treasury-Eurodollar spread）仅仅下降了一点。市场波动仍然非常大，波动率指数（VIX）最近高达80。"

在信用市场的流动性逐渐增加的同时，业界人士更加关注2009年全球经济萧条（global recession）的前景。这位资深人士说："市场共识是美国的失业率在2009年会达到8%。国际货币基金组织的预测是，13,000亿美元的信用会损失，目前只损失了6500亿美元的资产。所以，借贷在相当长一段时间里仍然会非常不畅通。"（2009年第四季度美国的失业率高达10%。）

但是，他对美国经济的长期前景仍然有信心。"全球的政策制定者决定协调货币政策，运用各种可能的手段来避免全球金融危机。美国的新总统上台以后，管理金融行业的新法案会通过国会。虽然经济萧条是一个很痛苦的过程，但美国不会像日本那样有'失去的十年'。美国在这场危机过后会成为更加有吸引力的投资地区。政府在严重危机中救市的行为在历史上并不罕见，这不会影响美国私有经济的活力和创业精神。"

他认为危机的产生有多重原因，其中一个原因还没有得到足够的重视，那就是一些国家在最近几年紧盯美元，没有让汇率灵活变动，抑制了供给基本层面的变化，导致一些新兴国家储备了大量的美元，这些美元返回来投资于美国，买美元债务，降低了美国的真实利率，诱使了更多的借贷。当然，美国国内的监管不力和许多其他原因也从其他方面导致了危机。

本杰明·弗里德曼是哈佛经济系政治经济学教授。他不同意这种说法，他认为导致这场危机的宏观因素不是最主要的。"虽然真实利率偏低，但偏低的量很小，可能只是在几个基点（basis points）的范围内，而且我们不能肯定投资和经济中的其他变量对利率的敏感程度。"他认为微观层面的缺欠，例如，松懈的借贷程序和误导的激励机制——鼓励贷款员不顾质量地多贷出款以加薪升职，是导致这场危机的更主要的原因。

弗里德曼教授基本肯定美联储近期的货币政策。至于为什么美联储认为不救贝尔斯登（Bear Stearns）和AIG的市场破坏性远远大于不救雷曼兄弟的市场破坏性，从而拯救前两者，让后者申请破产，他说，他还没有见到足够的证据解释美联储截然不同的处理办法。

关于财政部7000亿美元的救市方案，他说："我现在还不清楚财政部是想给危机中的银行注资，还是认为只要把坏账的包袱卸掉，这些银行就能起死回生。对问题的不同诊断直接影响到如何使用和监管这7000亿美元纳税人的钱。如果是后者，那么财政部就要组织市场程序，对坏账进行估价，然后只付市场价格，但这个过程需要相当长的时间。如果是前者，那么政府就应该买这些公司的股票，而不是坏账。但这条思路的结果是政府成为银行的股东，在市场经济主导的今天，似乎难以想象和接受。"

他说："高盛和摩根士丹利在新的形势下为了生存，被迫成为银行的控股公司（bank holding companies）。他们在给自己增加了一层银行监管的同时，也给自己增加了一层政府对银行的保护。他们可以在关键时刻，得到美联储的贷款。当然，这也意味着投资银行可能会减少本来杠杆倍数的一半，从25~30倍降到12~15倍。他们的商业模型会与传统意义上的银行更加接近。"关于取消《格拉斯—斯蒂格尔法案》的利弊，他说很难判断。

杰弗里·弗兰克尔是哈佛大学肯尼迪政府学院国际经济教授，曾为克林顿政府经济顾问委员会成员。他拒绝预测短期前景，但认为"现在的金融危机是20世纪30年代经济大萧条之后我们所遇到的最大的危机。今后20年的股市平均回报率不会像20世纪80年代、90年代那样高了"。（2016年的标普500的平均P/E约为28，高于20世纪八九十年代，已经恢复到2008年危机前的水平了。）

他对美联储在危机中的作用和表现持肯定态度。他说："有人说美联储做得太多，涉及的范围太广。但我认为，这些都是美联储应该做的，也必须做，因为如果美联储不做，还有谁能做呢？美联储责无旁贷。"至于美联储采取措施的速度，他说，美联储主席伯南克和财政部部长保尔森以及他们的手下肯定是昼夜奋战，但他们也不能提前预计危机的广度和深度。"如果说是美联储的问题，那就是在2003—2004年过长时间地维持了过低的利率，助长了房地产的泡沫。虽然当时不少经济学家就看出房地产市场的高涨是不可持续的，但小布什政府的口号是增加拥有产权的人（形成"有产者社会"）。谁能说这个口号是错的呢？那时房地产市场升得越高，现在就跌得越狠。"

对财政部9月19日提出的7000亿美元的救市方案，弗兰克尔持异议："就像每次战争来临，共和党和民主党都会跨越党派的界限，支持总统提案一样，这次保尔森部长在危机中提出的救市方案在国会山也可能有类似的效应，即使一些参议员和众议员认为方案中对7000亿美元的使用方法和监管条例的阐述不够充分。一些经济学家认为根本就不该救市，因为这只能使那些经营不善的公司苟延残喘，得不到市场上应有的惩罚，鼓励其他公司做风险更大的业务。但我的想法不同。我更关心的问题是：这7000亿美元纳税人的钱买了什么？买了那些经营不善的公司的坏账。纳税人在危机中买了这些坏账，但没有享受到这些公司在经济景气时的利润。与其这样，还不如买这些公司的股份，政府成为股东之一。这样，如果这些公司转危为安，今后业绩蒸蒸日上，那么政府在背坏账的同时，也有可能享受到今后的利润。现在这种'利润私有化，债务公有化'的方案是最糟糕的。"（事后看来，政府的钱有一部分买了坏账，有一部分买了股票。）

"2500亿美元的注资主要是为了提高银行资产质量，保持账面平衡（否则一些银行就会倒闭），增加整个系统的流动性和信心。买银行股票比买银行坏账，从执行的角度来说，速度更快，因为不需要研究坏账的市场价值；效果更好，因为纳税人可以享有银行升值的好处。至于2500亿美元够不够大，还需要多少钱，这很难说。

"关于保尔森部长为什么没有在他提交国会的议案中包括注资这一项，有多种猜测。有人说，是因为他想帮助他在华尔街的朋友。有人说，他想试一试国会的胃口，如果不能通过，再讨论折中的方案。我想，危机发生得那么突然，他根本没有时间——也没有足够的技术人员——想很完整的长远的计划，把注资包括在9月22日的提案中。当然，他也许对国家拥有银行的部分股份有顾虑，但这种顾虑我们经济学家都有，我们都担心政府会滥用权力，为了政治利益而影响商业行为。国家拥有部分银行股份可能会有长期的负面影响，但目前我们没有其他选择。不这样做，结果会更糟糕。英国注资的做法从某种程度上说，加快了保尔森的决定。我不认为英国和美国会因此远离资本主义市场经济。美国和英国在注资过程中的细节不同，并不能说明哪一种做法更好，或更有可能成功，这里面有太多互相影响的因素。"

他的政策建议是对所有证券交易，尤其是那些衍生产品，征收小额印花税（Security Transactions Tax，STT）。他说，诺贝尔经济学奖得主詹姆斯·托宾当年提出印花税的主要目的是减少外汇交易中的投机行为。也有人提出用这种税抑制市场大幅动荡，打压短期投机，鼓励长期投资。但从数据分析，印花税还不足以达到这些目的。他提出这一建议的主要动机是为政府在债务重重的情况下增加收入，而且这也可以帮助缩小金融产业的规模，金融产业太大了。"现在银行之间的借贷利率还没有下降很多。危机仍然有可能扩散到信用卡债务、学生贷款、建筑业等方面。可以肯定的是，在这场危机过后，金融业会有更多的规章制度。至于这些新的规章制度是不是更好、更适合，那是另外一个问题。"

肯尼思·罗戈夫（Kenneth Rogoff）是哈佛大学国际经济学教授，曾任国际货币基金组织首席经济学家和调研部主任（2001—2003）。他一直认为金融业太大了，以前利润太丰厚了；改革措施一定要包括缩减银行数量，整顿银行质量，仅仅注资增加流动性是不够的。

他认为政府向银行注资不代表银行国有化。"政府大幅提高担保银行储蓄账户金额，担保银行新的高层债务（senior debt），买银行的优先股，都是非常重要的举措。现在大家都在撤出有风险的投资，买有政府担保的国债。2008年的危机和19世纪或20世纪初的银行挤兑（因为丧失信心，大家同时从银行提款）从实质上说没有什么两样，都说明金融系统的脆弱性。这些举措说明决策者别无选择，是不得已而为之。另外，英国率先这样做了，这也增加了美国的压力。但这并不意味着银行国有化，政府不会像办邮局那样办银行。有人说，这些举措意味着保守的市场经济的终结。这个结论太强了，太极端了。我不认为英国和美国这样的国家会远离自由贸易、市场经济。创业、创新精神会继续受到鼓励和支持。政府会在金融系统恢复正常之后卖出股票。具体是什么时候，谁也不知道。现在政府急于稳定市场，没有时间想那么多、那么远。"

对政府以市场价格收买坏账的能力，他表示怀疑："最近几年，金融行业的'冶金术'把坏账变成了流动性很强的金融产品。现在谁也不知道这些产品里都包括了什么，更不知道它们值多少钱。财政部没有这个人力和技术条件解决这些问题，只会雇用华尔街的一些资产管理公司和金融技术人员帮他们估算这些产品。但是，这些技术人员在华尔街工作的时候都不知道应该如何估算这些产品，怎么可能在为财政部工作的时候一下子就知道了呢？"

他认为这些重要的举措也不能解决深层次的问题："财政部最终还是要请示国会，要更多的授权。国会最终还是要挖掘更深层次的问题，再次设计解决方案。这个体系中的随意性、任意性太大了。政府最终会不得不派审计员下基层审查账目，最终需要关闭一些银行。金融业太大了，去年这个行业的利润占所有美国企业利润的36%，这个利润不可持续。这个行业一定要缩小。更多的规章制度会出台。"他对经济前景表示悲观："经济会有很大的萎缩，有可能是25年以来最严重的一次。"

马丁·费尔德斯坦是哈佛大学经济教授，曾任里根政府经济顾问委员会主席。他强调走出这次危机的根本在于减少房屋破产（foreclosures），稳定房价，让房价不再继续下跌。他在《华尔街日报》上撰文（2008年10月4日），清晰具体地描述了房地产和金融产业的互动以及它们的恶性循环。在他看来，美国政府目前采取的所有措施都是为了增加市场流动性，但是即使金融机构有钱，也不会借出钱，除非他们相信贷款人或机构一定会偿还贷款。他认为只有停止房屋破产，稳定房价，才能解决最根本的问题。

他的政策建议是替代房贷贷款（mortgage-replacement loans）。具体运作如下：政府向每个有房贷的房主提供相当于其贷款20%的低息贷款；利息在2%左右，相当于政府融资的成本；贷款上限是8万美元。房主用这些钱还他的高息房贷，最大限度地减少月供。但没有免费的午餐。为了利用国家的低息贷款替换商业的高息贷款，房主必须同意他不但向政府抵押房子，还抵押他今后的一切收入和资产。这与大多数商业银行房贷不同，大多数商业贷款只要求抵押房子。商业银行为了减少房贷和房屋破产的可能性，给国家在收回贷款时优先权。国家还要求房主买生命保险，这样如果房主在还完国家贷款之前就死了，保险公司会偿还国家贷款，保护纳税人不受损失。

劳伦斯·萨默斯是哈佛大学经济教授、前财政部部长、哈佛大学前校长，他支持政府在私有经济下滑、信心低迷时出手救市，稳定市场，整顿公司，重建信心，避免经济从萎缩到萧条。他指出，7000亿美元不是政府纯粹的花销，而是政府在置换资产。只有在置换资产时付的价格超出"物有所值"的价格，政府才会有损失，这些损失才是政府"花销"的一部分。

萨默斯说："因为是置换资产，所以不必担心增加政府开支会挤兑私有投资（也就是没有'挤兑效应'）。"他指出，财政部新增加的权利应用于投资那些可以为政府赢得回报的短期项目，或者那些能够帮助政府提高长期预算收入的项目，例如投资于医疗、教育、能源和帮助解决收入两极分化问题的政策措施。这些政策有利于美国经济长期稳定的发展。他说："财政部的救市方案成功与否最终取决于政府的执行能力、监督效应和经济本身。"他强调财政刺激必须足够大才能见效，如果"药量"不够，反而会适得其反，错过治病的良机，延长病痛时间。

解读经济，仁者见仁，智者见智。他们的基本共识是国家向银行注资，暂时成为不投票的小股东，不是银行国有化的先兆，至少与一般意义上的"国有化"不同。他们都预计金融业会有更多的规章制度，条例的质量不一定会更好，但数量一定会更多。

后 记

　　回顾自己将近20年的写作经历，感触良多。我的英文写作生涯是从1999年在波士顿的一家报社［《世界时报》（*World Times*）］做研究员时开始的。感谢当时的主编和执行编辑给予我的莫大帮助，让我突然找到了写作的感觉。这种感觉完全化解了我在读大学和研究生时期写学期论文时的抵触情绪。我逐渐学会在有限的篇幅里用准确精练的语言表达有价值的思想。这就是我鼓励年轻人工作、工作再工作，而不是上学、上学再上学，除非你非常肯定自己就是学者型材料的原因。当然，如果能在干中学、在学中干，就更好。

　　我的中文写作生涯是从2005年给《财经》杂志不定期写采访稿开始的。从2007年秋到2013年年初，我集中精力写《哈佛笔记》专栏，按照胡舒立女士（原《财经》杂志主编，现财新传媒总编辑）的要求，以每周一篇的频率发表，从而集结成册。因为我的专栏文章的平均篇幅是舒立要求的两倍以上，在出版第三本《哈佛经济学笔记》时，内容太多，篇幅太长，有几章不得不割舍，包括我最喜欢的《行为经济学》一章。2013年完成《哈佛经济学笔记3》的书稿之后，我本想休整一段时间，谁知又从2014年年初开始给哈佛大学亚洲中心做报道员，直至今日。工作性质类似，只是写作语言又从中文变成了英文。

必须承认，我热爱记者的工作，否则也不会坚持这么久。我很早就意识到记者的普遍缺欠：片段性太强，知识零碎，互联网更加剧了信息碎片化的趋势。我总希望能深入系统地做些工作。"深入"意味着对人和事长期不懈的跟踪与探究；"系统"意味着不断章取义，尽量对事物有全面整体的把握。而这仅仅靠半小时或一小时的采访是远远不够的。写专栏和出书使我的愿望有了实现的可能。必须感谢舒立和早期为我编辑出版图书的编辑团队，包括王烁、张翔、叶伟强、何华峰等高水平的编辑。

在工作中，我越发体会到"文明新旧能相益，心理东西本自同"。

曼昆引用现代经济学之父亚当·斯密的名言："为了把最低发展程度的蒙昧社会带入最高程度的富裕和文明，除了社会和平、低税率政策以及基本良好的司法秩序之外，就不需要其他什么条件了：因为自发的市场力量就可以做好其他需要的功。"中国的孟子在更早的时候就说过："易其田畴，薄其税敛，民可使富也。"

在解释2008年金融危机的根源时，费尔德斯坦将其归咎于资产价格过高和负债杠杆过高。这个现象在房地产市场尤其明显，其部分原因是美国政府为了鼓励人们拥有房屋，进而成为有责任的有产者，在税收上补偿个人房贷利息的一部分。而小布什政府提倡"有产者社会"的理由与孟子的说法完全一致："有恒产者有恒心，无恒产者无恒心。苟无恒心，放辟邪侈，无不为己。"鼓励人们有"恒产"是好事，但做好事超过了合适的度，让没有能力还款付息的人也成了房主，危机就在酝酿之中了。这就是为什么要"极高明而道中庸"：只有处在无过之而无不及的"致中和"的位置，才能"天地位焉，万物育焉"。

文学家海明威说，历史从不简单地重复，只是看起来似曾相识。正是回顾历史让我们更清楚自己现在的位置，更好地解释和判断经济现象，同时检验经济学和经济学家。收录在本书中的时间最早的稿子是2006年对经济学家萨默斯和费尔德斯坦的两篇采访（附录四和附录五）。虽然十年后全球经济不平衡的矛头已经由中国转向了德国，人民币面临的压力已经由升值转为贬值，但他们的思路和视角依旧。多位经济学家对2008年经济危机的解读和判断，更值得在八九年之后重新检验。"物有本末，事有始终，知所先后，则近道矣"。

在工作中，我还发现了比自我实现更重要的人生观和价值观，那就是对"真"的尊崇和对"善"的信守。这个思想地无中外，时无古今，都是相通的。西方教育的本源在于古希腊的人生哲学，追求"一己之修明"，即我们所做的一切——通过学习把信息转变成知识，把知识转变成理解——的最终目的在于了解自己，即"知己"。儒家传统里则说，"大学之道，在明明德"。怎样做才能"知己"和"明明德"？让我们"博学之，审问之，慎思之，明辨之，笃行之"。这本书和以前的三本《哈佛经济学笔记》正是为此而做出的努力。愿与读者朋友共勉。

陈　晋

2017年2月于美国剑桥

图书在版编目（CIP）数据

哈佛大学经济课 / 陈晋著. —北京：民主与建设出版社，2018.1

ISBN 978-7-5139-1741-4

Ⅰ.①哈…　Ⅱ.①陈…　Ⅲ.①经济学–通俗读物　Ⅳ.①F0–49

中国版本图书馆CIP数据核字（2017）第249798号

哈佛大学经济课
HAFO DAXUE JINGJI KE

出 版 人	许久文
著　者	陈　晋
责任编辑	韩增标
监　制	于向勇　秦　青
策划编辑	刘　毅
文字编辑	郑　荃
特约编辑	王槐鑫
营销编辑	刘晓晨　罗　昕　刘　迪
版式设计	潘雪琴
封面设计	张丽娜
出版发行	民主与建设出版社有限责任公司
电　话	（010）59419778　59417747
社　址	北京市海淀区西三环中路10号望海楼E座7层
邮　编	100142
印　刷	三河市天润建兴印务有限公司
开　本	787mm×1092mm　1/16
印　张	21
字　数	260千字
版　次	2018年1月第1版　2018年1月第1次印刷
书　号	ISBN 978-7-5139-1741-4
定　价	58.00元

注：如有印、装质量问题，请与出版社联系。

汉语大学进阶课

HANO DAXUE JINLI KE